Studies in Contemporary Economics

Michael Ahlheim

Zur Theorie rationierter Haushalte

Ein Beitrag über die Berücksichtigung limitierter staatlicher Subventionsprogramme in der Haushaltstheorie

Mit 8 Abbildungen

Physica Verlag
Ein Unternehmen des Springer-Verlags

PD Dr. Michael Ahlheim
Alfred-Weber-Institut
Universität Heidelberg
Grabengasse 14
6900 Heidelberg 1

ISBN-13:978-3-7908-0674-8 e-ISBN-13:978-3-642-93635-7
DOI: 10.1007/978-3-642-93635-7

Die Deutsche Bibliothek - CIP-Einheitsaufnahme
Ahlheim, Michael:
Zur Theorie rationierter Haushalte :
ein Beitrag über die Berücksichtigung limitierter staatlicher Subventionsprogramme in der Haushaltstheorie /
Michael Ahlheim. -
Heidelberg : Physica-Verl., 1993
(Studies in contemporary economics)

88/7130-543210 - Gedruckt auf säurefreiem Papier

Für Gabi, Karolin und Jenni

INHALT

Teil II

Wohlfahrtsmessung im rationierten Haushaltsmodell

Einführung und Überblick

Das Problem der Mengenrationierung im Haushaltsbereich hat in jüngster Zeit eine neue und noch immer zunehmende Aktualität erhalten. Die politische Entwicklung in Osteuropa, die Auflösung der planwirtschaftlich organisierten Volkswirtschaften und ihr Versuch, Anschluß an die Marktwirtschaften des Westens zu finden, hat auch für die Wirtschaftswissenschaften ein neues Interessenfeld geschaffen: Die Ökonomie im Übergang von der Planwirtschaft zur Marktwirtschaft. Diese Ökonomien sind typischerweise durch das Nebeneinander von (noch) staatlich reglementierten, d.h. im klassischen Sinne "rationierten", und von freien, den Gesetzen von Angebot und Nachfrage gehorchenden Märkten gekennzeichnet. Aber auch in den westlichen Volkswirtschaften spielt die Mengenrationierung, und zwar in ihrer "sozialen Variante", eine zunehmend wichtige Rolle. Hier bezieht sich der Rationierungsbegriff vor allem auf das Privileg genau umrissener, meist sozial schwacher Bevölkerungsgruppen, zu Vorzugsbedingungen, d.h. insbesondere zu niedrigeren als den Marktpreisen, begrenzte Mengen bestimmter lebensnotwendiger Güter einkaufen zu können. Der bedeutendste in diesem Sinne rationierte Markt ist sicher der Sozialwohnungsmarkt, über den bedürftigen Familien in begrenztem Umfang Wohnraum zu Konditionen zur Verfügung gestellt wird, die weit günstiger sind als auf dem freien Markt. Aber auch andere staatliche Sachmittelprogramme, die sich durch die auf bestimmte Personengruppen beschränkte Subventionierung lebensnotwendiger Güter auszeichnen, wie die Ausgabe von Essensmarken, die Gewährung von Kleiderbeihilfen oder Heizkostenzuschüssen fallen unter ökonomischen Gesichtspunkten unter den Begriff der Mengenrationierung, wie weiter unten näher erläutert wird. Durch die schwierige wirtschaftliche Situation, in der sich viele Familien insbesondere in den neuen, aber zunehmend auch in den alten Bundesländern befinden, und durch die starke Zuwanderung von Personen, die noch keine eigenständige wirtschaftliche Existenz gründen konnten, sind immer mehr Menschen in Deutschland auf solche staatlichen Hilfsprogramme angewiesen. Ähnliches gilt auch für viele andere der von einer andauernden wirtschaftlichen Rezession betroffenen Länder des Westens, so daß eine nähere Beschäftigung mit dem Problem der Mengenrationierung unter ökonomischen Gesichtspunkten notwendig und sinnvoll erscheint.

Kennzeichen der alten kommunistischen Planwirtschaften war die Regulierung sämtlicher Märkte durch die staatliche Bürokratie. Sowohl die Güterpreise als auch die produzierten bzw. zu produzierenden Gütermengen wurden vorgegeben, und das Resultat waren im allgemeinen gravierende Ungleichgewichte auf sämtlichen Märkten. Bei dem nun eingeleiteten stufenweisen Übergang zu marktwirtschaftlichen Strukturen wurden z.B. in den Nachfolgestaaten der ehemaligen Sowjetunion, aber auch in anderen osteuropäischen Staaten, in einem ersten Schritt neben den alten regulierten Märkten auch marktwirtschaftlich organisierte "Parallelmärkte" zugelassen, auf denen die Kolchosen und neugegründeten Kleinunternehmen ihre Waren zu Marktpreisen, d.h. zu markträumenden Preisen anbieten können. Natürlich sind diese "freien" Preise erheblich höher als die entsprechenden Preise auf den staatlich reglementierten Märkten, auf denen nach wie vor unter den klassischen Bedingungen der Mengenrationierung angeboten wird: Die politisch motivierten staatlichen Preise sind (im Verhältnis zu dem von den entsprechenden Gütern erzeugten Grenznutzen) so niedrig, daß die Konsumenten gerne mehr nachfragen würden, als ihnen aufgrund des beschränkten Angebots möglich ist, so daß hier eine chronische Übernachfrage nach Gütern herrscht.

Die Verteilung insbesondere der lebensnotwendigen Güter findet daher nicht über den Preis sondern über die Ausgabe von Rationierungsmarken statt, auf denen die pro Person und Monat vorgesehenen Abgabemengen vermerkt sind. Gegen Einreichung der entsprechenden Marken werden dem Konsumenten im Laden die ihm zustehenden Gütermengen bei Zahlung des staatlich festgesetzten Preises ausgehändigt. Die Marken werden jeden Monat neu ausgegeben, wobei die Marken des Vormonats ihre Gültigkeit verlieren.

Unabhängig von seinen Käufen auf den regulierten Märkten kann der Konsument auf den freien Märkten dieselben (oder sehr ähnliche) Güter zu den dort geltenden höheren Preisen erwerben. Da ein Großteil der Bevölkerung sein Einkommen aus dem nach wie vor dominierenden regulierten Wirtschaftssektor mit seinen entsprechend niedrigen Löhnen bezieht und sich einen Einkauf auf den freien Märkten deshalb gar nicht leisten kann, spielen die rationierten Märkte eine wesentliche Rolle bei der Güterversorgung, und die in immer kürzeren Abständen vorgenommenen Änderungen der Rationierungspreise und -mengen haben in Ländern wie den Nachfolgestaaten der ehemaligen Sowjetunion eine immense Bedeutung für das gesamte wirtschaftliche Leben.

Will man nun einen solchen Haushalt modellieren, so ist die Berücksichtigung rationierter Märkte neben den freien Märkten unerläßlich. Der elementare theoretische Unterschied zwischen beiden Marktformen besteht darin, daß sich der betrachtete Haushalt auf den freien Märkten in einem Gleichgewicht befindet, in dem die Grenzrate der Substitution zwischen zwei beliebigen Gütern gleich dem Verhältnis ihrer Preise ist, während ein rationierter Markt im allgemeinen zu einer Ungleichgewichtssituation führt: Der (in Geldeinheiten ausgedrückte) Grenznutzen eines rationierten Gutes ist normalerweise höher als sein Preis, so daß in einer solchen Ungleichgewichtssituation die Grenzrate der Substitution zwischen zwei Gütern von dem entsprechenden Preisverhältnis abweicht. Der Konsument würde daher zu dem (staatlich festgesetzten) Preis gerne eine höhere als die vorgeschrieben Menge des betreffenden Gutes konsumieren.

Die Berücksichtigung von rationierten Gütern in Haushaltsmodellen ist, wie weiter oben bereits erwähnt wurde, nicht nur im Hinblick auf Übergangsökonomien relevant, sondern betrifft auch Haushalte in entwickelten Marktwirtschaften. Denn "rationiert" sind natürlich auch alle Arten staatlicher Sachmittelhilfen, die in westlichen Ländern im Rahmen sogenannter "in-kind programs" an einen bestimmten, häufig sozial bedürftigen Personenkreis verteilt werden. Beispiele hierfür sind, wie eingangs bereits erwähnt wurde, das Angebot an Sozialwohnungen, Armenspeisungen, verbilligte Ferien in Heimen charitativer Organisationen und ähnliches. Auch hier gilt wieder, daß der Konsument von dem rationierten Gut bei dem gegebenen Preis gerne mehr als die Rationierungsmenge nachfragen würde, da dieser Preis bei der gegebenen Menge geringer ist als der (in Geldeinheiten ausgedrückte) Grenznutzen des betreffenden Gutes. Unabhängig von der sozialen Lage unterliegen beispielsweise Kuren oder auch die meisten Arzneimittel einer Rationierung. Beispiele für Rationierungen im Umwelt- und Naturschutzbereich sind Festlegungen von Fangquoten in der Fischerei oder von Abschußquoten für die Jagd bestimmter Tierarten (bei gegebenen Fang- bzw. Abschußgebühren) oder auch Beschränkungen des Autoverkehrs bei bestimmten Wetterlagen (Smog- oder Ozon-Alarm).

Neben freien und rationierten Gütern spielen natürlich auch sogenannte Kollektivgüter eine wichtige Rolle in den Konsumentscheidungen des Haushalts, und zwar ebenfalls unabhängig davon, ob wir es mit einer Übergangsökonomie oder mit einer entwickelten Marktwirtschaft zu tun haben. Ein Kollektivgut ist dadurch charakterisiert, daß es zum einen von mehreren Individuen gleichzeitig und ohne gegenseitige Behinderung konsumiert werden kann (Nichtrivalität im Konsum), und daß zum andern kein Individuum vom Konsum des betreffenden Gutes ausgeschlossen werden kann (Nichtanwendbarkeit des Ausschlußprinzips). Typische Beispiele für Kollektivgüter sind unter anderem die Landesverteidigung, politische Führung oder der Umweltschutz (d.h. Sauberhaltung von Luft und Wasser, Schutz landschaftlicher Schönheiten und ähnliches). Wegen der Nichtanwendbarkeit des Ausschlußprinzips bildet sich für Kollektivgüter normalerweise kein privater Markt, so daß in den meisten Volkswirtschaften, ob plan- oder marktorientiert, der Staat als Anbieter solcher Güter auftritt.

Die vorliegende Untersuchung hat nun einerseits zum Ziel, ein durch die Berücksichtigung von Rationierungsgütern und von Kollektivgütern verallgemeinertes Haushaltskonsummodell darzustellen und seine ökonomischen Implikationen zu analysieren. Andererseits soll hier eine auf die politischen Erfordernisse bezogene Anwendungsmöglichkeit für ein solches Modell, nämlich die Durchführung von Wohlfahrtsanalysen, vorgestellt und problematisiert werden. Untersuchungstechniken, die in der Lage sind, die beispielsweise in den Nachfolgestaaten der ehemaligen Sowjetunion in immer kürzeren Abständen durchgeführten Änderungen der Rationierungsmengen und -preise auf fast allen wichtigen Märkten im Hinblick auf ihre Wohlfahrtseffekte zu analysieren, erscheinen unter dem Eindruck der gegenwärtigen Entwicklung immer bedeutsamer. Dies gilt um so mehr, als die allgemeine politische Liberalisierung in den Übergangsökonomien eine zunehmende Abhängigkeit der jeweiligen Regierungen von der Zustimmung der Bevölkerung zu ihren Maßnahmen erkennen läßt. Daher haben für diese Volkswirtschaften die Ergebnisse solcher Wohlfahrtsanalysen, die ja durchaus als Prognoseinstrumente für die nach einer weiteren wirtschaftspolitischen Maßnahme zu erwartende Stimmungsänderung in der Bevölkerung betrachtet werden können, stark an Bedeutung gewonnen.

Als Konsequenz dieser doppelten Zielsetzung gliedert sich das Buch in zwei Hauptteile. In Teil I wird das traditionelle Haushaltskonsummodell so verallgemeinert, daß es sowohl Rationierungsgüter als auch Kollektivgüter berücksichtigt. Dabei werden die "klassischen" Literaturbeiträge zur Theorie des Konsumentenverhaltens bei Existenz rationierter Märkte von Rothbarth (1940-41), Tobin/Houthakker (1950-51), Tobin (1952) und Neary/Roberts (1980) um eine Reihe zusätzlicher Erkenntnisse erweitert bzw. vertieft und durch die Berücksichtigung der Existenz von Kollektivgütern ergänzt. Daraus ergeben sich zahlreiche neue Einsichten über den Einfluß des staatlichen Kollektivgüterangebots auf das Nachfrageverhalten rationierter Haushalte, das ja von grundlegender Bedeutung für die Durchführung von Wohlfahrtsanalysen ist. Die einzelnen Querbeziehungen werden in Teil I dargestellt und im Hinblick auf ihre ökonomische Relevanz analysiert.

Zur Herstellung der vollen Dualität in dem betrachteten Modell werden zudem sämtliche Möglichkeiten zur Beschreibung der Präferenzordnung eines Konsumenten unter Rationierungsbedingungen mit Hilfe einer mathematischen Funktion explizit in das Modell eingeführt und analysiert. Es handelt sich dabei neben der direkten Nutzenfunktion um die indirekte Nutzenfunktion, die Ausgabenfunktion und die Distanzfunktion. Letztere ist meines Wissens in ihrer allgemeinen Form im Rahmen eines solchen Modells noch nicht untersucht worden; die entsprechenden Ansätze von De Borger (1989a) und De Borger/Pauwels (1985) beziehen sich auf sehr reduzierte Spezialfälle und sind für Wohlfahrtsanalysen in allgemeinen Modellen nicht geeignet.

Neben dem allgemeintheoretischen Interesse an den sich aus einem solchen Vorgehen ergebenden Dualitätsbeziehungen, die eine Analyse des Modells "von allen Seiten" erlauben, bietet sich hierbei die Gelegenheit, eine Reihe von Begriffen theoretisch gegeneinander abzugrenzen, die in der finanzwissenschaftlichen Literatur allgemein und in der Wohlfahrtstheorie insbesondere zwar eine wichtige Rolle spielen, aber oft verwirrend und widersprüchlich verwendet werden. Es handelt sich dabei insbesondere um die Begriffe der Schattenpreise, der virtuellen Preise und der marginalen Zahlungsbereitschaften, die in reinen Individualgütermodellen inhaltsgleich sind und durch die inversen Nachfragefunktionen beschrieben werden. In Modellen mit Kollektivgütern und rationierten Märkten haben diese Begriffe jedoch ganz unterschiedliche Bedeutungen, die hier ausführlich herausgearbeitet werden. Dabei wird insbesondere der Zusammenhang zwischen diesen Bewertungskonzepten einerseits und den verschiedenen Funktionen zur Beschreibung einer Präferenzordnung andererseits aufgezeigt.

Teil II der vorliegenden Untersuchung ist der Anwendung des in Teil I dargestellten erweiterten Haushaltsmodells im Rahmen von Wohlfahrtsanalysen gewidmet. In diesem Teil werden die traditionellen Techniken zur Wohlfahrtsmessung im Hinblick auf ihre Leistungsfähigkeit in einem solchen erweiterten Modellrahmen analysiert. Darüberhinaus werden neue Möglichkeiten für die Wohlfahrtsmessung in Modellen mit Kollektivgütern und rationierten Märkten vorgestellt.

Die Evaluierung staatlicher Hilfsprogramme unter wohlfahrtstheoretischen Gesichtspunkten gewinnt gerade unter dem Eindruck der zunehmenden Zahl der von solchen Programmen betroffenen Haushalte bei gleichzeitig enger werdenden staatlichen Budgetspielräumen auch in den marktwirtschaftlich orientierten Ökonomien des Westens an Bedeutung. In den östlichen Übergangsökonomien ist der an wirtschaftlichen Kriterien orientierte staatliche Umgang mit den knappen volkswirtschaftlichen Ressourcen geradezu überlebenswichtig für die derzeitigen Reformregierungen. Gerade hier wird die (sich ständig ändernde) Festlegung von Preisen und Mengen durch den Staat auf den reglementierten Märkten mit größter Aufmerksamkeit durch die Öffentlichkeit verfolgt. Fehlgriffe, die auf einer falschen Einschätzung der entsprechenden Wohlfahrtseffekte beruhen, können hier schnell das Ende einer Regierung und unter Umständen des gesamten Reformprozesses bedeuten.

In Teil II werden nun auf der Grundlage des in Teil I aufbereiteten erweiterten Haushaltsmodells und unter Verwendung der dort hergeleiteten Beziehungen die traditionellen Marshallschen und Hicksschen Wohlfahrtsmaße ausgebaut für die Berücksichtigung sämtlicher staatlicher Politikparameter, also auch der Rationierungsmengen und -preise sowie der Kollektivgütermengen. Die simultane Berücksichtigung von Rationierungs- und Kollektivgütern kompliziert beispielsweise das vom reinen Individualgüterfall bekannte Pfadunabhängigkeitsproblem im Zusammenhang mit dem Marshall-Maß erheblich und führt dazu, daß einer der im Individualgüterfall gangbaren Wege zur Verwendung des Marshall-Maßes in diesem erweiterten Modell nicht mehr zulässig ist.

Auch im Zusammenhang mit den im Hinblick auf die Berücksichtigung von Kollektivgütern und rationierten Märkten modifizierten Hicks-Maßen ergeben sich im Vergleich zum reinen Individualgüterfall Komplikationen von einiger Tragweite. Diese bestehen natürlich in erster Linie darin, daß hier nicht mehr auf die Verwendung beobachtbarer Marktnachfragefunktionen zurückgegriffen werden kann, sondern daß zur empirischen Berechnung dieser Maße die sogenannten virtuellen Preise der rationierten Güter und die Schattenpreise der Kollektivgüter als Funktionen der staatlichen Politikparameter bekannt sein müssen. In dem Kapitel über diese auf der Ausgabenfunktion basierenden Verfahren zur Wohlfahrtsmessung werden zunächst die einzelnen Maße entwickelt und die entstehenden empirischen Probleme herausgearbeitet. Dann werden Möglichkeiten zur Lösung dieser empirischen Probleme dargestellt und im Hinblick auf die zu ihrer Anwendung erforderlichen Informationen analysiert.

Das letzte Kapitel ist der Entwicklung eines auf einer speziellen Version der Distanzfunktion basierenden neuen Wohlfahrtsmaßes gewidmet. Es wird gezeigt, daß dieses Maß bei Existenz rationierter Märkte und bei Berücksichtigung von Kollektivgütern erhebliche empirische Vorteile gegenüber dem Marshall-Maß und auch im Vergleich zu den im vorhergehenden Kapitel analysierten Hicks-Maßen besitzt.

Auf Vorschläge zur Aggregation der individuellen Wohlfahrtseffekte zu einem gesellschaftlichen Wohlfahrtsmaß wird bewußt verzichtet, da solche Konzepte letztlich immer mit interpersonellen Nutzenvergleichen und damit mit einer Abkehr von der ordinalen Nutzentheorie verbunden sind. Die bei der Bildung solcher sozialer Wohlfahrtsindikatoren erforderliche Zuweisung von "Verteilungsgewichten" zu den individuellen Wohlfahrtsänderungen basiert auf ethischen bzw. politischen Überlegungen und liegt damit nach meiner Auffassung jenseits des eigentlichen Aufgabenbereichs der Wissenschaft. Diese sollte sich im Rahmen von Wohlfahrtsanalysen darauf beschränken, individuelle Wohlfahrtsänderungen zu ermitteln und den für die Durchführung der betreffenden Programme verantwortlichen Politikern in disaggregierter Form zu übergeben. Unter rein technischen Aspekten ist eine solche, beispielsweise auch von Peter Hammond (1990) geforderte Vorgehensweise im Zeitalter fortgeschrittener Datenverarbeitungstechnik und langjährig gepflegter Haushaltspaneldaten ohne weiteres möglich. Eine sinnvolle und auch aus ordinaler Sicht "unbedenkliche" zusätzliche Entscheidungshilfe für die politische Sphäre besteht in der Berechnung von Häufigkeitsverteilungen der individuellen Wohlfahrtsverbesserungen bzw. -verschlechterungen über die verschiedenen gesellschaftlichen Gruppen. Die dann auf der Basis solcher Informationen zu fällende Entscheidung über die tatsächliche Durchführung eines bestimmten staatlichen Projekts ist nur auf der Grundlage eines gesellschaftlichen Werturteils in Bezug auf die Wohlfahrtsverteilung (entweder zugunsten der "Gewinner" und zuungunsten der "Verlierer" des betreffenden Projekts oder umgekehrt) möglich und stellt somit eine normative politische Aufgabe dar, die als solche auch kenntlich gemacht und nicht durch die Verwendung komplizierter mathematischer Aggregationsmechanismen verschleiert werden sollte. Aus diesen Gründen beschränkt sich die vorliegende Untersuchung auf die Analyse individueller Wohlfahrtsänderungen, die natürlich, unabhängig davon, ob man sich dem hier vertretenen Standpunkt anschließt oder nicht, zugleich die Basis jedes gesellschaftlichen Wohlfahrtsmaßes bilden.

Teil I

Das Modell des rationierten Haushalts

Kapitel 1

Allgemeine Grundlagen und Modellannahmen

In diesem Untersuchungsteil soll das traditionelle neoklassische Haushaltsmodell so erweitert werden, daß es neben dem Konsum von reinen Individualgütern auch die Existenz von regulierten bzw. rationierten Märkten und die staatliche Bereitstellung von Kollektivgütern umfaßt.

Individualgüter sind dadurch gekennzeichnet, daß jede Einheit eines solchen Gutes nur von einem einzigen Individuum konsumiert werden kann. Wir gehen davon aus, daß der betrachtete Haushalt beliebige Mengen eines jeden Individualgutes zu einem von ihm nicht beeinflußbaren Preis kaufen kann.

Unter reinen Kollektivgütern im Sinne Samuelsons [(1954), S. 387] versteht man dagegen solche Güter, für die gilt, daß "each individual's consumption of such a good leads to no subtraction from any other individual's consumption of that good". Diese als "Nichtrivalität im Konsum" bezeichnete Eigenschaft impliziert, daß ein Kollektivgut im Gegensatz zu einem privaten oder Individualgut beim Konsum durch ein einzelnes Wirtschaftssubjekt nicht "verbraucht" wird, sondern gleichzeitig auch von anderen Wirtschaftssubjekten konsumiert werden kann. Es handelt sich hierbei somit um eine extreme Form des Vorliegens externer Effekte im Konsumbereich, da diese Güter in die Nutzenfunktionen mehrerer oder aller Konsumenten einer Volkswirtschaft eingehen, ohne daß die einzelnen Konsumenten diesen Einfluß kontrollieren können. Die zweite kennzeichnende

Eigenschaft von Kollektivgütern ist die Nichtanwendbarkeit des sogenannten Ausschlußprinzips, d.h. des Prinzips, nach dem bei Individualgütern jeweils nur ein einziger Konsument eine bestimmte Einheit des betrachteten Gutes auf dem Markt erwirbt und dann alle anderen Wirtschaftssubjekte vom Konsum dieser Einheit ausschließt. Bei reinen Kollektivgütern dagegen ist ein solcher Ausschluß vom Charakter des Kollektivgutes her oft schon rein technisch gar nicht oder nur unter hohen Kosten möglich. Da aber ein privates Güterangebot ohne Ausschluß nichtzahlender Konsumenten, sogenannter Schwarzfahrer ("free riders"), nur in Ausnahmefällen (wie privaten Kunststiftungen, Museen oder karitativen Einrichtungen) zustandekommt, existiert für die meisten Kollektivgüter kein Markt, der eine Aufteilung der vorhandenen Ressourcen einer Volkswirtschaft auf Individual- und Kollektivgüter in Übereinstimmung mit den Präferenzen der einzelnen Individuen sicherstellt. Aus diesem Grunde tritt auch in den meisten entwickelten Marktwirtschaften der Staat als Anbieter von Kollektivgütern auf, und zwar bietet er diese Güter üblicherweise kostenlos an.

Neben den traditionellen Kollektivgütern wie politischer Führung, Landesverteidigung und ähnlichem werden zunehmend auch Umweltgüter in den privaten Nutzenfunktionen berücksichtigt. Beispiele für Kollektivgüter aus dem Umwelt- und Naturschutzbereich sind die Schaffung von Erholungsgebieten, die Erhaltung von besonderen landschaftlichen Schönheiten durch die Anlage von Naturschutzgebieten, die Gewährleistung sauberer Luft oder unverschmutzten Wassers und ähnliches.

Es sollte noch darauf hingewiesen werden, daß im Rahmen eines rein partialanalytischen Haushaltsmodells natürlich nur diejenigen Spezialeigenschaften der Kollektivgüter berücksichtigt werden, die das einzelne Individuum betreffen, also insbesondere die Tatsache, daß Kollektivgüter nicht explizit in die Budgetbeschränkung des einzelnen Konsumenten eingehen und daß der Konsument keinen Einfluß auf die von ihm konsumierten Mengen dieser Güter hat. Unberücksichtigt bleibt demgegenüber, daß dieselbe Einheit eines jeden Kollektivgutes infolge der Nichtrivalität im Konsum dieser Güter in gleicher Menge in die Präferenzordnungen aller betroffenen Individuen eingehen, da diese besondere Eigenschaft der Kollektivgüter natürlich erst dann relevant wird, wenn man mehrere oder alle Individuen einer bestimmten Volkswirtschaft betrachtet.

Im Gegensatz zu Kollektivgütern können rationierte Güter jeweils nur von einem einzigen Individuum konsumiert werden, d.h., von ihren Gütereigenschaften her haben sie Individualgutcharakter. Von den reinen Individualgütern unterscheiden sie sich jedoch durch die Art, wie sie gehandelt werden. Während der Konsument von reinen Individualgütern auf dem freien Markt beliebige Mengen zu einem bestimmten, für ihn gegebenen Preis erwerben kann, ist der Verkauf von Rationierungsgütern bei ebenfalls gegebenen Preisen mengenmäßig beschränkt. Der Staat bestimmt somit sowohl den Preis als auch die Menge der pro Haushalt abgegebenen Rationierungsgüter. Da die rationierten Güter typischerweise billiger abgegeben werden als vergleichbare Güter auf den freien Märkten, gilt im allgemeinen, daß der Konsument von einem rationierten Gut bei dem gegebenen Preis gerne eine größere als die Rationierungsmenge nachfragen würde und daher die Rationierungsmenge voll ausschöpft.

Wie in der Einleitung bereits erläutert wurde, unterliegen in den osteuropäischen Übergangsökonomien zwischen Plan- und Marktwirtschaft vor allem lebensnotwendige Güter der Mengenrationierung, während es in den Marktwirtschaften des Westens verschiedene Arten staatlicher Sachmittelhilfen sind, die im Rahmen sogenannter "in-kind programs" an einen bestimmten, häufig sozial bedürftigen Personenkreis verteilt werden. Beispiele hierfür sind Sozialwohnungen, Armenspeisungen, Kuren und ähnliches.

In dem nun aufzustellenden mathematischen Haushaltsmodell gehen wir davon aus, daß der betrachtete Haushalt N reine Individualgüter $n \varepsilon \{1,2,\ldots,N\}$, M rationierte Güter $m \varepsilon \{1,2,\ldots,M\}$ und L Kollektivgüter $l \varepsilon \{1,2,\ldots,L\}$ konsumiert. Kollektivgüter und externe Effekte, die in die Präferenzordnung des betrachteten Konsumenten eingehen und analog zu den reinen Kollektivgütern behandelt werden können, sind hier zu einer gemeinsamen Gütergruppe zusammengefaßt.

Die entsprechenden Gütermengenvektoren seien mit $x=[x_1, x_2, \ldots, x_N] \varepsilon R^{N+}$, $y=[y_1, y_2, \ldots, y_M] \varepsilon \boldsymbol{R}^{M+}$ und $z=[z_1, z_2, \ldots, z_L] \varepsilon \boldsymbol{R}^{L+}$ bezeichnet, wobei $\boldsymbol{R}^{N+}$ den nichtnegativen Orthanten des N-dimensionalen euklidischen Raumes symbolisiert.[1] Die Menge aller für den Haushalt physisch erreichbaren Güterbündel $c=[x,y,z]$ ist somit gleich dem nichtnegativen Orthanten des (N+M+L)-dimensionalen euklidischen Raumes, d.h.: $c \varepsilon \boldsymbol{R}^{(N+M+L)+}$.

Auf dieser Menge sei nun die ***Präferenzordnung*** des Konsumenten mit Hilfe der Binärrelation "$\succsim$" ("wird mindestens so geschätzt wie") definiert, und es gelte:

(1-1) Die Binärrelation "$\succsim$" ordne die Menge aller $c \varepsilon \boldsymbol{R}^{(N+M+L)+}$ vollständig und sei reflexiv, transitiv, stetig, monoton, streng konvex und glatt.

Glattheit der Präferenzordnung sei hier im Sinne Debreus (1972, S. 610) verstanden, d.h., sie ist äquivalent zur zweimal stetigen Differenzierbarkeit der diese Präferenzordnung beschreibenden direkten Nutzenfunktion. Es sollte ferner darauf hingewiesen werden, daß Monotonie und strenge Konvexität der Präferenzordnung ihre strenge Monotonie im Sinne der Definition

(1-2) $$c^1 > c^0 \implies c^1 \succ c^0 \qquad (c^1, c^0 \ \varepsilon \ \boldsymbol{R}^{(N+M+L)+})$$

---

[1] Analoge Interpretationen gelten für die Symbole $\boldsymbol{R}^{M+}$ und $\boldsymbol{R}^{L+}$. Weiterhin symbolisiere im folgenden $\boldsymbol{R}^{N++}$ den positiven Orthanten des $\boldsymbol{R}^{N}$ (analog $\boldsymbol{R}^{M++}$,$\boldsymbol{R}^{L++}$ usw.). Für die entsprechenden Orthanten des eindimensionalen euklidischen Raumes $\boldsymbol{R}$ werden dementsprechend die Symbole $\boldsymbol{R}^{+}$ und $\boldsymbol{R}^{++}$ verwendet.

implizieren[2], wie man leicht zeigen kann.[3] Aus der strengen Monotonie der Präferenzordnung folgt, daß es keine lokalen Sättigungspunkte gibt, so daß die entsprechenden Indifferenzkurven weder "dick" sein, noch parallel zu den Achsen verlaufen können. Die übrigen Eigenschaften der Präferenzordnung bedürfen keiner weiteren Erläuterung.

Es handelt sich hier um die üblichen Annahmen bezüglich einer Präferenzordnung, wobei die Unterscheidung zwischen Individual-, Rationierungs- und Kollektivgütern offensichtlich keinerlei Auswirkungen auf die Eigenschaften der Präferenzordnung hat.

---

[2] Bezüglich des Größenverhältnisses zweier Vektoren c^1 und c^0 gelte folgende Schreibweise:

$$c^1 = c^0 \iff c_j^1 = c_j^0 \qquad (j=1,2,\ldots,N+M+L)$$
$$c^1 \geq c^0 \iff c_j^1 \geq c_j^0 \qquad (j=1,2,\ldots,N+M+L)$$
$$c^1 > c^0 \iff c^1 \geq c^0 \wedge c^1 \neq c^0$$
$$c^1 >> c^0 \iff c_j^1 > c_j^0 \qquad (j=1,2,\ldots,N+M+L)$$

[3] Siehe Ahlheim/Rose (1992, S. 252).

Kapitel 2

Das Nutzenmaximierungsproblem des rationierten Haushalts bei Existenz von Kollektivgütern

Eine Präferenzordnung mit den im vorigen Kapitel genannten Eigenschaften kann durch die ***direkte Nutzenfunktion*** des Konsumenten $u: \mathbf{R}^{(N+M+L)+} \to \mathbf{R}$ vollständig beschrieben werden, wobei u folgende Eigenschaften hat:

(2-1) Die direkte Nutzenfunktion u ist in $c \varepsilon \mathbf{R}^{(N+M+L)++}$ streng monoton zunehmend, streng quasikonkav, zweimal stetig differenzierbar, und es gilt:
$u(c^0) \geq u(c^1) \iff c^0 \succsim c^1 \quad (c^0, c^1 \ \varepsilon \ \mathbf{R}^{(N+M+L)+})$.

Der Konsument maximiert seine direkte Nutzenfunktion u unter der Nebenbedingung eines exogen gegebenen Pauscheinkommens $I \varepsilon \mathbf{R}^{++}$ über die Individualgütermengen x, wobei die Mengen der Rationierungs- und Kollektivgüter für ihn gegeben sind. Als Beschränkungsparameter gehen in dieses Maximierungsproblem neben dem Einkommen I der Preisvektor für Individualgüter $p \varepsilon \mathbf{R}^{N++}$, der Preisvektor für rationierte Güter $q \varepsilon \mathbf{R}^{M++}$, sowie die Mengen der rationierten und der Kollektivgüter ein. Für die in z enthaltenen Kollektivgüter und Externalitäten wird kein Preis erhoben, so daß die Budgetbeschränkung des betrachteten Konsumenten durch

(2-2) $px \leq I - qy$

gegeben ist. Die Maximierung der direkten Nutzenfunktion unter der Nebenbedingung (2-2) führt zur ***indirekten Nutzenfunktion*** $v: \mathbf{R}^{(N+2M+L+1)+} \to \mathbf{R}$, die den Nutzen als Funktion der exogenen Parameter ausdrückt:

$$(2\text{-}3) \qquad v(p,q,y,z,I) = \max_{x \in \boldsymbol{X}(p,q,y,I)} u(x,y,z) \quad ,$$

$$\text{mit } \boldsymbol{X}(p,q,y,I) = \{x \mid x \in \boldsymbol{R}^{N+},\ px \leq I-qy\}$$ [1]

Die Extremierung der diesem Maximierungsproblem entsprechenden Lagrange-Funktion

$$L(x,\lambda) = u(x,y,z) + \lambda(I-px-qy)$$

ergibt über die modifizierten Kuhn-Tucker-Bedingungen[2,3]

$$(2\text{-}4) \qquad \text{(a)}\ \nabla_x L(x^*,\lambda^*) = \nabla_x u(x^*,y,z) - \lambda^* p = 0_N$$

$$\text{(b)}\ \frac{\partial L(x^*,\lambda^*)}{\partial \lambda} = I - px^* - qy = 0$$

$$\text{(c)}\ x^* \geq 0_N \qquad \text{(d)}\ \lambda^* > 0$$

als Lösung die Marshallschen Nachfragefunktionen bezüglich der Individualgüter

---

[1] Zur Vereinfachung der Notation wird auf eine unterschiedliche Kennzeichnung von Spalten- und Zeilenvektoren verzichtet, wo dies nicht zur Verwirrung führen kann. D.h., ohne zusätzliche Angaben ist beispielsweise mit px immer das Skalarprodukt dieser beiden Vektoren gemeint.

[2] Die Ungleichheitsbedingungen von Kuhn und Tucker wurden hier aus Vereinfachungsgründen in Gleichheitbedingungen überführt. In Bezug auf die Nebenbedingung bedeutet dies keine Einschränkung der Allgemeinheit, da wegen der strengen Monotonie der Zielfunktion u in x ohnehin nur Punkte auf dem oberen Rand der Beschränkungsmenge $\boldsymbol{X}(p,q,y,z,I)$ als Optimallösung in Frage kommen. Die Verwendung von (2-4a) hingegen bedeutet insofern eine (unwesentliche) Einschränkung, als sie die Übereinstimmung der Grenzrate der Substitution *zwischen zwei Individualgütern* und dem entsprechenden Preisverhältnis impliziert.

[3] Mit $\nabla_x L$ sei der Gradient (d.h. der Vektor der ersten partiellen Ableitungen) der Lagrange-Funktion bezüglich x und mit 0_N der N-dimensionale Nullvektor bezeichnet.

(2-5) $x^* = x(p,q,y,z,I)$

und den Lagrange-Multiplikator

(2-6) $\lambda^* = \lambda(p,q,y,z,I)$,

der ja bekanntlich gleich dem Grenznutzen des Einkommens ist. Wegen der strengen Monotonie der direkten Nutzenfunktion und der Positivität der Preise muß λ^* gemäß (2-4a) positiv sein; daraus erklärt sich das strenge Ungleichheitszeichen in (2-4d).

Aus den Optimalbedingungen (2-4) folgt unmittelbar, daß die rationierten Marshall-Nachfragefunktionen x homogen vom Grade Null in [p,q,I] sind. Dies impliziert wegen des Euler-Theorems die schon vom reinen Individualgüterfall her bekannte Tatsache, daß die Summe aller Preiselastizitäten einer Nachfragefunktion gerade gleich dem Negativen ihrer Einkommenselastizität ist:

(2-7) $$\sum_{n=1}^{N} \frac{\partial x_j}{\partial p_n} \cdot \frac{p_n}{x_j} + \sum_{m=1}^{M} \frac{\partial x_j}{\partial q_m} \cdot \frac{q_m}{x_j} = - \frac{\partial x_j}{\partial I} \cdot \frac{I}{x_j} \qquad (j=1,2,\ldots,N)$$

Auch im Rationierungsfall ist somit eine proportionale Erhöhung sämtlicher Preise ökonomisch äquivalent zu einer Senkung des Einkommens um den gleichen Prozentsatz. Dies ist nicht weiter verwunderlich, da die Ausgaben für Rationierungsgüter eine von dem Konsumenten nicht gestaltbare Größe sind, so daß eine proportionale Erhöhung aller Rationierungspreise (bei Konstanz der Rationierungsmengen) wie eine Senkung des Pauscheinkommens in der gleichen Proportion wirkt.

Während die Mengen der rationierten Güter y sowohl in die Nutzenfunktion als auch in die Budgetbeschränkung eingehen, beeinflussen die Kollektivgüter z, die ja "umsonst" abgegeben werden, die Marshall-Nachfragefunktionen nur als Parameter der Nutzenfunktion. Aus (2-4) geht weiterhin hervor, daß sich die Optimalbedingungen unseres Problems nur wenig von den Optimalbedingungen des Nutzenmaximierungsproblems ohne

Mengenrationierung und ohne Kollektivgüter unterscheiden. Auch hier muß der Gradient der Nutzenfunktion bezüglich der Individualgüter x wieder positiv kollinear zu dem Preisvektor dieser Güter sein. Das Einkommen, das der Konsument zum Kauf der Individualgüter zur Verfügung hat, ist allerdings um die von ihm nicht gestaltbaren Ausgaben für rationierte Güter vermindert. Bezüglich der rationierten Güter y ist die Erfüllung einer mit (2-4a) vergleichbaren Tangentialbedingung nicht zu erwarten. Im Gegenteil: Da der Konsument von diesen Gütern ohne Rationierung gerne mehr als die Menge y konsumieren würde, ist ihr Grenznutzen größer als der mit λ multiplizierte Preis dieser Güter, so daß die Budgetgerade die entsprechende Indifferenzkurve im Rationierungspunkt von unten schneidet.

Das Nutzenmaximierungsproblem eines rationierten Haushalts ist in den Abbildungen 2-1 bis 2-3 verdeutlicht, wobei die Individual-, Rationierungs- und Kollektivgüter in den Abbildungen 2-1 und 2-2 jeweils zu einem einzigen Gut im Sinne eines Hicksschen "composite commodity" zusammengefaßt wurden. Die Rationierungsmenge wurde auf y=y' und die Kollektivgütermenge auf z=z' festgelegt.

Abbildung 2-1 zeigt das Nutzenmaximierungsproblem des betrachteten Haushalts in der x,y-Ebene. Die Menge der für den Konsumenten ökonomisch realisierbaren Güterbündel [x,y] liegt unterhalb seiner Budgetgeraden und links der Beschränkungsgeraden für die Rationierungsmenge y'. D.h., seine Budgetmenge ist gleich der Fläche 0ABy'. Unter unseren Annahmen werden die Indifferenzkurven des Konsumenten von der Budgetgeraden innerhalb dieser Fläche stets von unten geschnitten, so daß der betrachtete Haushalt die Rationierungsmenge y' voll ausschöpft und ein Güterbündel auf dem Geradensegment By' wählt. Seine auf die Individualgüter bezogene Budgetmenge $X(p,q,y',I)$ reduziert sich somit auf die Strecke 0x*. Wegen der Nichtsättigungsannahme verwendet er sein Resteinkommen (I-qy') vollständig für den Individualgüterkauf. Auf diese Weise wählt er die Individualgütermenge $x=x^*$ und realisiert mit dem Güterbündel $[x^*,y',z']$ das Nutzenniveau U_*.

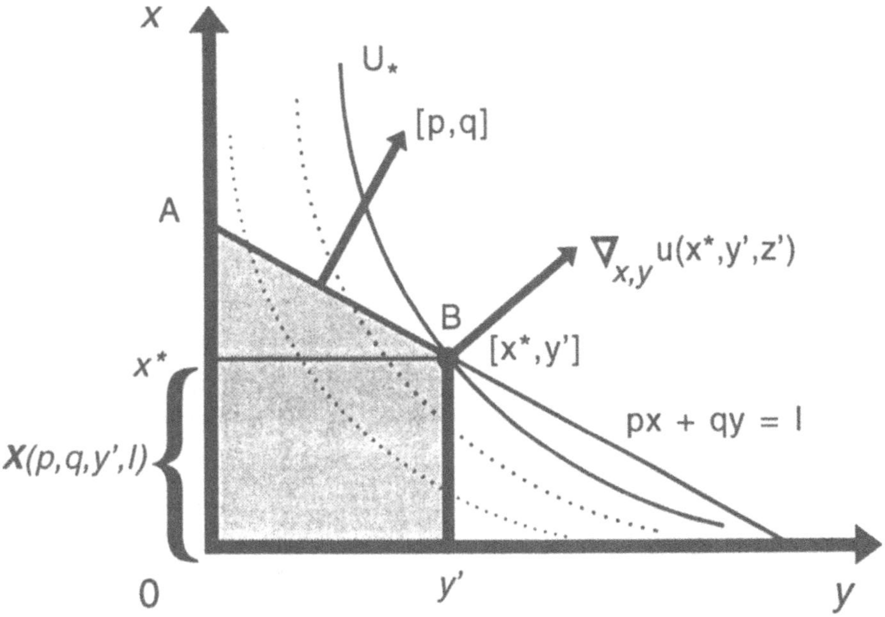

- Abb. 2-1 -

Das Preisverhältnis zwischen Individual- und Rationierungsgütern ist im rationierten Optimum $[x^*,y']$ von der entsprechenden Grenzrate der Substitution verschieden, so daß der Gradient der Nutzenfunktion an dieser Stelle nicht kollinear zu dem Preisvektor $[p,q]$ ist und die Budgetgerade die Indifferenzkurve für das Nutzenniveau U_* im Optimum $[x^*,y^*]$ nicht tangiert, sondern schneidet. Die Steigung der Budgetgerade ist (absolut betrachtet) geringer als die Steigung der Indifferenzkurve im Optimum, so daß der Konsument bei dem Preisverhältnis q/p lieber eine größere Menge des rationierten Gutes konsumieren und damit ein Güterbündel rechts von y' realisieren würde. Da dieser Teil der Budgetgerade oberhalb der Indifferenzkurve für das Nutzenniveau U_* verläuft, könnte er im Fall einer Lockerung oder gar Aufhebung der Rationierung ein höheres Nutzenniveau als U_* realisieren.

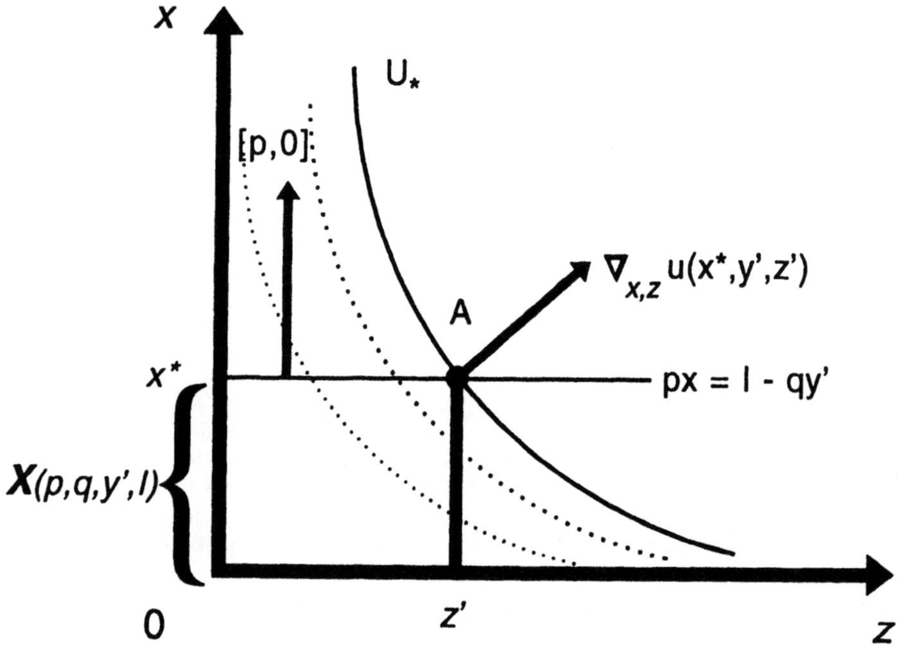

- Abb. 2-2 -

In Abbildung 2-2 ist das Entscheidungsproblem des Haushalts in der x,z-Ebene dargestellt. Der Haushalt kann alle Güterbündel realisieren, die unterhalb seiner Budgetgeraden liegen und die Kollektivgutmenge z' enthalten. Alle diese Güterbündel [x,z'] liegen auf demjenigen Teil einer Parallelen zur x-Achse im Abstand z', der unterhalb des Schnittpunktes dieser Parallelen mit der Budgetgerade verläuft, d.h. auf der Strecke Az'. Der Konsument sucht nun aus der Budgetmenge $X(p,q,y',I)$ diejenige Menge des Gutes x, die ihm in Kombination mit den Rationierungs- und Kollektivgutmengen [y',z'] den höchsten Nutzen bringt. Dies ist wieder die Menge x*. Der Preisvektor im x,z-Raum ist "parallel" zur x-Achse, da der Preis des Kollektivgutes gleich null ist. Da das Kollektivgut unter unseren Annahmen aber einen positiven Nutzen erzeugt, kann der Preisvektor auch hier wieder nicht kollinear zu dem Gradienten der Nutzenfunktion bezüglich x und z sein.

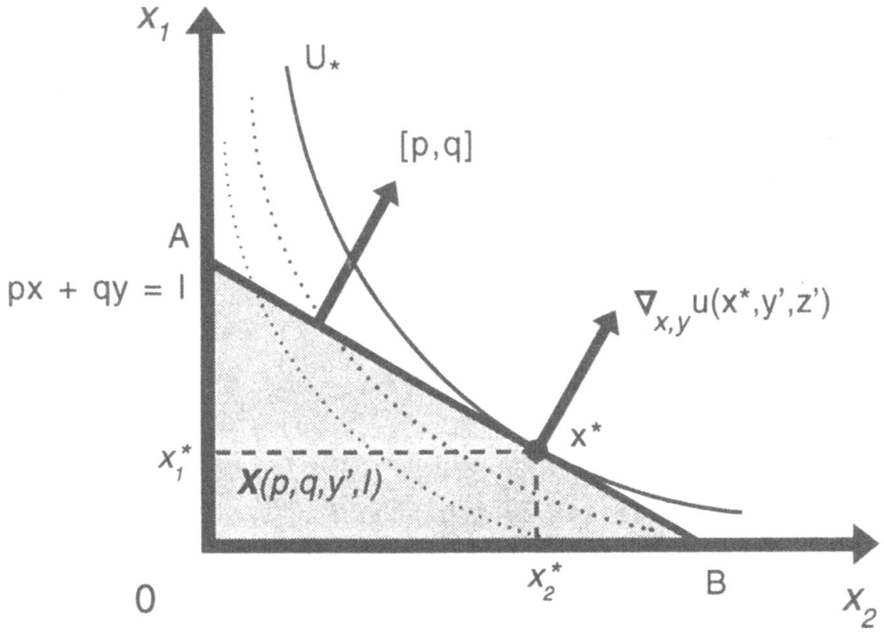

- Abb. 2-3 -

Die letzte Abbildung zeigt das Entscheidungsproblem des rationierten Haushalts in der Individualgüterebene. Die Mengen der Rationierungs- und Kollektivgüter werden implizit als Parameter berücksichtigt, so daß wir es hier mit dem traditionellen Individualgüterproblem zu tun haben, bei dem die Lösung ein Tangentialpunkt zwischen der Budgetgeraden und der Indifferenzkurve im Individualgüterraum ist. Diese Lösung ist somit auch durch Kollinearität zwischen dem Individualgüterpreisvektor einerseits und dem Gradienten der direkten Nutzenfunktion bezüglich der Individualgüter andererseits gekennzeichnet.

Selbstverständlich werden die in den Abbildungen 2-1 bis 2-3 dargestellten Entscheidungsprobleme simultan gelöst, so daß es sich hier um drei verschiedene Aspekte desselben Problems bzw. um drei verschiedene "Schnitte" durch dieselbe Optimierungsaufgabe handelt.

Im folgenden werden einige grundlegende ökonomische Zusammenhänge abgeleitet, die sich aus dem rationierten Nutzenmaximierungsproblem ergeben und die für spätere Herleitungen benötigt werden.

Setzt man die Nachfragefunktionen $x(p,q,y,z,I)$ gemäß (2-5) und damit die optimalen Nachfragemengen x^* der Individualgüter in die Budgetbeschränkung (2-4b) ein, so ergibt sich die sogenannte ***Adding-up-Bedingung*** [4]

$$(2\text{-}8) \qquad px(p,q,y,z,I) + qy \equiv I \quad ,$$

aus deren partiellen Ableitungen nach den Argumenten p, q, y, z und I man die folgenden Beziehungen erhält:[5]

[4] Häufig wird auch die partielle Ableitung dieser Identität nach dem Pauscheinkommen I gemäß (2-9a) als Adding-up-Bedingung bezeichnet [siehe z.B. Phlips (1974, S. 38/39)].

[5] Ein hochgestelltes "T" bezeichnet eine transponierte Matrix bzw. einen Zeilenvektor, während Vektoren ohne "T" in einem solchen Zusammenhang als Spaltenvektoren zu betrachten sind. Weiter oben wurde jedoch bereits angemerkt, daß auf eine explizite Kennzeichnung von Zeilen- und Spaltenvektoren immer dann verzichtet wird, wenn keine Verwechslung möglich ist (wie etwa bei dem Skalarprodukt px). Weitere Erläuterungen zur Notation finden sich am Ende des Buches.

$$(2\text{-}9)\qquad (a)\ \left[\frac{\partial x}{\partial I}\right]^T \cdot p \equiv 1 \qquad\qquad (b)\ \left[\frac{\partial x}{\partial p}\right]^T \cdot p \equiv -\, x$$

$$(c)\ \left[\frac{\partial x}{\partial q}\right]^T \cdot p \equiv -\, y \qquad\qquad (d)\ \left[\frac{\partial x}{\partial y}\right]^T \cdot p \equiv -\, q$$

$$(e)\ \left[\frac{\partial x}{\partial z}\right]^T \cdot p \equiv 0_L$$

Die beiden ersten Bedingungen sind gegenüber dem reinen Individualgüterfall völlig unverändert, während die Bedingungen (2-9c) und (2-9d) zwar neu hinzukommen, aber eine völlig analoge Interpretation besitzen. So läßt sich (2-9c) beispielsweise darstellen als

$$(2\text{-}9c')\qquad \sum_{n=1}^{N} \frac{\partial (p_n x_n)}{\partial q_m} \equiv -\, y_m \qquad (m=1,2,\ldots,M)\ .$$

Diese Bedingung besagt, daß die Erhöhung eines Rationierungspreises q_m um eine Geldeinheit zu einer Reduktion der Gesamtausgaben für Individualgüter um y_m Geldeinheiten führt. Diese Erkenntnis ist (bei Berücksichtigung der Adding-up-Bedingung) mehr oder weniger trivial, da dem Konsumenten nach der Erhöhung von q_m um eine Geldeinheit bei gegebener Rationierungsmenge genau y_m Geldeinheiten weniger für Individualgüterkäufe zur Verfügung stehen als zuvor. In analoger Weise läßt sich Bedingung (2-9d) begründen, wobei die Erhöhung einer Rationierungsmenge y_m um eine Einheit das Ausgabenvolumen für Individualgüter um den Preis dieser Einheit kürzt. Bedingung (2-9e) schließlich besagt, daß die Gesamtausgaben für Individualgüter von Änderungen bei der Bereitstellung von Kollektivgütern unabhängig sind. Auch dies ist nicht weiter überraschend, da der Konsument infolge seiner streng monotonen Präferenzen seine Budgetbeschränkung stets voll ausschöpft und da diese Budgetbeschränkung von Änderungen bei der Kollektivgüterbereitstellung nicht beeinflußt wird. Es sollte jedoch betont werden, daß Änderungen im Kollektivgüterangebot selbstverständlich die *Zusammensetzung* der Individualgüterkäufe beeinflussen können. Die in (2-9) zusammengefaßten Bedingungen betreffen nur den Umfang der Individualgüterausgaben, nicht jedoch ihre Aufteilung auf die einzelnen Güter.

Setzt man die Marshall-Nachfragefunktionen (2-5) in die Zielfunktion u(x,y,z) des Nutzenmaximierungsproblems (2-3) ein, so erhält man den folgenden definitorischen Zusammenhang zwischen direkter und indirekter Nutzenfunktion:

$$(2\text{-}10) \qquad v(p,q,y,z,I) \equiv u(x(p,q,y,z,I),y,z)$$

Aus der partiellen Differentiation dieser Identität nach den Argumenten der indirekten Nutzenfunktion erhält man zum einen die üblichen Ableitungseigenschaften, die aus dem reinen Individualgüterfall bekannt sind, und zum andern die dazu analogen Eigenschaften bezüglich der Rationierungs- und Kollektivgüter:

- Die partielle Ableitung nach dem Pauscheinkommen bestätigt - falls die indirekte Nutzenfunktion bezüglich I differenzierbar ist - bei Beachtung von (2-4a) und (2-9a), daß λ^* der Grenznutzen des Einkommens ist:

$$(2\text{-}11) \qquad \frac{\partial v}{\partial I}(p,q,y,z,I) \equiv \lambda(p,q,y,z,I) = \lambda^*$$

- In analoger Weise erhält man durch partielle Differentiation von (2-10) nach den Individualgüterpreisen p bei Beachtung von (2-9b) die traditionelle ***Roy-Identität für Individualgütermengen:***

$$(2\text{-}12)\qquad \frac{\nabla_p v}{\partial v/\partial I}(p,q,y,z,I) \equiv -\ x(p,q,y,z,I) = -\ x^*$$

- Partielle Differentiation von (2-10) nach den Preisen rationierter Güter ergibt dementsprechend bei Beachtung von (2-9c) die ***Roy-Identität für Rationierungsmengen:***

$$(2\text{-}13)\qquad \frac{\nabla_q v}{\partial v/\partial I}(p,q,y,z,I) \equiv -\ y$$

Ökonomisch läßt sich diese Version der Roy-Identität etwa folgendermaßen interpretieren: Wird ein Rationierungspreis q_m um eine Geldeinheit erhöht, so vermindert sich - bei Konstanz der Rationierungsmengen y - der für den Individualgüterkauf zur Verfügung stehende Teil (I-qy) des Pauscheinkommens um y_m Geldeinheiten. Überführt man diesen Geldbetrag durch Multiplikation mit dem Grenznutzen des Einkommens in Nutzeneinheiten, so ergibt sich der durch die Erhöhung von q_m verursachte Nutzenverlust als

$$\frac{\partial v}{\partial q_m} = -\ \lambda^* \cdot y_m \quad .$$

Genau dies wird durch (2-13) ausgedrückt.

- Leitet man die Identität (2-10) partiell nach den Mengen der rationierten Güter ab und berücksichtigt (2-9d), so erhält man

$$(2\text{-}14)\qquad \nabla_y v(p,q,y,z,I) = \nabla_y u(x(p,q,y,z,I),y,z) - \frac{\partial v}{\partial I}(p,q,y,z,I)\cdot q$$

bzw.

$$(2\text{-}14')\qquad \nabla_y v(p,q,y,z,I) = \nabla_y u(x^*,y,z) - \lambda^* \cdot q$$

$$\text{mit } x^*=x(p,q,y,z,I) \text{ und } \lambda^*=\lambda(p,q,y,z,I) \; .$$

Der Gesamteffekt einer Erhöhung der Rationierungsmenge y_m auf den Nutzen des Konsumenten läßt sich somit in einen direkten und einen indirekten Effekt zerlegen. Der (positive) direkte Effekt ($\partial u/\partial y_m$) ist gleich dem Nutzen, den eine zusätzliche physische Einheit des m-ten Gutes stiftet, während der (negative) indirekte Effekt ($-\lambda^* q_m$), den man auch als "Budgeteffekt" bezeichnen könnte, durch die Mehrkosten in Höhe von q_m für die zusätzliche Einheit des m-ten Gutes und den dadurch bedingten Rückgang im Konsum der nicht-rationierten Güter x verursacht wird. Denn um diese Mehrkosten verringert sich bei einer Erhöhung von y_m um eine Einheit der frei verfügbare Teil (I-qy) des Budgets, so daß die Ausgaben für nicht-rationierte Güter x um q_m Geldeinheiten zurückgehen. Der dadurch entstehende Nutzenverlust ist gleich dem Produkt aus q_m und dem Grenznutzen des Einkommens, wobei q_m wieder durch Multiplikation mit λ^* in Nutzeneinheiten überführt wird.

Das Vorzeichen des Gesamteffektes einer Erhöhung der Rationierungsmenge y_m auf die Wohlfahrt des Konsumenten hängt gemäß (2-14) davon ab, ob der Grenznutzen des m-ten Gutes größer ist als sein (in Nutzeneinheiten überführter) Preis oder nicht. Dominiert der positive direkte Effekt mit $(\partial u/\partial y_m)>q_m\lambda^*$, so befinden wir uns in der in Abbildung 2-1 dargestellten Situation, und der Konsument würde ohne Rationierung mehr von Gut m konsumieren als die vorgeschriebene Menge y_m. Dominiert dagegen der negative Budgeteffekt mit $(\partial u/\partial y_m)<q_m\lambda^*$, so ist der Konsument mit der vorgeschriebenen Menge y_m zwangsweise "überversorgt".[6] Als Beispiele für solche

[6] Ein rationiertes Gut, dessen (monetarisierter) Grenznutzen beim Konsum der Rationierungsmenge y_m kleiner als sein Preis q_m ist, wird normalerweise in einer geringeren Menge als y_m nachgefragt und kann daher wie ein Individualgut behandelt werden, da die Rationierungsbeschränkung für dieses Gut nicht bindend ist. Bei den hier angesprochenen Rationierungsgütern jedoch zwingt der Staat den Konsumenten aus meritorischen Gründen, mit der Rationierungsmenge y_m mehr von diesen Gütern nachzufragen als seinen privaten Nutzenmaximierungsbedingungen entspricht.

Formen der Rationierung, bei denen der Haushalt gezwungen wird, mehr von einem Gut zu konsumieren als er wünscht, könnte man die regelmäßige Wiederholung der technischen Überprüfung von Kraftfahrzeugen, die zwangsweise (und gebührenpflichtige) Teilnahme an der öffentlichen Müllabfuhr, den Einbau von Sicherungssystemen gegen das Auslaufen von Heizöltanks und ähnliches nennen. Gemeinsam ist all diesen Beispielen der Zwangscharakter, dem sich das einzelne Wirtschaftssubjekt nicht entziehen kann. Obwohl alle diese Güter auch für den von den entsprechenden Maßnahmen betroffenen Konsumenten einen positiven Nutzen erzeugen, würde er sie bei den gegebenen Preisen bzw. Gebühren lieber in einer geringeren als der vorgeschriebenen Menge nachfragen. Für den weiteren Gang der Untersuchung werden diese Formen der "Rationierung" jedoch ausgeschlossen, d.h., wir gehen davon aus, daß der (monetarisierte) Grenznutzen der rationierten Güter größer als ihr Preis ist. Damit ist der Wohlfahrtseffekt $\nabla_y v(p,q,y,z,I)$ einer Erhöhung der Rationierungsmengen gemäß (2-14) stets positiv.

Dividiert man beide Seiten von (2-14) durch den Grenznutzen des Einkommens gemäß (2-11), so erhält man den in Geldeinheiten überführten Wohlfahrtseffekt einer Erhöhung der Rationierungsmengen als

$$(2\text{-}15) \qquad \frac{\nabla_y v}{\partial v/\partial I}(p,q,y,z,I) \equiv \frac{\nabla_y u(x(p,q,y,z,I),y,z)}{\lambda(p,q,y,z,I)} - q$$

Ein Vergleich mit den Optimalbedingungen (2-4a) für ein Nutzenmaximum zeigt, daß die auf analoge Weise monetarisierten Grenznutzen der Individualgüter $\nabla_x u(x^*,y,z)/\lambda^*$ gleich den Marktpreisen dieser Güter sind. Daher liegt es nahe, die in Geldeinheiten ausgedrückten Grenznutzen der Rationierungsgüter $\nabla_y u(x^*,y,z)/\lambda^*$ entsprechend als ***Schattenpreise der Rationierungsgüter***

$$(2\text{-}16) \qquad \pi^* = \pi(p,q,y,z,I) \equiv \frac{\nabla_y u(x(p,q,y,z,I),y,z)}{\lambda(p,q,y,z,I)}$$

mit $\pi \varepsilon R^{M++}$ zu interpretieren. Berücksichtigt man diese Schattenpreise in (2-15), so erhält man eine Art ***Roy-Identität für die Schattenpreise der Rationierungsgüter:***

$$(2\text{-}17) \qquad \frac{\nabla_y v}{\partial v/\partial I}(p,q,y,z,I) \equiv \pi(p,q,y,z,I) - q = \pi^* - q$$

Der monetarisierte Nutzengewinn einer marginalen Erhöhung einer Rationierungsmenge ist somit gleich der Differenz zwischen dem Schattenpreis des betreffenden Rationierungsgutes und seinem (Rationierungs-)Preis. Dieses Ergebnis leuchtet unmittelbar ein, da beispielsweise der Schattenpreis $\pi_m{}^*$ das monetäre Äquivalent des durch eine zusätzliche Einheit des m-ten Rationierungsgutes gestifteten Nutzens ist, während q_m das monetäre Äquivalent des durch die Zahlung des Rationierungspreises für diese zusätzliche Einheit des m-ten Gutes entgangenen Nutzens ist. Die Differenz $[\pi^*-q]$ könnte man daher auch als Vektor der ***"Netto-Schattenpreise"*** der Rationierungsgüter bezeichnen, da sie die durch eine zusätzliche Einheit der jeweiligen Rationierungsgüter erzeugten Netto-Nutzen in Geldeinheiten angeben. Unter unseren Annahmen ist diese Differenz stets positiv, so daß die Erhöhung einer beliebigen Rationierungsmenge immer zu einer Verbesserung der individuellen Wohlfahrt führt.

- Partielle Differentiation der Identität (2-10) bezüglich der Kollektivgütermengen z ergibt bei Beachtung von (2-9e)

$$(2\text{-}18) \qquad \nabla_z v(p,q,y,z,I) \equiv \nabla_z u(x(p,q,y,z,I),y,z) \quad .$$

Die partiellen Ableitungen der indirekten Nutzenfunktion nach den Kollektivgütermengen z sind somit gleich den entsprechenden Ableitungen der direkten Nutzenfunktion und damit gleich den Grenznutzen der betreffenden Kollektivgüter im (rationierten) Haushaltsgleichgewicht. Dieses Ergebnis erklärt sich aus der Tatsache, daß die Kollektivgüter die Budgetbeschränkung des Haushalts nicht berühren, so daß eine Änderung der Kollektivgüterversorgung keinerlei Budgeteffekte hervorruft.

Auch hier liegt es nun wieder nahe, die monetarisierten Grenznutzen $\nabla_z u(x^*,y,z)/\lambda^*$ im rationierten Haushaltsgleichgewicht als ***Schattenpreise der Kollektivgüter***

$$(2\text{-}19) \qquad \rho^* = \rho(p,q,y,z,I) \equiv \frac{\nabla_z u(x(p,q,y,z,I),y,z)}{\lambda(p,q,y,z,I)}$$

zu definieren und damit eine Art ***Roy-Identität für die Schattenpreise der Kollektivgüter***

$$(2\text{-}20) \qquad \frac{\nabla_z v}{\partial v/\partial I}(p,q,y,z,I) \equiv \rho(p,q,y,z,I) = \rho^*$$

zu konstruieren. Diese besagt nichts anderes, als daß die in Geldeinheiten überführte Ableitung der indirekten Nutzenfunktion nach einer Kollektivgutmenge gleich dem Schattenpreis des betreffenden Kollektivgutes ist. Der Unterschied zu der Roy-Identität für Rationierungsmengen (2-17) resultiert aus der Tatsache, daß für Rationierungsgüter ein (reglementierter) Preis zu zahlen ist, während der Konsum von Kollektivgütern kostenlos ist.

Mit (2-12) und (2-13) wurden Zusammenhänge hergestellt zwischen den monetarisierten **Preis**ableitungen der indirekten Nutzenfunktion als einer Funktion zur Beschreibung der Präferenzordnung des Konsumenten einerseits und den von ihm im rationierten Haushaltsgleichgewicht konsumierten Gütermengen andererseits. Diese beiden Beziehungen stehen in der Tradition der klassischen Roy-Identität. In (2-17) und (2-20) werden nun analog hierzu Zusammenhänge hergestellt zwischen den monetarisierten **Mengen**ableitungen der indirekten Nutzenfunktion bezüglich der Nicht-Marktgüter einerseits und den Schattenpreisen dieser Güter andererseits. Es zeigt sich, daß dieser "indirekte Grenznutzen" bei den Kollektivgütern gerade gleich den entsprechenden Schattenpreisen ist, während er bei den Rationierungsgütern gleich der Differenz zwischen Schatten- und Rationierungspreis ist. Wegen ihrer Analogie zu der klassischen Roy-Identität wurden auch die Beziehungen (2-17) und (2-20) als Roy-Identitäten bezeichnet, wobei es sich hier im Grunde um "***duale Roy-Identitäten***" handelt.

Mit Hilfe dieser Beziehungen lassen sich nun die wesentlichen mathematischen Eigenschaften der indirekten Nutzenfunktion folgendermaßen zusammenfassen:

(2-21) Die rationierte indirekte Nutzenfunktion v(p,q,y,z,I) ist für $p \epsilon \mathbf{R}^{N++}$, $q \epsilon \mathbf{R}^{M++}$, $y \epsilon \mathbf{R}^{M++}$, $z \epsilon \mathbf{R}^{L++}$, $I \epsilon \mathbf{R}^{++}$

a) stetig in I
b) zweimal stetig differenzierbar in p, q, y und z
c) monoton abnehmend in p und streng monoton abnehmend in q
d) streng monoton zunehmend in y, z und I
e) homogen vom Grade Null in [p,q,I]
f) streng quasikonkav in y und z
g) quasikonvex in p und q

Die meisten dieser Eigenschaften sind ohne weiteres einsichtig. Die Tatsache, daß die indirekte Nutzenfunktion in p zwar monoton, aber nicht streng monoton abnehmend ist, erklärt sich daraus, daß ein Individualgut je nach Präferenzordnung unter Umständen ab einer bestimmten Höhe seines Preises nicht mehr nachgefragt wird und weitere Erhöhungen des betreffenden Preises bei einer Nachfragemenge von null Einheiten keine Nutzenverminderung mehr bewirken, wie auch aus (2-12) hervorgeht. Für positive Gütermengen ist v in dem entsprechenden Preis streng monoton abnehmend. Dies gilt gemäß (2-13) auch für rationierte Güter. Die partiellen Ableitungen der indirekten Nutzenfunktion bezüglich der Kollektivgütermengen z sind gemäß (2-18) gleich den entsprechenden Ableitungen der direkten Nutzenfunktion und damit positiv. Die strenge Monotonie im Einkommen folgt aus (2-11) und (2-4d). Aus (2-14) ergibt sich, daß der Nutzen bei einer Erhöhung einer rationierten Gütermenge steigt, da wir hier nur Rationierungsformen betrachten, bei denen der von dem entsprechenden Gut erzeugte Grenznutzen göβer ist als sein (durch Multiplikation mit dem Grenznutzen des Einkommens in Nutzeneinheiten überführter) Preis. Die Homogenität vom Grade Null in [p,q,I] schließlich folgt aus den Optimalbedingungen (2-4) in Verbindung mit (2-10). Die Beweise für die Quasikonkavitäts- und Quasikonvexitätseigenschaften sind etwas aufwendiger und werden daher im Anhang zu diesem Kapitel dargestellt.

Anhang

Beweis für die strenge Quasikonkavität der indirekten Nutzenfunktion in y und z

Notwendig und hinreichend für die strenge Quasikonkavität der indirekten Nutzenfunktion in den rationierten Gütermengen y und den Kollektivgütermengen z ist die Erfüllung der Bedingung[7]

$$v(p,q,y^1,z^1,I) \geq v(p,q,y^0,z^0,I)$$
$$\Longrightarrow \nabla_y v(p,q,y^0,z^0,I)\cdot[y^1-y^0] \; + \; \nabla_z v(p,q,y^0,z^0,I)\cdot[z^1-z^0] \; > 0$$
$$(\forall \; y^0,y^1 \varepsilon \boldsymbol{R}^{M++}, \; \forall \; z^0,z^1 \varepsilon \boldsymbol{R}^{L++}).$$

Um zu beweisen, daß die indirekte Nutzenfunktion diese Bedingung erfüllt, sei angenommen, daß der Staat beim Übergang von einer Situation 0 zu einer Situation 1 nur die Rationierungsmengen y und die Kollektivgütermengen z ändere, während alle übrigen Parameter konstant bleiben. In unserer Notation bedeutet dies:

$$c^0 = c(p,q,y^0,z^0,I) = [x(p,q,y^0,z^0,I),y^0,z^0] = [x^0,y^0,z^0]$$
$$c^1 = c(p,q,y^1,z^1,I) = [x(p,q,y^1,z^1,I),y^1,z^1] = [x^1,y^1,z^1]$$
$$\lambda^0 = \lambda(p,q,y^0,z^0,I)$$

Es gilt nun:

$$v(p,q,y^1,z^1,I) \geq v(p,q,y^0,z^0,I) \Longrightarrow u(c^1) \geq u(c^0) \quad [\text{wegen } (2\text{-}10)]$$

---

[7] Zur strengen Quasikonkavität mathematischer Funktionen siehe z.B. Madden (1986, S. 215).

$$\Longrightarrow \nabla_x u(c^0)\cdot[x^1-x^0] + \nabla_y u(c^0)\cdot[y^1-y^0] + \nabla_z u(c^0)\cdot[z^1-z^0] > 0$$
[da u gemäß (2-1) streng quasikonkav ist]

$$\Longrightarrow \lambda^0 p\cdot[x^1-x^0] + \nabla_y u(c^0)\cdot[y^1-y^0] + \nabla_z u(c^0)\cdot[z^1-z^0] > 0$$
[wegen (2-4a)]

$$\Longrightarrow [\nabla_y u(c^0)-\lambda^0 q]\cdot[y^1-y^0] + \nabla_z u(c^0)\cdot[z^1-z^0] > 0$$
[da $px^0+qy^0=px^1+qy^1(=I)$ bzw. $p[x^1-x^0]=-q[y^1-y^0]$]

$$\Longrightarrow \nabla_y v(p,q,y^0,z^0,I)\cdot[y^1-y^0] + \nabla_z v(p,q,y^0,z^0,I)\cdot[z^1-z^0] > 0$$
[wegen (2-14) und (2-18)].

Damit ist die strenge Quasikonkavität der indirekten Nutzenfunktion in y und z bewiesen.

Beweis für die Quasikonvexität der indirekten Nutzenfunktion in p und q

Notwendig und hinreichend für die Quasikonvexität der indirekten Nutzenfunktion in p und q ist die Erfüllung von[8]

$$v(p^1,q^1,y,z,I) \geq v(p^0,q^0,y,z,I)$$
$$\Longrightarrow \nabla_p v(p^1,q^1,y,z,I)\cdot[p^0-p^1] + \nabla_q v(p^1,q^1,y,z,I)\cdot[q^0-q^1] \leq 0$$
$$(\forall\ p^0,p^1 \varepsilon R^{N++},\ \forall\ q^0,q^1 \varepsilon R^{M++}).$$

Diese Bedingung ist logisch äquivalent zu

$$\nabla_p v(p^1,q^1,y,z,I)\cdot[p^0-p^1] + \nabla_q v(p^1,q^1,y,z,I)\cdot[q^0-q^1] > 0$$
$$\Longrightarrow v(p^1,q^1,y,z,I) < v(p^0,q^0,y,z,I)$$
$$(\forall\ p^0,p^1 \varepsilon R^{N++},\ \forall\ q^0,q^1 \varepsilon R^{M++}).$$

Es sei nun angenommen, daß sich von der Situation 0 zur Situation 1 nur die Preise p und q ändern, während alle übrigen Parameter konstant bleiben. Daraus ergeben sich folgende Definitionen:

$$c^0 = c(p^0,q^0,y,z,I) = [x(p^0,q^0,y,z,I),y,z] = [x^0,y,z]$$
$$c^1 = c(p^1,q^1,y,z,I) = [x(p^1,q^1,y,z,I),y,z] = [x^1,y,z]$$
$$\lambda^1 = \lambda(p^1,q^1,y,z,I)$$

---

[8] Zur Quasikonkavität einer mathematischen Funktion siehe z.B. Mangasarian (1969, S. 134).

Es gilt nun

$$\nabla_p v(p^1,q^1,y,z,I)\cdot[p^0-p^1] \quad + \quad \nabla_q v(p^1,q^1,y,z,I)\cdot[q^0-q^1] \quad > 0$$

$$==> \; -\lambda^1 x^1\cdot[p^0-p^1]-\lambda^1 y\cdot[q^0-q^1] \quad > 0 \qquad \text{[wegen (2-12), (2-13)]}$$

$$==> \; -x^1\cdot[p^0-p^1] \; - \; y\cdot[q^0-q^1] \; > 0 \qquad \text{[wegen } \lambda^1>0\text{]}$$

$$==> \; p^0\cdot[x^0-x^1] \quad > 0$$

[wegen $p^0x^0+q^0y=p^1x^1+q^1y(=I)$ so daß $-y\cdot[q^0-q^1]=p^0x^0-p^1x^1$]

$$==> \; u(c^1) \; < \; u(c^0)$$

[nach der Theorie der offenbarten Präferenzen, da c^1 bei $c^1 \neq c^0$ in der Ausgangssituation relisierbar ist, aber nicht gewählt wird]

$$==> \; v(p^1,q^1,y,z,I) \; < \; v(p^0,q^0,y,z,I) \qquad \text{[wegen (2-10)]}$$

Damit ist auch die Quasikonvexität der indirekten Nutzenfunktion in den Preisen p und q bewiesen.

Kapitel 3

Das Kostenminimierungsproblem des rationierten Haushalts bei Existenz von Kollektivgütern

Neben der direkten und der indirekten Nutzenfunktion bietet die Ausgabenfunktion bekanntlich eine dritte Möglichkeit zur Beschreibung der Präferenzordnung des Konsumenten mit Hilfe einer mathematischen Funktion. Im folgenden sollen nun die Eigenschaften dieser Funktion für einen Haushalt, der neben Individualgütern auch rationierte Güter und Kollektivgüter konsumiert, herausgearbeitet werden.

Die ***rationierte Ausgabenfunktion*** $e: \boldsymbol{R}^{N+2M+L+1} \rightarrow \boldsymbol{R}$ gibt die Ausgaben an, die der Konsument bei den Preisen [p,q], den Rationierungsmengen y und den Kollektivgütermengen z mindestens tätigen muß, um das Nutzenniveau U zu realisieren. D.h.,

$$(3-1) \qquad e(p,q,y,z,U) = \min_{x \in \mathcal{U}(y,z,U)} \{px+qy\} = qy + \min_{x \in \mathcal{U}(y,z,U)} px \ ,$$

$$\text{mit} \quad \mathcal{U}(y,z,U) = \{x \,|\, x \in \boldsymbol{R}^{N+}, \quad u(x,y,z) \geq U\} \ ,$$

wobei der Ausgabenteil qy von dem Konsumenten nicht beeinflußt werden kann, so daß sich das eigentliche Minimierungsproblem in (3-1) nur auf die Minimierung der Ausgaben für Individualgüter px (natürlich unter Berücksichtigung der übrigen Parameter) bezieht. Definiert man die sogenannte ***Variable Ausgabenfunktion*** des Konsumenten $\hat{e}: \boldsymbol{R}^{N+M+L+1} \rightarrow \boldsymbol{R}$ als

$$(3-2) \qquad \hat{e}(p,y,z,U) = \min_{x \in \mathcal{U}(y,z,U)} px \ ,$$

so läßt sich die Gesamtausgabenfunktion gemäß (3-1) auch als

$$(3-3) \qquad e(p,q,y,z,U) = qy + \hat{e}(p,y,z,U) \ ,$$

darstellen, wobei die Funktion $\hat{e}$ den von dem Konsumenten gestaltbaren Teil seiner Konsumausgaben bestimmt.

Aus der Extremierung der Lagrange-Funktion

$$(3-4) \qquad L(x,\mu) = qy + px + \mu(U-u(x,y,z))$$

erhält man über die Optimalbedingungen

$$(3-5) \qquad \text{(a)} \quad \nabla_x L(x^*,\mu^*) = p - \mu^* \cdot \nabla_x u(x^*,y,z) = 0_N$$

$$\text{(b)} \quad \frac{\partial L(x^*,\mu^*)}{\partial \mu} = U - u(x^*,y,z) = 0$$

$$\text{(c)} \quad x^* \geq 0_N \qquad\qquad \text{(d)} \quad \mu^* > 0$$

als Lösung des Minimierungsproblems (3-1) den Vektor der (einkommenskompensierten) Hicks-Nachfragefunktionen nach den Individualgütern x und den Lagrange-Multiplikator im Optimum:

$$(3-6) \qquad \text{(a)} \quad x^* = \xi(p,y,z,U)$$

$$\text{(b)} \quad \mu^* = \mu(p,y,z,U)$$

Die rationierten Hicks-Nachfragefunktionen hängen im Gegensatz zu den entsprechenden Nachfragefunktionen im reinen Individualgüterfall nicht nur von den Individualgüterpreisen und dem Nutzenniveau sondern auch von den Rationierungs- und Kollektivgütermengen ab. Der Grund liegt darin, daß auch diese Güterarten einen positiven Nutzen erzeugen, so daß der Konsument zur Realisierung eines bestimmten Nutzenniveaus um so weniger Individualgüter kaufen muß, je größer die Mengen an Rationierungs- und Individualgütern sind. Außerdem stehen diese Güterarten natürlich häufig auch in Substitutions- oder Komplementaritätsbeziehungen zu den Individualgütern und beeinflussen die Nachfrage nach diesen über die entsprechenden Substitutionseffekte.

Sowohl der Lagrange-Multiplikator μ als auch die kompensierten Nachfragefunktionen ξ sind offensichtlich von den Preisen q der rationierten Güter unabhängig, da diese nicht in die Optimalbedingungen (3-5) eingehen und somit auch keinen Einfluß auf die Optimalwerte x^* und μ^* haben. Ökonomisch ist dies unmittelbar einsichtig, da die Hicks-Nachfragefunktionen dasjenige Individualgüterbündel bezeichnen, das der Konsument bei den Preisen p nachfragt, um bei möglichst geringen Ausgaben das Nutzenniveau U zu realisieren. Zur Bestimmung dieser Nachfrage sind zwar Informationen über die konsumierten Mengen der Rationierungs- und Kollektivgüter, die ja ebenfalls Nutzen erzeugen, notwendig, nicht jedoch über die Rationierungspreise q, da diese nur den fixen Ausgabenteil qy beeinflussen, der für die Lösung des Ausgabenminimierungsproblems jedoch ohne Bedeutung ist. Bei der Lösung des Nutzenmaximierungsproblems (2-3) waren die Rationierungspreise q dagegen durchaus bedeutsam, da sie zusammen mit den Rationierungsmengen y, den Individualgüterpreisen p und dem Pauscheinkommen I die Nebenbedingung dieses Optimierungsproblems determinieren. Der Individualgütervektor im Haushaltsgleichgewicht x^* kann somit alternativ durch [p,q,y,z,I] oder durch [p,y,z,U] vollständig bestimmt werden.

Aus Bedingung (3-5a) folgt wegen der strengen Monotonie der direkten Nutzenfunktion und der Positivität der Preise p, daß der Lagrange-Multiplikator μ positiv ist. In dieser Bedingung wird verlangt, daß der Gradient der direkten Nutzenfunktion im Optimum positiv kollinear zu dem Preisvektor ist. Falls ein Konsumvektor x^* existiert, der diese Bedingungen für einen bestimmten Preisvektor p erfüllt, so erfüllt derselbe Konsumvektor x^* diese Bedingungen auch für jedes positive Vielfache des Preisvektors p (bei verändertem μ^*). Daraus folgt, daß die rationierten Hicks-Nachfragefunktionen $\xi(p,y,z,U)$ genau wie die Hicks-Nachfragefunktionen im reinen Individualgüterfall homogen vom Grade Null in den Individualgüterpreisen p sind.

Das Kostenminimierungsproblem (3-1) ist in Abbildung 3-1 graphisch wieder für den Fall eines rationierten und eines nichtrationierten Gutes dargestellt, wobei die Kollektivgütermengen z=z' als Parameter implizit berücksichtigt werden. Wegen der Festlegung der Rationierungsbeschränkung auf y' liegen alle realisierbaren Güterbündel [x,y'], die (zusammen mit den Kollektivgütermengen z') mindestens das Nutzenniveau U erzeugen, auf dem oberhalb der Indifferenzkurve für das Nutzenniveau U verlaufenden Teil der Beschränkungsgerade für die Rationierungsmenge y' (dieser Teil der Beschränkungsgerade ist in Abbildung 3-1 dick eingezeichnet).

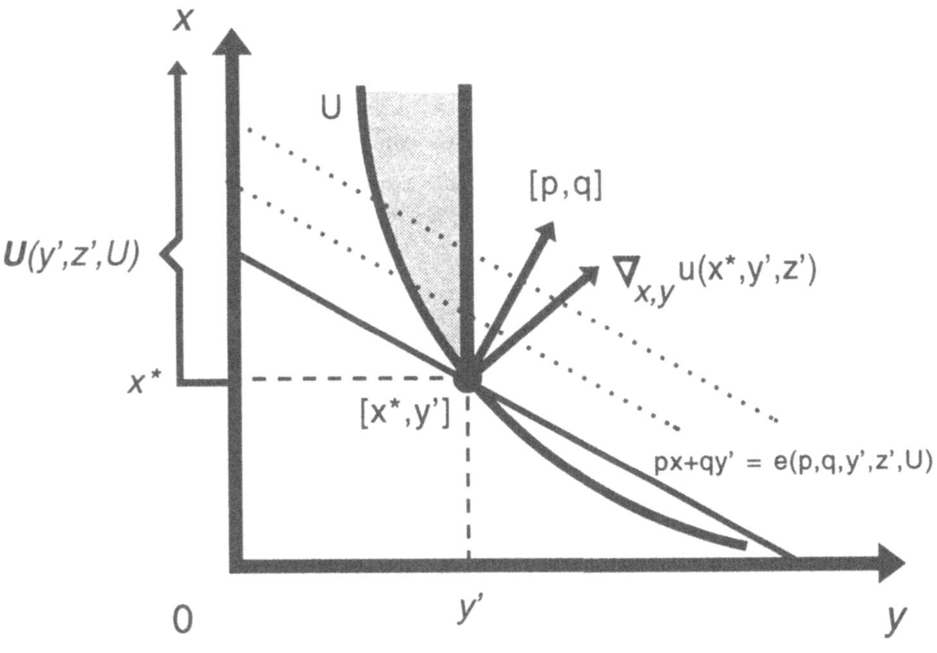

\- Abb. 3-1 -

Der Konsument sucht nun aus der Beschränkungsmenge ***U(y',z,U)*** diejenige Menge des Individualgutes x aus, die in Kombination mit y' und z' das Nutzenniveau U bei den geringsten Ausgaben erzeugt. Graphisch wird also in Abbildung 3-1 unter allen Geraden mit dem Normalenvektor [p,q], die mindestens einen Punkt mit dem fett gezeichneten Teil der Parallelen zur x-Achse gemeinsam haben, diejenige gesucht, die den kleinsten Achsenabschnitt besitzt. Auch hier gilt wieder, daß im Optimum $[x^*,y']$ der Gradient der Nutzenfunktion nicht kollinear zu dem Preisvektor $[p,q]$ ist, so daß die Indifferenzkurve für das Nutzenniveau U in diesem Punkt von der kostenminimalen Budgetgeraden $px+qy' = e(p,q,y',z',U)$ nicht tangiert sondern geschnitten wird. Ebenso wie bei dem Nutzenmaximierungsproblem würde auch hier eine Lockerung der Rationierung zu einer Verbesserung des Zielwertes, in diesem Fall also zu einer Verminderung der zur Realisierung des Nutzenniveaus U erforderlichen Minimalausgaben, führen.

Auf die graphische Darstellung des Kostenminimierungsproblems im x,z-Raum und im Individualgüterraum soll hier wegen der unmittelbaren Analogie zu Abbildung 3-1 und den entsprechenden Abbildungen im zweiten Kapitel verzichtet werden.

Durch Einsetzen des Lösungsvektors x^* in die Zielfunktion des Kostenminimierungsproblems erhält man gemäß (3-1) die Gesamtausgabenfunktion:

(3-7) $\quad e(p,q,y,z,U) \equiv qy + p\xi(p,y,z,U)$

Die Eigenschaften dieser Funktion lassen sich folgendermaßen zusammenfassen:

(3-8) Die Gesamtausgabenfunktion $e(p,q,y,z,U)$ ist für $p \in \mathbb{R}^{N++}$, $q \in \mathbb{R}^{M++}$, $y \in \mathbb{R}^{M++}$, $z \in \mathbb{R}^{L++}$, $U \in \mathbb{R}^{++}$

a) stetig und streng monoton zunehmend in U
b) zweimal stetig differenzierbar in p, q, y und z
c) monoton zunehmend in p und streng monoton zunehmend in q
d) streng monoton abnehmend in z
e) linear homogen und konkav in den Preisen $[p,q]$
f) konvex in y und streng konvex in z

Analog erhält man die Variable Ausgabenfunktion als

(3-9) $\hat{e}(p,y,z,U) \equiv p \cdot \xi(p,y,z,U)$,

und es gilt

(3-10) $e(p,q,y,z,U) \equiv qy + \hat{e}(p,y,z,U)$.

Die Eigenschaften der Variablen Ausgabenfunktion sind gegeben durch:

(3-11) Die Variable Ausgabenfunktion $\hat{e}(p,y,z,U)$ ist für $p \varepsilon R^{N++}$, $y \varepsilon R^{M++}$, $z \varepsilon R^{L++}$, $U \varepsilon R^{++}$
a) stetig und streng monoton zunehmend in U
b) zweimal stetig differenzierbar in p, y und z
c) monoton zunehmend, linear homogen und konkav in den Individualgüterpreisen p
d) streng monoton abnehmend und streng konvex in y und z

Im weiteren sollen die Eigenschaften der beiden Ausgabenfunktionen näher untersucht und begründet werden. Dabei sind die folgenden definitorischen Zusammenhänge zwischen den beiden Ausgabenfunktionen einerseits und der indirekten Nutzenfunktion andererseits nützlich, da die Eigenschaften der indirekten Nutzenfunktion bereits bekannt sind:[1]

(3-12) $v(p,q,y,z,e(p,q,y,z,U)) \equiv U$ bzw. $v(p,q,y,z,\hat{e}(p,y,z,U)+qy) \equiv U$

- Differenziert man (3-12) partiell bezüglich der Rationierungspreise q, so erhält man bei Beachtung von (2-13) ***Shephard's Lemma für rationierte Güter*** :

[1] Wir gehen hierbei davon aus, daß die Ausgabenfunktion im Nutzen U und die indirekte Nutzenfunktion im Einkommen I differenzierbar ist.

(3-13) $\nabla_q e(p,q,y,z,U) \equiv y$

Wegen $y \in R^{M++}$ ist die Gesamtausgabenfunktion somit streng monoton zunehmend in den Rationierungspreisen q.

- Die Ableitung von (3-12) nach den Individualgüterpreisen p ergibt bei Berücksichtigung von (3-3) und der Roy-Identität (2-12) ***Shephard's Lemma für Individualgüter*** :

(3-14) $\nabla_p e(p,q,y,z,U) \equiv \nabla_p \hat{e}(p,y,z,U) \equiv \xi(p,y,z,U) = x^*$.

Dieses Ergebnis bestätigt, daß die Hicks-Nachfragefunktionen für Individualgüter als partielle Ableitungen der Variablen Ausgabenfunktion ê von den Rationierungspreisen q unabhängig sind, sowie die Nichtnegativität dieser Ableitungen.

- Ableiten von (3-12) nach den Kollektivgütermengen z ergibt nach geeigneter Umformung unter Beachtung von (2-20):

(3-15) $\nabla_z e(p,q,y,z,U) \equiv \nabla_z \hat{e}(p,y,z,U) \equiv - \hat{\rho}(p,y,z,U) = - \rho^*$

Die Ableitung der Ausgabenfunktion bzw. der Variablen Ausgabenfunktion nach den Kollektivgütermengen ist somit gleich dem Negativen der entsprechenden Schattenpreise in dem jeweils betrachteten Haushaltsgleichgewicht. Wie in Kapitel 2 ausführlich erläutert wurde, geben diese Schattenpreise den Grenznutzen der jeweiligen Kollektivgüter in Geldeinheiten an. Der Preis ρ_l ($l \in \{1,2,\ldots,L\}$) beispielsweise beschreibt in Geldeinheiten die von dem Konsumenten infolge einer marginalen Erhöhung der Menge z_l empfundene Nutzensteigerung. Um seinen Nutzen auf dem ursprünglichen Niveau konstant zu halten, wie dies ja bei einer *partiellen* Ableitung der Ausgabenfunktion bezüglich z_l geschieht, muß der Konsument seine Ausgaben für Individualgüterkäufe um genau diesen Betrag reduzieren. Daraus erklärt sich die Negativität der Ableitungen der Ausgabenfunktion nach den Kollektivgütermengen z.

Mit (2-19) und (3-15) haben wir nun zwei alternative Darstellungsweisen für die Schattenpreise der Kollektivgüter: Durch partielles Differenzieren der indirekten Nutzenfunktion erhält man diese Schattenpreise als Funktionen der Variablen [p,q,y,z,I], während partielles Differenzieren der Ausgabenfunktion zu einer Darstellungsform der Schattenpreise ρ^* als Funktionen der Variablen [p,y,z,U] führt. Ein Vergleich mit den beiden Versionen von Nachfragefunktionen für Individualgüter zeigt, daß sich hier offensichtlich eine Analogie zu dem Verhältnis zwischen den Marshall-Nachfragefunktionen x(p,q,y,z,I) einerseits und den Hicks-Nachfragefunktionen ξ(p,y,z,U) andererseits ergibt. Auf den Zusammenhang zwischen diesen alternativen Darstellungsformen wird in Kapitel 4 ausführlich eingegangen.

- Leitet man (3-12) nach den Mengen der rationierten Güter ab, so erhält man bei Beachtung von (2-17)

(3-16) $\quad \nabla_y \hat{e}(p,y,z,U) \equiv - \hat{\pi}(p,y,z,U) = -\pi^*$

bzw.

(3-17) $\quad \nabla_y e(p,q,y,z,U) \equiv q - \hat{\pi}(p,y,z,U) = q - \pi^*$.

Die Beziehung (3-17) besagt, daß die partielle Ableitung der rationierten Ausgabenfunktion nach der Menge eines rationierten Gutes gleich der Differenz zwischen dem (extern festgelegten) Rationierungspreis dieses Gutes und seinem Schattenpreis in dem betrachteten Haushaltsgleichgewicht ist. Ökonomisch ist dieses Ergebnis insofern plausibel, als eine Erhöhung der Rationierungsmenge y_m einerseits die Ausgaben des Konsumenten um den Preis q_m dieser Einheit erhöht und ihm andererseits zusätzlichen (direkten) Nutzen in Höhe von $\partial u/\partial y_m$ stiftet, dessen monetäres Äquivalent $\pi^*=(\partial u/\partial y_m)/\lambda^*$ er nun beim Kauf der nichtrationierten Güter einsparen kann, ohne dabei einen geringeren Nutzen als in der Ausgangssituation zu realisieren. Die partielle Ableitung der Gesamtausgabenfunktion bezüglich der Rationierungsmenge y_m ist somit gleich dem Negativen des durch eine zusätzliche Einheit des m-ten Rationierungsgutes erzeugten Netto-Nutzens in Geldeinheiten, den wir zuvor als Netto-Schattenpreis $[\pi_m^* - q_m]$ des m-ten Rationierungsgutes bezeichnet haben.

Der Unterschied zwischen Rationierungs- und Individualgütern wird hier noch einmal besonders deutlich: Während der Konsument ein Individualgut so lange nachfragt, bis der monetarisierte Grenznutzen bzw. der Schattenpreis dieses Gutes gleich dem zu zahlenden Marktpreis ist, wird dies bei den Rationierungsgütern durch die Beschränkung der Abgabemengen verhindert, so daß hier eine Differenz zwischen Schattenpreis und Marktpreis bestehen bleibt.

Aus (3-16) folgt, daß die Schattenpreise der rationierten Güter gleich dem Negativen der partiellen Ableitungen der Variablen Ausgabenfunktion nach den Rationierungsmengen sind. Dies bestätigt, daß die Variable Ausgabenfunktion streng monoton abnehmend in den Rationierungsmengen ist. Dasselbe folgt für die Gesamtausgabenfunktion aus (3-17), da wir hier nur solche Rationierungsformen betrachten, bei denen die Netto-Schattenpreise positiv sind.

Durch (3-16) haben wir eine zu den durch partielles Differenzieren der indirekten Nutzenfunktion gemäß (2-17) gewonnenen Funktionen $\pi(p,q,y,z,I)$ alternative Darstellungsform für die Schattenpreise der Rationierungsgüter. Der Zusammenhang zwischen den Funktionen $\pi(p,q,y,z,I)$ und $\hat{\pi}(p,y,z,U)$ wird in Kapitel 4 näher untersucht.

- Ableiten von (3-12) nach dem Nutzenniveau U ergibt bei Beachtung von (2-11)

$$(3-18) \qquad \frac{\partial e}{\partial U}(p,q,y,z,U) \equiv \frac{\partial \hat{e}}{\partial U}(p,y,z,U) = \frac{1}{\lambda^*} = \mu^*$$

wobei das letzte Gleichheitszeichen aus (2-4a) und (3-5a) folgt. Die "Grenzkosten des Nutzens" μ sind also im

Haushaltsgleichgewicht gleich dem reziproken Wert des Grenznutzens des Einkommens λ. In Verbindung mit (3-5d) wird durch (3-18) die strenge Monotonie der Ausgabenfunktionen im Nutzenniveau U bestätigt.

Aus (3-18) folgt ferner die Äquivalenz der definitorischen Identitäten (3-12) zu

(3-19) $e(p,q,y,z,v(p,q,y,z,I)) \equiv I$ bzw. $qy+\hat{e}(p,y,z,v(p,q,y,z,I)) \equiv I$.

Alle aus (3-12) hergeleiteten Beziehungen hätte man in Verbindung mit (3-18) auch aus den Identitäten (3-19) erhalten können.

Es bleibt uns nun noch der Beweis der Homogenitäts- und der Krümmungseigenschaften der beiden Ausgabenfunktionen.

Die Linearhomogenität der Variablen Ausgabenfunktion $\hat{e}$ in den Individualgüterpreisen folgt aus (3-9) und der Homogenität vom Grade null der Hicks-Nachfragefunktionen $\xi(p,y,z,U)$ in den Individualgüterpreisen p. Wegen (3-7) und (3-13) ergibt sich daraus wegen des Euler-Theorems die Linearhomogenität der Gesamtausgabenfunktion e in den Preisen p und q.

Die Beweise für die Konkavität der Ausgabenfunktionen in den Preisen und für ihre Konvexität in den Rationierungs- und Kollektivgütermengen sind etwas umfangreicher und wurden daher in den Anhang zu diesem Kapitel verbannt.

Nachdem nunmehr die wesentlichen Eigenschaften der Ausgabenfunktionen gemäß (3-8) und (3-11) bewiesen sind, soll im folgenden auf das Verhältnis zwischen einkommens- und nutzenkompensierten Funktionen im Rahmen rationierter Haushaltsmodelle eingegangen werden.

Anhang

Beweis für die Konkavität der Ausgabenfunktionen in den Preisen p und q

Um die Konkavität der Gesamtausgabenfunktion e in den Preisen p und q zu beweisen, muß man zeigen, daß

$$e(p^1,q^1,y,z,U) \leq e(p^0,q^0,y,z,U)+\nabla_p e(p^0,q^0,y,z,U)\cdot[p^1-p^0]+\nabla_q e(p^0,q^0,y,z,U)\cdot[q^1-q^0] \qquad (\forall\ [p^0,q^0],\ [p^1,q^1]\in R^{(N+M)++})$$

gilt.[2] Wegen (3-3) und (3-13) ist dies äquivalent zu

$$\hat{e}(p^1,y,z,U) \leq \hat{e}(p^0,y,z,U) + \nabla_p \hat{e}(p^0,y,z,U)\cdot[p^1-p^0]$$

und damit zur Konkavität der Variablen Ausgabenfunktion in den Individualgüterpreisen p. Diese Bedingung vereinfacht sich bei Berücksichtigung von (3-14) und (3-9) zu

$$\hat{e}(p^1,y,z,U) \leq p^1\cdot\xi(p^0,y,z,U) \quad .$$

Wegen (3-2) und $\xi(p^0,y,z,U)\in U(y,z,U)$ ist diese Ungleichung ex definitione für alle $p^0,p^1\in R^{N++}$ erfüllt, so daß die Konkavität der Variablen Ausgabenfunktion in p und der Gesamtausgabenfunktion in [p,q] bewiesen ist.

Beweis für die strenge Konvexität der Variablen Ausgabenfunktion in y und z

Notwendig und hinreichend für die strenge Konvexität der Variablen Ausgabenfunktion in y und z ist die Bedingung[3]

---

[2] Diese Bedingung ist notwendig und hinreichend für die Konkavität einer auf einer offenen Menge definierten differenzierbaren Funktion [siehe z.B. Mangasarian (1969, S. 84)].

[3] Zur Definition einer streng konvexen Funktion siehe z.B. Madden (1986, S. 46).

$$\hat{e}(p,(1-\alpha)[y^0,z^0]+\alpha[y^1,z^1],U) < (1-\alpha)\cdot\hat{e}(p,y^0,z^0,U) + \alpha\cdot\hat{e}(p,y^1,z^1,U)$$
$$(y^0, y^1 \varepsilon \mathbb{R}^{N++}; \quad z^0, z^1 \varepsilon \mathbb{R}^{L++}) .$$

Es sei nun

$$\hat{e}(p,y^0,z^0,U) = px^0 \quad \text{und} \quad \hat{e}(p,y^1,z^1,U) = px^1 \qquad (x^0, x^1 \varepsilon \mathbb{R}^{N++}) .$$

Dann ist

$$u(x^0,y^0,z^0) = u(x^1,y^1,z^1) = U \quad .$$

Wegen der strengen Quasikonkavität der direkten Nutzenfunktion in $[x,y,z]$ gemäß (2-1) folgt daraus

$$u((1-\alpha)[x^0,y^0,z^0]+\alpha[x^1,y^1,z^1]) > U \quad .$$

Da der Gütervektor $[(1-\alpha)[x^0,y^0,z^0]+\alpha[x^1,y^1,z^1]]$ somit ein höheres Nutzenniveau als U erzeugt, kann der Individualgütervektor $[(1-\alpha)x^0+\alpha x^1]$ das Nutzenniveau U mit dem Preisvektor p und dem Rationierungs- und Kollektivgütervektor $[(1-\alpha)[y^0,z^0]+\alpha[y^1,z^1]]$ unter unseren Annahmen bezüglich der Präferenzordnung nicht kostenminimierend erzeugen, so daß gilt

$$\hat{e}(p,(1-\alpha)[y^0,z^0]+\alpha[y^1,z^1],U) < (1-\alpha)\cdot px^0 + \alpha\cdot px^1 \quad .$$

Damit ist die oben aufgeführte Bedingung für die strenge Konvexität der Variablen Ausgabenfunktion ê in y und z bewiesen.[4]

Da sich die Gesamtausgabenfunktion e von der Variablen Ausgabenfunktion ê gemäß (3-3) nur durch Addition der in y linearen (und damit auch konvexen) Funktion qy unterscheidet, ist die rationierte Gesamtausgabenfunktion e als Summe der in y (streng) konvexen Funktion ê und der konvexen Funktion qy ebenfalls konvex in y.[5] Darüber hinaus hat sie bezüglich der Kollektivgütermengen z dieselben Eigenschaften wie die Variable Ausgabenfunktion ê, d.h., sie ist streng konvex in z.

---

[4] Ein analoger Beweis findet sich bei Deaton (1981, S. 67-68).

[5] Die Summe zweier konvexer Funktionen ist ebenfalls konvex [siehe z.B. Madden (1986, S. 200)].

Kapitel 4

Das Verhältnis zwischen einkommens- und nutzenkompensierten Funktionen

4.1 Dualität und verallgemeinerte Slutsky-Gleichungen

Der Dualitätsbegriff wird in der ökonomischen Literatur recht unspezifisch und oft in unterschiedlicher Bedeutung gebraucht. So gibt es Dualitätsbeziehungen zum Beispiel zwischen Optimierungsproblemen, zwischen Funktionen oder zwischen Mengen [siehe Ahlheim (1985)]. Bei großzügiger Interpretation erscheint der Dualitätsbegriff immer dann angemessen, wenn ein und derselbe Sachverhalt durch zwei verschiedene Optimierungsprobleme, Funktionen oder Mengen in äquivalenter Weise beschrieben werden kann. In diesem weiten Sinne soll der Dualitätsbegriff auch im folgenden verwendet werden.

Bei der Herleitung der optimalen Individualgüternachfrage zeigte sich, daß die entsprechenden Optimalmengen zum einen über den Nutzenmaximierungsansatz (2-3) und zum andern über den Kostenminimierungsansatz (3-1) bestimmt werden können. Beide Ansätze werden häufig als "dual" zueinander bezeichnet, da sie zwei verschiedene Wege darstellen, die jeweils zu dem gleichen Ergebnis - dem optimalen Individualgütervektor x^* - führen.

Je nachdem, welchen der beiden Wege man wählt, erhält man als Optimallösung die Individualgüternachfrage x^* entweder als Funktion der Variablen $[p,q,y,z,I]$, d.h. als Marshall-Nachfragefunktion mit $x^*=x(p,q,y,z,I)$, oder als Funktion der Variablen $[p,y,z,U]$, d.h. als Hicks-Nachfragefunktion mit $x^*=\xi(p,y,z,U)$. Auch diese beiden Funktionen sind in gewisser Weise dual zueinander, da sie denselben Gütervektor x^* als

Funktion zweier verschiedener Mengen von Variablen beschreiben.

Leitet man die Marshall-Nachfragefunktionen $x(p,q,y,z,I)$ partiell nach einer der Variablen p, q, y oder z ab, so erhält man jeweils die Reaktion der Konsumnachfrage auf die entsprechende (marginale) Parameteränderung unter der Annahme eines konstanten Pauscheinkommens I (und eines variablen Nutzenniveaus), während die Ableitungen der Hicks-Nachfragefunktionen $\xi(p,y,z,U)$ nach p, y oder z die entsprechenden Nachfragereaktionen unter der Annahme eines konstanten Nutzenniveaus U (und eines variablen Pauscheinkommens) beschreiben. Daher bezeichnet man die Hicks-Nachfragefunktionen auch als "einkommenskompensiert" (durch Einkommensvariationen wird der Konsument nach einer Parameteränderung so kompensiert, daß sein Nutzen konstant bleibt), und die Marshall-Nachfragefunktionen kann man analog als "nutzenkompensiert" bezeichnen.

Setzt man die Marshall-Nachfragefunktionen in die Zielfunktion des Nutzenmaximierungsproblems, d.h. in die direkte Nutzenfunktion, ein, so erhält man die indirekte Nutzenfunktion. Einsetzen der Hicks-Nachfragefunktion in die Zielfunktion des Kostenminimierungsproblems ergibt die Ausgabenfunktion. Ausgabenfunktion und indirekte Nutzenfunktion sind äquivalente Alternativen zur vollständigen Beschreibung der Präferenzordnung des Konsumenten und werden daher ebenfalls als dual zueinander bezeichnet. Der spezielle Zusammenhang zwischen beiden Funktionen wird durch die Identitäten (3-12) und (3-19) ausgedrückt. Diese beiden Identitäten sind daher auch der Ausgangspunkt für die folgende Untersuchung des Zusammenhangs zwischen einkommens- und nutzenkompensierten Nachfrage- bzw. Bewertungsfunktionen und zwischen den partiellen Ableitungen dieser Funkticnen.

Differenziert man die Identität

$$(3\text{-}19) \qquad qy + \hat{e}(p,y,z,v(p,q,y,z,I)) \equiv I \ .$$

partiell bezüglich der Individualgüterpreise p, so erhält man

$$\nabla_p \hat{e}(p,y,z,v(p,q,y,z,I)) + \frac{\partial \hat{e}}{\partial U}(\ldots)\cdot\nabla_p v(p,q,y,z,I) \equiv 0 \quad .$$

Bei Berücksichtigung von Shephard's Lemma (3-14), der Roy-Identität (2-12) und des aus (3-18) folgenden Zusammenhangs

$$\frac{\partial \hat{e}}{\partial U}(p,y,z,U) = \mu^* = \frac{1}{\lambda^*}$$

ergibt sich daraus

$$(4\text{-}1) \qquad \xi(p,y,z,v(p,q,y,z,I)) \equiv x(p,q,y,z,I) \quad .$$

Differenziert man die Identität

$$(3\text{-}12) \qquad v(p,q,y,z,\hat{e}(p,y,z,U)+qy) \equiv U$$

partiell bezüglich p, so ergibt sich zunächst

$$\nabla_p v(p,q,y,z,e(p,q,y,z,U)) + \frac{\partial v}{\partial I}(\ldots)\cdot\nabla_p \hat{e}(p,y,z,U) \equiv 0$$

und daraus wieder bei Beachtung von Roy-Identität und Shephard's Lemma

$$(4\text{-}2) \qquad x(p,q,y,z,e(p,q,y,z,U)) \equiv \xi(p,y,z,U) \quad .$$

Die Identitäten (4-1) und (4-2) stellen die grundlegenden Beziehungen zwischen Hicks- und Marshall-Nachfragefunktionen her. Während die Hicks-Nachfragefunktionen ξ zwar günstige theoretische Eigenschaften (wie Integrabilität und im Vorzeichen eindeutig bestimmte Eigenpreiseffekte) besitzen, sich aber einer direkten empirischen Ermittlung entziehen (da sie den empirisch nicht-beobachtbaren Nutzen U als Argument enthalten), sind die Marshall-Nachfragefunktionen im allgemeinen empirisch beobachtbar, aber ihre theoretischen Eigenschaften sind weniger vorteilhaft als die der Hicks-Nachfragefunktionen. Aus diesem Grunde ist es häufig sinnvoll, die positiven Eigenschaften beider Arten von Nachfragefunktionen miteinander zu verbinden. Diesem Zweck dienen zum einen die Identitäten (4-1) und (4-2), die einen unmittelbaren Zusammenhang zwischen beiden Funktionsarten herstellen, und zum andern eine Reihe von Beziehungen, die aus den partiellen Ableitungen dieser Identitäten entstehen und nach Art der Slutsky-Gleichung die für die empirisch orientierte Ökonomie wichtigen Beziehungen zwischen den partiellen Ableitungen der Marshall- und Hicks-Nachfragefunktionen im Haushaltsgleichgewicht beschreiben. Diese Zusammenhänge zwischen einkommens- und nutzenkompensierten Effekten sollen im folgenden dargestellt und erläutert werden.

Ableiten von (4-2) nach den Individualgüterpreisen ergibt bei Beachtung von Shephard's Lemma (3-12) die ***Slutsky-Gleichung für Individualgüterpreise***

$$(4\text{-}3) \qquad \frac{\partial x_n}{\partial p_j} \equiv \frac{\partial \xi_n}{\partial p_j} - x_j^* \cdot \frac{\partial x_n}{\partial I} \equiv S_{nj} - x_j^* \cdot \frac{\partial x_n}{\partial I}$$

$$(j,n=1,2,\dots,N) \; ,$$

wobei die Substitutionseffekte $S_{nj}=\partial\xi_n/\partial p_j$ gleich den zweiten partiellen Ableitungen der Ausgabenfunktion nach den Preisen der Individualgüter sind. Die Matrix dieser Substitutionseffekte, d.h. die Slutsky-Matrix bezüglich der Individualgüter, ist aufgrund dieses Zusammenhangs symmetrisch und negativ-semidefinit, da die Ausgabenfunktion zweimal stetig differenzierbar und konkav in p ist. Sie ist darüberhinaus singulär, da die kompensierten rationierten Nachfragefunktionen ξ homogen vom Grade Null in p sind und somit das Euler-Theorem auf ihre partiellen Ableitungen bezüglich p anwendbar ist. Die äußere Form der Slutsky-Gleichung für Individualgüter, d.h. die Zerlegung des Gesamteffektes einer Individualgutpreiserhöhung in einen Substitutions- und einen Einkommenseffekt, wird durch die Berücksichtigung von Rationierungs- und Kollektivgütern offensichtlich nicht verändert.

Ein ähnlicher Zusammenhang läßt sich für Variationen der rationierten Preise q nicht ableiten, da die Hicks-Nachfragefunktionen nicht von den rationierten Preisen abhängen. Die Erhöhung eines rationierten Preises erzeugt somit keinen Substitutionseffekt, sondern nur einen Einkommenseffekt, wie die partielle Ableitung von (4-2) nach einem beliebigen rationierten Preis q_m bei Beachtung von (3-13) zeigt:

$$\text{(4-4)} \qquad \frac{\partial x_n}{\partial q_m} \equiv - y_m \cdot \frac{\partial x_n}{\partial I} \qquad (n=1,2,...,N,\ m=1,2,...,M)$$

Ökonomisch erklärt sich das Fehlen eines Substitutionseffekts aus der Tatsache, daß der Konsument auf eine Erhöhung von q_m nicht entsprechend der Änderung der relativen Preise mit einer Reduktion der Nachfragemenge y_m reagieren kann, da y_m für ihn ja fest vorgegeben ist. Somit bedeutet eine Erhöhung von q_m um eine Geldeinheit für den Konsumenten ausschließlich eine Erhöhung seines fixen Ausgabenteils qy um y_m Geldeinheiten, der sich als Verminderung seines frei verfügbaren Pauscheinkommens $(I-qy)$ auswirkt und daher nur einen Einkommenseffekt erzeugt.

Eine zur traditionellen Slutsky-Gleichung analoge Beziehung, die im folgenden als ***Slutsky-Gleichung für Änderungen der Rationierungsmengen*** bezeichnet werden soll, erhält man durch partielle Differentiation von (4-2) nach der Menge y_m eines rationierten Gutes unter Beachtung von (3-17):

$$\text{(4-5)} \qquad \frac{\partial x_n}{\partial y_m} \equiv \frac{\partial \xi_n}{\partial y_m} + [\pi_m^* - q_m] \cdot \frac{\partial x_n}{\partial I} \qquad \begin{matrix}(n=1,2,...,N)\\(m=1,2,...,M)\end{matrix}$$

Hierbei ist $[\pi_m^*-q_m]$ wieder der Netto-Schattenpreis des m-ten Rationierungsgutes und wegen $[\pi_m^*-q_m]=-\partial e/\partial y_m$ gleich dem Einkommensbetrag, den der Konsument bei einer Erhöhung von y_m um eine Einheit einsparen kann, wenn er sein Nutzenniveau gegenüber der Ausgangssituation konstant halten will. Das Produkt $(\partial x_n/\partial I)(\partial e/\partial y_m)$ gibt an, wie sich eine die Erhöhung von y_m kompensierende Pauscheinkommensvariation auf die Nachfrage nach Gut n auswirkt. Damit kann $[\pi_m{}^*-q_m](\partial x_n/\partial I)$ als "***Quasi-Einkommenseffekt***" einer Lockerung der Rationierung des m-ten Gutes um eine Einheit interpretiert werden, während $\partial \xi_n/\partial y_m$ den entsprechenden Substitutionseffekt, d.h. die Reaktion der Nachfrage nach Gut n auf eine marginale Erhöhung der rationierten Menge y_m unter der Nebenbedingung eines konstanten Nutzenniveaus bezeichnet. Die Summe aus Substitutionseffekt und Quasi-Einkommenseffekt ergibt gemäß (4-5) den Gesamteffekt $\partial x_n/\partial y_m$.

Analog hierzu erhält man durch partielle Ableitung von (4-2) nach den Kollektivgütermengen z_l die ***Slutsky-Gleichung für Kollektivgütermengen***

$$(4\text{-}6) \qquad \frac{\partial x_n}{\partial z_l} \equiv \frac{\partial \xi_n}{\partial z_l} + \rho_l{}^* \cdot \frac{\partial x_n}{\partial I} \qquad (n=1,2,\dots,N,\ l=1,2,\dots,L),$$

deren einzelne Effekte genauso zu interpretieren sind wie die entsprechenden Effekte in (4-5). Die Einkommensableitung wird hier nur mit dem Schattenpreis des Kollektivgutes multipliziert, da das entsprechende Kollektivgut ja "kostenlos" bereitgestellt wird und daher keinen Einfluß auf das für Individualgüterkäufe verfügbare Einkommen hat. Der Schattenpreis $\rho_l{}^*$ ist der monetäre Ausdruck des Nutzens, der durch eine zusätzliche Einheit des Kollektivgutes l gestiftet wird, und stellt somit das Einkommensäquivalent einer marginalen Erhöhung der Kollektivgutmenge z_l dar. Das Produkt aus diesem Einkommensäquivalent $\rho_l{}^*$ und der Einkommensableitung $(\partial x_n/\partial I)$ beschreibt daher die Reaktion der Nachfrage auf eine zu der Erhöhung der Kollektivgutmenge z_l nutzenmäßig äquivalente Einkommenserhöhung. Ein solcher Effekt kann wieder - wegen der Analogie zur klassischen Slutsky-Gleichung - als Quasi-Einkommenseffekt bezeichnet werden, obwohl hier im Gegensatz zum traditionellen

Einkommenseffekt die Reaktion auf eine Gütermengenänderung anstelle einer Preisänderung beschrieben wird. Der Quasi-Einkommenseffekt $\rho_i^*(\partial x_n/\partial I)$ ist - bei Nichtinferiorität des entsprechenden Individualgutes - positiv.

Die Möglichkeit zur alternativen Darstellung durch einkommens- oder nutzenkompensierte Funktionen besteht nicht nur für die Konsumnachfrage, sondern natürlich auch für die Schattenpreise π^* und ρ^* der Rationierungs- und Kollektivgüter, wie aus den beiden vorangegangenen Kapiteln hervorgeht. Aus den Beziehungen (2-16) und (3-16) folgt, daß sich im Haushaltsgleichgewicht die einkommens- und die nutzenkompensierten Schattenpreisfunktionen für Rationierungsgüter schneiden, so daß beide Funktionen für U=v(p,q,y,z,I) bzw. I=e(p,q,y,z,U) zusammenfallen. Der exakte Zusammenhang zwischen beiden Funktionen ergibt sich durch Differentiation der Identitäten (3-12) und (3-19) bezüglich der Rationierungsmengen y, was zu den Beziehungen

$$\text{(4-7)} \qquad \pi(p,q,y,z,e(p,q,y,z,U)) \equiv \hat{\pi}(p,y,z,U) = \pi^*$$

und

$$\text{(4-8)} \qquad \hat{\pi}(p,y,z,v(p,q,y,z,I)) \equiv \pi(p,q,y,z,I) = \pi^*$$

führt. Durch partielles Differenzieren dieser Identitäten bezüglich der Argumente der Schattenpreisfunktionen ergeben sich auch hier Reaktionen der Schattenpreise auf solche Parameteränderungen, die sich jeweils wieder in einen Substitutions- und einen Einkommenseffekt zerlegen lassen. Im einzelnen erhält man folgende ***"Slutsky-Gleichungen" für die Schattenpreise der Rationierungsgüter***:

$$\text{(4-9)} \qquad \frac{\partial \pi_m}{\partial p_n} \equiv \frac{\partial \hat{\pi}_m}{\partial p_n} - x_n \cdot \frac{\partial \pi_m}{\partial I} \qquad (m=1,2,\ldots,M,\ n=1,2,\ldots,N)$$

$$(4\text{-}10)\qquad \frac{\partial \pi_m}{\partial q_j} \equiv -\, y_j \cdot \frac{\partial \pi_m}{\partial I} \qquad (j,m=1,2,\ldots,M)$$

$$(4\text{-}11)\qquad \frac{\partial \pi_m}{\partial y_j} \equiv \frac{\partial \hat{\pi}_m}{\partial y_j} + [\pi_j^{*}-q_j] \cdot \frac{\partial \pi_m}{\partial I} \qquad (j,m=1,2,\ldots,M)$$

$$(4\text{-}12)\qquad \frac{\partial \pi_m}{\partial z_l} \equiv \frac{\partial \hat{\pi}_m}{\partial z_l} + \rho_l^{*} \cdot \frac{\partial \pi_m}{\partial I} \qquad (m=1,2,\ldots,M,\ l=1,2,\ldots,L)$$

Die Analogie zwischen diesen Effekten und den oben besprochenen Slutsky-Gleichungen der Individualgüternachfrage ist nicht weiter verwunderlich, da den verschiedenen Individualgüterbündeln, die mit den einzelnen Schritten der traditionellen Slutsky-Gleichung verbunden sind, natürlich auch jeweils unterschiedliche Bewertungen der Rationierungs- und Kollektivgüter entsprechen.

Steigt bespielsweise der Preis p_n eines Individualgutes, so ändern sich - zumindest potentiell - die Nachfragemengen einiger oder aller Individualgüter. Das so entstandene neue Güterbündel, in dem sich dann ja auch die Relationen zwischen den einzelnen Individualgütermengen und den (konstantgebliebenen) Rationierungs- und Kollektivgütermengen geändert haben, führt natürlich auch zu einer neuen Bewertung sämtlicher Güter.

Aus den Beziehungen (2-19) und (3-15) ist ersichtlich, daß sich auch die nutzenkompensierten und die einkommenskompensierten Schattenpreisfunktionen der Kollektivgüter im Haushaltsgleichgewicht schneiden, so daß auch diese beiden Funktionen für U=v(p,q,y,z,I) bzw. I=e(p,q,y,z,U) zusammenfallen. Dabei ergeben sich in Analogie zu (4-7) und (4-8) die beiden Identitäten

$$(4\text{-}13)\qquad \hat{\rho}(p,y,z,v(p,q,y,z,I)) \equiv \rho(p,q,y,z,I) = \rho^{*}$$

und

$$(4\text{-}14) \qquad \rho(p,q,y,z,e(p,q,y,z,U)) \equiv \hat{\rho}(p,y,z,U) = \rho^*$$

durch partielles Differenzieren der Identitäten (3-12) und (3-19) bezüglich der Kollektivgütermengen z.

Aufgrund dieser Zusammenhänge läßt sich auch die Reaktion der Schattenpreise der Kollektivgüter auf Änderungen der extern gegebenen Parameter analog zur Slutsky-Gleichung wieder jeweils in einen Einkommens- und einen Substitutionseffekt zerlegen. Partielles Differenzieren der beiden Identitäten nach den Parametern p, q, y und z ergibt im einzelnen:

$$(4\text{-}15) \qquad \frac{\partial \rho_l}{\partial p_n} \equiv \frac{\partial \hat{\rho}_l}{\partial p_n} - x_n \cdot \frac{\partial \rho_l}{\partial I} \qquad (l=1,2,\ldots,L,\; n=1,2,\ldots,N)$$

$$(4\text{-}16) \qquad \frac{\partial \rho_l}{\partial q_m} \equiv - y_m \cdot \frac{\partial \rho_l}{\partial I} \qquad (l=1,2,\ldots,L,\; m=1,2,\ldots,M)$$

$$(4\text{-}17) \qquad \frac{\partial \rho_l}{\partial y_m} \equiv \frac{\partial \hat{\rho}_l}{\partial y_m} + [q_m - \rho\pi_m^*] \cdot \frac{\partial \rho_l}{\partial I} \qquad (l=1,2,\ldots,L,\; m=1,2,\ldots,M)$$

$$(4\text{-}18) \qquad \frac{\partial \hat{\rho}_l}{\partial z_j} \equiv \frac{\partial \rho_l}{\partial z_j} - \rho_j^* \cdot \frac{\partial \rho_l}{\partial I} \qquad (j,l=1,2,\ldots,L)$$

Der Sinn dieser Zerlegung ist unter empirischen Gesichtspunkten wieder die Möglichkeit, die theoretisch vorteilhaften, aber empirisch nicht beobachtbaren einkommenskompensierten Reaktionskoeffizienten mit Hilfe der nutzenkompensierten Reaktionskoeffizienten, die das Nutzenniveau U nicht mehr als Argument enthalten, auszudrücken.

Natürlich wird auch hier wieder davon ausgegangen, daß mindestens zwei Individualgüter existieren, da sonst weder das

Nutzenmaximierungs- noch das Kostenminimierungsproblem einen Sinn ergeben. Die Ableitungen nach den Rationierungpreisen q nehmen hier wieder eine Sonderstellung ein, da eine Erhöhung dieser Preise generell nur einen Einkommenseffekt und keinen Substitutionseffekt hervorruft, so daß die einkommenskompensierten Funktionen von einer solchen Preisänderung gar nicht berührt werden. Wegen der unmittelbaren Analogie zu den entsprechenden Effekten der Individualgüternachfrage, die ja ausführlich erläutert wurden, erübrigt sich hier eine tiefergehende Diskussion dieser Ergebnisse.

4.2 Symmetrie und Empirie

Die Annahme einer einer in p, y und z zweimal stetig differenzierbaren Ausgabenfunktion hat einige vorteilhafte Konsequenzen für die empirische Ermittlung der Schattenpreise von Rationierungs- und Kollektivgütern bzw. ihrer Reaktionskoeffizienten, wie im folgenden kurz gezeigt werden soll.

Wegen der zweimal stetigen Differenzierbarkeit der Ausgabenfunktion in p, y und z sind die entsprechenden zweiten Ableitungen nach dem Theorem von Young symmetrisch, und man erhält beispielsweise für die Ableitung des Schattenpreises π_m nach dem Individualgutpreis p_n gemäß (3-14) und (3-17)

$$\frac{\partial \tilde{\pi}_m}{\partial p_n} = - \frac{\partial^2 e}{\partial y_m \, \partial p_n} = - \frac{\partial^2 e}{\partial p_n \, \partial y_m} ,$$

so daß[1]

$$\text{(4-19)} \qquad \frac{\partial \tilde{\pi}_m}{\partial p_n} = - \frac{\partial \xi_n}{\partial y_m} \qquad (m=1,2,\ldots,M,\ n=1,2,\ldots,N) .$$

---

[1] Siehe hierzu auch Deaton (1980).

Dieser Zusammenhang ist für die empirische Bestimmung der Schattenpreise, die ja nicht unmittelbar beobachtbar sind, von Bedeutung, wie später gezeigt wird. Ermittelt man diese Ableitungen für sämtliche Individualgüter, deren Konsum durch eine Änderung der Rationierungsmenge y_m beeinflußt wird, so erhält man den Gradienten der Schattenpreisfunktion $\hat{\pi}_m$ bezüglich der entsprechenden Individualgüterpreise p und durch Integration dieses Gradienten schließlich den Schattenpreis $\hat{\pi}_m^*$ im betrachteten Haushaltsgleichgewicht. Natürlich ist dieses Verfahren alles andere als exakt, unter anderem schon alleine deshalb, weil es bei (strenger) Separabilität der Präferenzordnung zwischen dem m-ten Rationierungsgut und den Individualgütern nicht funktionieren kann (und dennoch ein positiver Schattenpreis für dieses Gut existiert).

Ökonomisch wird mit (4-19) unterstellt, daß beispielsweise die Wertschätzung eines Haushalts für die Seniorenkarte der Deutschen Bundesbahn, die an bestimmten Wochentagen das Bahnfahren zu besonders günstigen Preisen gestattet, bei einer (marginalen) Erhöhung des Benzinpreises in demselben Maße steigt, in dem die Nachfrage nach Benzin bei einer Ausweitung der Gültigkeit der Seniorenkarte um einen weiteren Wochentag sinkt. Dadurch wird die Änderung des empirisch nicht beobachtbaren Schattenpreises für das rationierte Gut "Verbilligtes Bahnfahren" in die empirisch beobachtbare Änderung der Nachfrage nach dem privaten Gut Benzin überführt. Natürlich klingt ein solches Beispiel immer etwas "konstruiert", aber gerade im Bereich empirisch unsicherer Gebiete wie der Bestimmung von Schattenpreisen ist man oft auf solche etwas gewagten Hilfskonstruktionen angewiesen.

Analog zu (4-19) läßt sich auch die Reaktion des Schattenpreises eines Kollektivgutes auf Änderungen privater Preise wegen (3-14) und (3-15) durch die Reaktion privater Nachfragemengen auf Änderungen des Kollektivgüterangebots ausdrücken:

$$(4\text{-}20) \qquad \frac{\partial \hat{\rho}_l}{\partial p_n} = -\frac{\partial \xi_n}{\partial z_l} \qquad (l=1,2,\ldots,L,\ n=1,2,\ldots,N)$$

Hieraus ergäbe sich beispielsweise, daß die Wertschätzung des staatlichen Autobahnbaus bei einer (marginalen) Erhöhung des Benzinpreises in demselben Maße abnimmt, wie die Nachfrage nach Benzin bei einer (marginalen) Vergrößerung des Autobahnnetzes zunimmt, oder daß die Wertschätzung eines Ski-Gebietes bei der Erhöhung der Liftpreise in demselben Maße abnimmt, wie die Nachfrage nach Liftkarten bei einer Erweiterung dieses Ski-Gebietes zunimmt.

Aus der Symmetrie der Hesse-Matrix der Ausgabenfunktion ergeben sich analog zu (4-19) und (4-20) die folgenden Zusammenhänge zwischen den Reaktionskoeffizienten der Schattenpreise für Rationierungs- und Kollektivgüter:

$$(4\text{-}21) \qquad \frac{\partial \hat{\pi}_m}{\partial y_j} = \frac{\partial \hat{\pi}_j}{\partial y_m} \qquad (j,m=1,2,\ldots,M)$$

$$(4\text{-}22) \qquad \frac{\partial \hat{\pi}_m}{\partial z_l} = \frac{\partial \hat{\rho}_l}{\partial y_m} \qquad (m=1,2,\ldots,M,\ l=1,2,\ldots,L)$$

$$(4\text{-}23) \qquad \frac{\partial \hat{\rho}_l}{\partial y_m} = \frac{\partial \hat{\pi}_m}{\partial z_l} \qquad (l=1,2,\ldots,L,\ m=1,2,\ldots,M)$$

$$(4\text{-}24) \qquad \frac{\partial \hat{\rho}_l}{\partial z_j} = \frac{\partial \hat{\rho}_j}{\partial z_l} \qquad (j,l=1,2,\ldots,L)$$

Diese letztgenannten Symmetrieeigenschaften sind immer dann von Bedeutung, wenn über die Präferenzen des Konsumenten bezüglich eines Teils der betrachteten Rationierungs- bzw. Kollektivgüter empirische Informationen vorliegen, für den Rest jedoch nicht.

Kapitel 5

Das Verhältnis zwischen rationierten und nichtrationierten Funktionen

Für Wohlfahrtsanalysen bei Existenz rationierter Märkte spielen die Schattenpreise der rationierten Güter eine zentrale Rolle. Denn wie wollte man ohne Kenntnis dieser Preise, die ja den in Geldeinheiten ausgedrückten Grenznutzen der rationierten Güter angeben, den durch eine Änderung der Rationierungsmengen bewirkten Wohlfahrtseffekt messen? Die wirtschaftspolitische Bedeutung des Rationierungsphänomens wird deutlich, wenn man sich noch einmal vor Augen führt, daß dieser Begriff heute nicht nur die klassische Lebensmittelrationierung in Krisenzeiten umfaßt, sondern alle staatlichen Maßnahmen, bei denen einem beschränkten Personenkreis genau festgelegte Mengen bestimmter marktfähiger Güter zu besonders günstigen Konditionen, d.h. zu niedrigeren als den Marktpreisen, angeboten werden. Solche auch als "In-kind Government Programs" bezeichneten staatlichen Hilfsprogramme betreffen, wie in der Einleitung ausführlich erläutert wurde, unter anderem das Angebot von Sozialwohnungen oder Dienstwohnungen, aber auch die Vergabe von Lebensmittel- oder Bekleidungsgutscheinen an Bedürftige oder von vergünstigten Urlaubsreisen bzw. Erholungsaufenthalten oder Kuren an Mütter, Arme, Alte und Kranke. Betroffen sind also alle Arten staatlicher Maßnahmen, bei denen den begünstigten Personen nicht durch Geldzuwendungen, über deren Verwendung sie dann selbst entscheiden können, sondern durch das Privileg, bestimmte Güter in begrenzten Mengen zu subventionierten Preisen erwerben zu können, geholfen wird.[1]

---

[1] Literaturbeiträge, die sich speziell mit den Wohlfahrtseffekten staatlicher Wohnungsprogramme befassen, sind z.B. Cronin (1983) und Olsen/Barton (1983). Clarkson (1976) analysiert die Wohlfahrtseffekte der staatlichen Vergabe von verbilligten Lebensmittelgutscheinen, während sich Schwab

Insgesamt betreffen diese Maßnahmen einen beträchtlichen Teil des staatlichen Budgets, so daß die von ihnen verursachten Wohlfahrtseffekte für den Staat durchaus von Interesse sind.

Die empirische Bestimmung der für die Berechnung solcher Wohlfahrtseffekte wesentlichen Schattenpreise der betreffenden rationierten Güter, die ja nicht unmittelbar in die Markthandlungen des Konsumenten einfließen wie die Preise der Individualgüter, wirft eine Reihe schwerwiegender Probleme auf und erfordert ein gewisses Maß an Phantasie und Flexibilität beim Betrachter. Da das im vorangegangenen Kapitel beschriebene Verfahren, das auf der Symmetrie der Hesse-Matrix der Ausgabenfunktion basiert, mit großen empirischen Unsicherheiten belastet ist, wie weiter oben erläutert wurde, verwendet man häufig eine andere, zuverlässigere Methode, die allerdings nur dann anwendbar ist, wenn für die rationierten Märkte Daten vorliegen aus Zeiten, in denen die betreffenden Güter noch nicht rationiert waren, oder wenn dieselben bzw. ähnliche Güter gleichzeitig unter nichtrationierten Markt-Bedingungen angeboten werden. Für die oben genannten Beispiele trifft dies durchweg zu, da hier für die durch den Staat zu Sonderkonditionen an einen bestimmten Personenkreis verteilten Güter stets auch ein privater Markt existiert, auf dem dieselben Güter (Wohnungen, Lebensmittel, Heizöl, Erholungsreisen usw.) zu Marktbedingungen angeboten werden. Von den auf diesem Markt gesammelten Daten versucht man dann, auf die Schattenpreise der entsprechenden Güter zu schließen.[2]

Hat man es dagegen mit Gütern zu tun, für die zwar kein solcher "Parallel-Markt" existiert, die aber erst seit einiger Zeit rationiert sind und früher frei gehandelt wurden, so versucht man, von dem früheren, nichtrationierten Verhalten der

(1983) und De Borger (1989) generell mit der Messung von Wohlfahrtseffekten staatlicher "In-kind"-Programme beschäftigen.

[2] Solche Verfahren werden z.B. in Deaton (1981), Schwab (1983) und De Borger (1989) behandelt.

Konsumenten auf ihre Präferenzen bezüglich der heute rationierten Güter zu schließen.

Für beide Vorgehensweisen ist die Kenntnis der theoretischen Zusammenhänge zwischen rationierten und nichtrationierten Ausgabenfunktionen sowie zwischen rationierten und nichtrationierten Nachfragefunktionen von grundlegender Bedeutung. Diese Zusammenhänge sollen im folgenden dargestellt werden.

5.1 Nutzen- und Ausgabenfunktionen

Wir betrachten hier ein Haushaltsmodell, bei dem wir unterstellen, daß nun auch die bisher rationierten Güter $m=1,2,\ldots,M$ als Individualgüter über den Markt gehandelt werden, d.h., es gibt in diesem Modell nur Individual- und Kollektivgüter. Daher ist die ***(nichtrationierte) indirekte Nutzenfunktion*** des Konsumenten hier durch

$$(5-1) \qquad V(p,q,z,I) = \max_{[x,y]\varepsilon \boldsymbol{X}(p,q,I)} u(x,y,z)$$

$$\text{mit } \boldsymbol{X}(p,q,I) = \{x,y \mid [x,y]\varepsilon \boldsymbol{R}^{(N+M)+}, \quad px+qy \leq I\}$$

definiert. Gegenüber dem rationierten Nutzenmaximierungsproblem (2-3) hat sich hier nur die Tatsache geändert, daß der Konsument seinen Nutzen nun auch über die zuvor extern festgelegten Gütermengen $y_1, y_2, \ldots, y_M$ maximiert. Da die direkte Nutzenfunktion den von einem beliebigen Güterbündel erzeugten Nutzen unabhängig von der Marktform, unter der die entsprechenden Güter gehandelt werden, angibt, ist auch die funktionale Form der direkten Nutzenfunktion im Unterschied zur indirekten Nutzenfunktion unabhängig von der Frage, ob die konsumierten Güter auf freien oder rationierten Märkten gehandelt oder wie Kollektivgüter kostenlos zur Verfügung gestellt werden. Die indirekte Nutzenfunktion ist im Gegensatz zur direkten Nutzenfunktion kein reiner Nutzenindex, sondern impliziert Optimalverhalten des Konsumenten im Sinne der Nutzenmaximierung unter bestimmten Marktbedingungen, die dann natürlich auch ihre funktionale Form beeinflussen. Aus diesem Grunde mußte hier auch das Symbol für die indirekte Nutzenfunktion, die in ihrer nichtrationierten Form nicht mehr von den Rationierungsmengen y abhängt, von v(·) in V(·) geändert werden.

Als Ergebnis des nichtrationierten Nutzenmaximierungsproblems (5-1) erhält man die ***Marshall-Nachfragefunktionen***

(5-2) $$x^* = æ(p,q,z,I)$$
$$y^* = y(p,q,z,I) \quad .$$

Einsetzen dieser Funktionen in die Zielfunktion des Nutzenmaximierungsproblems ergibt die (nichtrationierte) indirekte Nutzenfunktion gemäß der definitorischen Identität

(5-3) $$V(p,q,z,I) \equiv u(æ(p,q,z,I),y(p,q,z,I),z) \quad .$$

Die nichtrationierte indirekte Nutzenfunktion V(·) ist monoton abnehmend in q und hat bezüglich der übrigen verbleibenden Argumente dieselben Eigenschaften wie die rationierte indirekte Nutzenfunktion v(·).

Bezeichnet man die ***nichtrationierte Ausgabenfunktion*** mit E, so ist diese durch

(5-4) $$E(p,q,z,U) = \min_{[x,y] \in \mathcal{U}(z,U)} \{px + qy\}$$

$$\text{mit} \quad \mathcal{U}(z,U) = \{x,y \mid [x,y] \in \mathbb{R}^{(N+M)+}, \quad u(x,y,z) \geq U\}$$

gegeben. Als Lösung dieses Ausgabenminimierungsproblems ergeben sich die ***nichtrationierten Hicks-Nachfragefunktionen*** bezüglich x und y, d.h.

$$(5\text{-}5)\qquad x^* = \zeta(p,q,z,U)$$
$$y^* = \sigma(p,q,z,U) \quad .$$

Die nichtrationierte Ausgabenfunktion erhält man durch Einsetzen der Hicks-Nachfragefunktionen in die Zielfunktion des Kostenminimierungsproblems gemäß der definitorischen Identität

$$(5\text{-}6)\qquad E(p,q,z,U) \equiv p\cdot\zeta(p,q,z,U) + q\cdot\sigma(p,q,z,U) \quad .$$

Die nichtrationierte Ausgabenfunktion E hat bezüglich ihrer Argumente dieselben Eigenschaften wie die rationierte Ausgabenfunktion e. So gilt unter anderem auch wieder ***Shephard's Lemma*** mit

$$(5\text{-}7)\qquad \nabla_p E(p,q,z,U) \equiv \zeta(p,q,z,U)$$

und

$$(5\text{-}8)\qquad \nabla_q E(p,q,z,U) \equiv \sigma(p,q,z,U) \quad .$$

Der Dualitätszusammenhang zwischen der indirekten Nutzenfunktion und der Ausgabenfunktion wird wieder durch die Identitäten

$$(5\text{-}9)\qquad E(p,q,z,V(p,q,z,I)) \equiv I$$

und

$$(5\text{-}10)\qquad V(p,q,z,E(p,q,z,U)) \equiv U$$

ausgedrückt. Durch partielles Differenzieren dieser Identitäten nach den Güterpreisen erhält man die entsprechenden Beziehungen zwischen den (nichtrationierten) Hicks- und Marshall-Nachfragefunktionen:

$$(5\text{-}11)\qquad x(p,q,z,E(p,q,z,U)) \equiv \zeta(p,q,z,U)$$

$$(5\text{-}12)\qquad y(p,q,z,E(p,q,z,U)) \equiv \sigma(p,q,z,U)$$

und

(5-13) $\zeta(p,q,z,V(p,q,z,I)) \equiv æ(p,q,z,I)$

(5-14) $\sigma(p,q,z,V(p,q,z,I)) \equiv y(p,q,z,I)$

Aus diesen Identitäten kann man durch partielles Ableiten wieder eine Reihe von Beziehungen in der Tradition der Slutsky-Gleichung herleiten, wie dies schon für die entsprechenden rationierten Nachfragefunktionen gezeigt wurde. Auf eine weitere Ausführung dieses Punktes kann hier wegen der unmittelbaren Analogie der Vorgehensweisen verzichtet werden. Das Ziel dieses Kapitels ist ja vielmehr, die Zusammenhänge zwischen rationierten und nichtrationierten Funktionen herauszuarbeiten.

Das Verhältnis zwischen der rationierten und der nichtrationierten Ausgabenfunktion ist durch

(5-15) $E(p,q,z,U) = \min_{y} e(p,q,y,z,U)$

gekennzeichnet. Dieser Zusammenhang folgt unmittelbar aus den Definitionen beider Funktionen. Beide entstehen durch Minimierung der Kosten (px+qy) über die Gütermengen unter der Nebenbedingung eines vorgegebenen Nutzenniveaus. Während bei diesem Minimierungsprozeß für die nichtrationierte Ausgabenfunktion E die Gütermengen x und y variabel sind und somit auf ein optimales Niveau im Sinne der Kostenminimierung festgelegt werden können, sind bei dem entsprechenden Kostenminimierungsproblem unter Rationierungsbedingungen M dieser Gütermengen (nämlich $y_1,y_2,\ldots,y_M$) extern fixiert, so daß sie nicht mehr in den Minimierungsprozeß einbezogen werden können. Das rationierte Kostenminimierungsproblem ist also im Vergleich zu dem nichtrationierten Problem durch zusätzliche Nebenbedingungen eingeschränkt, so daß der entsprechende Lösungsraum kleiner ist und das Ergebnis nicht besser sein kann als bei dem nichtrationierten Problem. Mathematisch gesehen ist die nichtrationierte Ausgabenfunktion E gemäß (5-15) die Enveloppe oder "Einhüllende" der rationierten Ausgabenfunktionen e in Bezug auf die verschiedenen Rationierungsniveaus y.

Ein analoger Zusammenhang besteht natürlich auch zwischen der rationierten und der nichtrationierten indirekten Nutzenfunktion, da auch hier im Rationierungsfall dieselbe Zielfunktion im reinen Marktfall, jedoch unter zusätzlichen Nebenbedingungen, extremiert wird. Daher gilt:

$$V(p,q,z,I) = \max_{y} v(p,q,y,z,U) \tag{5-16}$$

Die funktionale Form der direkten Nutzenfunktion u(·) ist dagegen, wie weiter oben bereits erläutert wurde, von der herrschenden Marktform unabhängig.

Nachdem nun das Verhältnis zwischen rationierten und nichtrationierten Funktionen auf der Ebene der Funktionen zur Beschreibung der Präferenzordnung eines Konsumenten kurz dargestellt wurde, soll nun zu dem entsprechenden Verhältnis auf der Ebene der Nachfragefunktionen, das für die Wohlfahrtsmessung natürlich wesentlich interessanter ist, übergegangen werden.

5.2 Nachfragefunktionen

Der für die empirische Analyse entscheidende Zusammenhang zwischen den rationierten und den nichtrationierten Nachfragefunktionen ergibt sich aus dem Konzept der sogenannten ***virtuellen Preise:*** Die virtuellen Preise zu einem bestimmten rationierten Haushaltsgleichgewicht $[x^*,y,z]$ sind diejenigen Preise, bei denen der Konsument auch ohne Mengenrationierung genau dieselben Gütermengen $[x^*,y,z]$ wie mit Rationierung konsumieren würde.[3] Der virtuelle Preisvektor $[p^v,q^v]$ unterstützt also im nichtrationierten Fall das aktuelle rationierte Gleichgewicht $[x^*,y,z]$. Neary und Roberts (1980) haben gezeigt, daß die virtuellen Preise der nichtrationierten Individualgüter x gleich den Marktpreisen dieser Güter sind, so daß $[p^v,q^v]=[p,q^v]$.[4]

Aus der Definition der virtuellen Preise folgt, daß die nichtrationierten Nachfragefunktionen für $q=q^v$ mit den rationierten Nachfragefunktionen übereinstimmen, d.h.,

$$\text{(5-17)} \quad \text{(a)} \quad \zeta(p,q^v,z,U) \equiv \xi(p,y,z,U)$$

$$\text{(b)} \quad \sigma(p,q^v,z,U) \equiv y \quad .$$

Dieser Zusammenhang gilt grundsätzlich, da sich zu jedem Güterbündel $[x,y]$ ein Vektor virtueller Preise q^v finden läßt, so daß $[p,q^v]$ das nichtrationierte Haushaltsgleichgewicht $[x^*,y,z]$ unterstützt.[5]

Berücksichtigt man (5-17) in (5-6), so ergibt sich

$$\begin{aligned} E(p,q^v,z,U) &\equiv p\cdot\zeta(p,q^v,z,U) + q^v\cdot\sigma(p,q^v,z,U) \\ &\equiv p\cdot\xi(p,y,z,U) + q^v\cdot y \quad . \end{aligned}$$

Daraus folgt bei Beachtung von (3-7) der grundlegende Zusammenhang zwischen rationierter und nichtrationierter Ausgabenfunktion im Haushaltsgleichgewicht:

$$\text{(5-18)} \quad \begin{aligned} E(p,q^v,z,U) &\equiv \hat{e}(p,y,z,U) + q^v\cdot y \\ &\equiv e(p,q,y,z,U) + [q^v-q]\cdot y \end{aligned}$$

---

[3] Diese heute allgemein gebräuchliche Bezeichnung wurde von Rothbarth (1940-41) in die Rationierungs-Literatur eingeführt: "I shall call the price system which makes the quantities actually consumed under rationing an optimum the 'virtual price system'." [Rothbarth (1940-41, S. 100)].

[4] Siehe Neary/Roberts (1980, S. 28-29).

[5] Der Beweis für die Existenz dieser Preise wird bei Neary/Roberts (1980, S. 27-28) geführt.

Der Wert der nichtrationierten Ausgabenfunktion unterscheidet sich somit bei Gültigkeit der entsprechenden virtuellen Preise von dem Wert der rationierten Ausgabenfunktion nur durch die unterschiedliche Bewertung der rationierten Güter, d.h. durch das Produkt aus den rationierten Gütermengen und der Differenz zwischen den für diese Güter verlangten aktuellen Preisen q und den entsprechenden virtuellen Preisen q^v. Dies leuchtet unmittelbar ein, da in den beiden miteinander zu vergleichenden Situationen definitionsgemäß jeweils dieselben Gütermengen konsumiert werden und für die nichtrationierten Güter x auch jeweils dieselben Preise gelten, während der Konsument für die (fixierten) Gütermengen y unter Rationierungsbedingungen die Preise q und ohne Rationierung die Preise q^v bezahlt. Dies wird durch (5-18) ausgedrückt.

Beachtet man, daß die partiellen Ableitungen der Variablen Ausgabenfunktion nach den Rationierungsmengen y gemäß (3-16) gleich dem Negativen der Schattenpreise π^* der Rationierungsgüter sind, so ergibt partielles Differenzieren der Identität (5-18) bezüglich y, daß ***die virtuellen Preise q^v gleich den Schattenpreisen π^**** für dasselbe, durch [p,y,z,U] gekennzeichnete Haushaltsgleichgewicht sind, d.h.:[6]

$$(5\text{-}19) \qquad q^v \equiv -\nabla\hat{e}_y(p,y,z,U) \equiv \hat{\pi}(p,y,z,U) \equiv \pi^*$$

Diese Übereinstimmung von Schattenpreisen und virtuellen Preisen erlaubt natürlich über den Dualitätszusammenhang zwischen indirekter Nutzenfunktion und Ausgabenfunktion gemäß (4-8) auch eine Darstellung der virtuellen Preise als Funktionen der Variablen [p,q,y,z,I] mit

$$(5\text{-}20) \qquad q^v \equiv \hat{\pi}(p,y,z,v(p,q,y,z,I)) \equiv \pi(p,q,y,z,I) \quad .$$

---

[6] Analoge Zusammenhänge werden auch bei Neary/Roberts (1980, S. 30), Johansson (1987, S. 65) und Lankford (1988, S. 47 ff.) hergeleitet.

Allerdings ist bei der Interpretation dieser Schreibweise größte Vorsicht geboten, denn $\pi(p,q,y,z,I)$ gibt nicht etwa diejenigen Preise an, die den Konsumenten bei Gültigkeit des Einkommens $(I-qy)$ und der übrigen Variablen $[p,y,z]$ dazu veranlassen würden, auch auf einem nichtrationierten Markt das Güterbündel $[x^*,y]$ nachzufragen, obwohl diese Interpretation zunächst nahe liegt; vielmehr bezeichnet $\pi(p,q,y,z,I)$ nichts anderes als den in Geldeinheiten ausgedrückten Grenznutzen der rationierten Güter in dem durch $[x^*,y,z]=[x(p,q,y,z,I),y,z]$ charakterisierten rationierten Haushaltsgleichgewicht. Das sogenannte ***virtuelle Einkommen***[7] I^v, bei dem der Konsument in Verbindung mit den virtuellen Preisen $[p,q^v]$ das Güterbündel $[x^*,y]$ auch tatsächlich auf einem freien Markt nachfragen würde, unterscheidet sich von dem rationierten Einkommen I durch die Differenz in den zum Kauf von y erforderlichen Ausgaben, d.h. durch $[q^v-q]y$. Es ist damit, wie auch aus (5-18) hervorgeht, gleich den ohne Rationierung zur Realisierung des Nutzenniveaus U bei Gültigkeit der virtuellen Preise $[p,q^v]$ (unter Berücksichtigung der Kollektivgütermengen z) erforderlichen Minimalausgaben, d.h.,

$$(5\text{-}21) \qquad I^v = E(p,q^v,z,U) = I + [q^v-q]\cdot y \quad \text{mit } I=e(p,q,y,z,U) \quad .$$

Bei Gültigkeit des virtuellen Preis-Einkommen-Vektors $[p,q^v,I^v]$ und Gleichheit der übrigen Variablen stimmen die nichtrationierten Marshall-Nachfragefunktionen mit den entsprechenden rationierten Marshall-Nachfragefunktionen überein, und man erhält einen ähnlichen Zusammenhang, wie er bereits für die Hicks-Nachfragefunktionen dargestellt wurde:

$$(5\text{-}22) \qquad (a) \quad æ(p,q^v,z,I^v) \equiv x(p,q,y,z,I)$$

---

[7] Der Begriff des "virtuellen Einkommens" bzw. der "virtuellen Einkommensänderung" wurde von Tobin und Houthakker (1950-51, S. 141) in die Rationierungsliteratur eingeführt und wird z.B. auch bei Lankford (1988, S. 47 ff.) verwendet. Dieser Begriff spielt unter anderem auch in der Literatur zur Besteuerung von Arbeitseinkommen eine wichtige Rolle [siehe hierzu etwa Hausman (1985)].

(b) $y(p,q^v,z,I^v) \equiv y$

Die Beziehungen zwischen rationierten und nichtrationierten Nachfragefunktionen gemäß (5-17) und (5-22) gelten grundsätzlich immer dann, wenn die rationierten und die nichtrationierten Nachfragefunktionen durch die entsprechenden virtuellen Preise und Einkommen miteinander verbunden sind. Einsetzen von (5-19) bis (5-21) in (5-17) bzw. (5-22) konkretisiert diese Identitäten zu

(5-23) (a) $æ(p,\pi(p,q,y,z,I),z,I+[\pi(p,q,y,z,I)-q]\cdot y) \equiv x(p,q,y,z,I)$

(b) $y(p,\pi(p,q,y,z,I),z,I+[\pi(p,q,y,z,I)-q]\cdot y) \equiv y$

und

(5-24) (a) $\zeta(p,\hat{\pi}(p,y,z,U),z,U) \equiv \xi(p,y,z,U)$

(b) $\sigma(p,\hat{\pi}(p,y,z,U),z,U) \equiv y$.

Diese Identitäten drücken eine Form der Dualität zwischen rationierten und nichtrationierten Nachfragefunktionen in dem Sinne aus, daß das Nachfrageverhalten eines Konsumenten unter Rationierungsbedingungen auch durch seine nichtrationierten Nachfragefunktionen beschrieben werden kann und umgekehrt. Die Verbindung zwischen beiden Arten von Nachfragefunktionen wird durch die virtuellen Preise und Einkommen hergestellt, die als Argumente der nichtrationierten Nachfragefunktionen von den Parametern der entsprechenden rationierten Nachfragefunktionen abhängen.

Durch partielles Ableiten der Identitäten (5-23) und (5-24) nach den staatlich beeinflußbaren Parametern p, q, y, z und I erhält man einen Zusammenhang zwischen den Reaktionen der rationierten und der nichtrationierten Nachfragefunktionen auf diese Parameteränderungen. Kennt man somit die nichtrationierten Nachfragefunktionen eines Konsumenten (aus der Zeit vor der Rationierung oder von nichtrationierten "Parallel-

Märkten"), so kann man von ihnen auf sein Verhalten unter Rationierungsbedingungen schließen.

Ableiten der Hicks-Nachfragefunktionen nach den Individualgüterpreisen ergibt

$$\text{(5-25)} \quad \text{(a)} \quad \left[\frac{\partial \xi}{\partial p}\right] = \left[\frac{\partial \zeta}{\partial p}\right] + \left[\frac{\partial \zeta}{\partial q}\right]\left[\frac{\partial \hat{\pi}}{\partial p}\right]$$

$$\text{(b)} \quad 0_{M \times N} = \left[\frac{\partial \sigma}{\partial p}\right] + \left[\frac{\partial \sigma}{\partial q}\right]\left[\frac{\partial \hat{\pi}}{\partial p}\right]$$

wobei 0_{MxN} die MxN-dimensionale Null-Matrix ist.[8] Aus (5-25) ist die Steuerungsfunktion der virtuellen Preise bei der Simulation des rationierten Nachfrageverhaltens unter (nichtrationierten) Marktbedingungen deutlich erkennbar: Die Erhöhung der Individualgüterpreise p führt im nichtrationierten Fall zu einer Änderung der Nachfrage nach den Rationierungsgütern y in Höhe des Substitutionseffekts $[\partial\sigma/\partial p]$, während im Rationierungsfall die konsumierten Mengen y erzwungenermaßen konstant bleiben. Um mit den nichtrationierten Hicks-Nachfragefunktionen das rationierte Marktergebnis einer konstanten Konsummenge y zu simulieren, müssen die virtuellen Preise π so geändert werden, daß der Konsument auch im nichtrationierten Fall nach dieser kombinierten Änderung von p und π wieder die Mengen y nachfragt. Dies wird durch Identität (5-25b) ausgedrückt, wo $[\partial\hat{\pi}/\partial p]$ die Matrix der zur Kompensation des Substitutionseffekts $[\partial\sigma/\partial p]$ erforderlichen Änderungen der virtuellen Preise symbolisiert. Der Effekt dieser virtuellen Preisänderungen auf die Nachfrage nach den Rationierungsgütern wird durch $[\partial\sigma/\partial q][\partial\hat{\pi}/\partial p]$ ausgedrückt und stellt sicher, daß der Gesamteffekt der Individualgüterpreiserhöhung auf die Nachfrage

[8] Weitere Erläuterungen zur Notation finden sich im Anhang.

nach den Rationierungsgütern gleich Null ist. In (5-25a) sieht man, wie diese Änderung der virtuellen Preise die Nachfrage nach Individualgütern beeinflußt: Neben den nichtrationierten Substitutionseffekt $[\partial\zeta/\partial p]$ tritt nun der "Anpassungseffekt" $[\partial\zeta/\partial q][\partial\hat{\mathfrak{p}}/\partial p]$, der den reinen Substitutionseffekt - je nach Vorzeichen - verstärkt oder abschwächt. Der rationierte Substitutionseffekt $[\partial\xi/\partial p]$ zerfällt somit bei der "Simulation" mit Hilfe der nichtrationierten Nachfragefunktionen gemäß (5-25a) in den nichtrationierten Substitutionseffekt $[\partial\zeta/\partial p]$ und den Anpassungseffekt $[\partial\zeta/\partial q][\partial\hat{\mathfrak{p}}/\partial p]$.

Betrachtet man den Sonderfall, daß nur ein rationiertes Gut existiert, oder nimmt man an, daß die Voraussetzungen für eine Zusammenfassung aller rationierten Güter zu einem Hicksschen "composite commodity" gegeben sind,[•] dann läßt sich (5-25) bei Beachtung der Symmetrie der (nichtrationierten) Slutsky-Matrix (so daß $\partial\sigma/\partial p_j=\partial\zeta_j/\partial q$) zusammenfassen zu

$$(5\text{-}26)\qquad \frac{\partial\xi_n}{\partial p_j} = \frac{\partial\zeta_n}{\partial p_j} - \frac{\partial\zeta_n/\partial q}{\partial\sigma/\partial q}\cdot\frac{\partial\zeta_j}{\partial q} \qquad (n,j=1,2,\dots,N)\ .$$

Hier wird nun der rationierte Substitutionseffekt $\partial\xi_n/\partial p_j$ ausschließlich durch die nichtrationierten Substitutionseffekte beschrieben. Mit Hilfe der Slutsky-Gleichung können die nichtrationierten Substitutionseffekte problemlos durch Ableitungen der entsprechenden Marshall-Nachfragefunktionen ersetzt werden, so daß der rationierte Substitutionseffekt in (5-26) letztlich ausschließlich auf der Basis von empirisch beobachtbaren nichtrationierten Marshall-Nachfragefunktionen dargestellt werden kann.

[•] Die Voraussetzung hierfür ist, daß sich die Preise der zusammenzufassenden (hier also der rationierten) Güter in der betrachteten Situation nur proportional zueinander ändern (oder einfach konstant bleiben). Vergleiche hierzu z.B. Deaton/Muellbauer (1980, S. 121).

Wegen der Konkavität der nichtrationierten Ausgabenfunktion in den Preisen p und q ist ihre Hesse-Matrix bezüglich p und q negativ-semidefinit, so daß die Eigensubstitutionseffekte $\partial\sigma/\partial q$ nicht positiv sein können. Damit ist ***der rationierte Substitutionseffekt $\partial\xi_n/\partial p_j$ in (5-26) genau dann größer als der nichtrationierte Substitutionseffekt $\partial\zeta_n/\partial p_j$, wenn (bei $\partial\sigma/\partial q\neq 0$) das rationierte Gut y entweder zu beiden Individualgütern substitutional oder zu beiden Individualgütern komplementär ist** (so daß entweder $\partial\zeta_n/\partial q>0$ und $\partial\zeta_j/\partial q>0$ oder $\partial\zeta_n/\partial q<0$ und $\partial\zeta_j/\partial q<0$ gilt).* Schlösse man in einem solchen Fall (z.B. bei der Planung einer partiellen Steuer auf Gut j) unmittelbar von dem - bekannten - nichtrationierten auf den - unbekannten - rationierten Substitutionseffekt (ohne Berücksichtigung des Anpassungseffekts gemäß (5-26)), so würde der tatsächlich zu erwartende rationierte Substitutionseffekt unterschätzt. Steht das rationierte Gut hingegen zu einem der Individualgüter in einer Substitutions- und zu dem anderen in einer Komplementaritätsbeziehung, so ist der nichtrationierte Substitutionseffekt größer als der rationierte.

Während in (5-26) der rationierte Substitutionseffekt mit Hilfe der nichtrationierten Nachfragefunktionen "simuliert" wird, läßt sich umgekehrt auch der nichtrationierte Substitutionseffekt mit Hilfe der rationierten Nachfrage nach den Individualgütern darstellen. Wegen der Symmetrie der Hesse-Matrix der rationierten Ausgabenfunktion sind die Ableitungen der einkommenskompensierten Schattenpreisfunktionen $\hat{\pi}$ nach den Individualgüterpreisen p gemäß (4-19) gleich dem Negativen der entsprechenden Ableitungen der rationierten Hicks-Nachfragefunktionen ξ nach den Rationierungsmengen y. Aus der Symmetrie der nichtrationierten Slutsky-Matrix folgt ferner, daß $[\partial\zeta/\partial q]$ gleich der transponierten Matrix $[\partial\sigma/\partial p]$ ist. Damit kann (5-25) so umgeformt werden, daß der nichtrationierte Substitutionseffekt wegen der Symmetrie der Matrizen $[\partial\xi/\partial p]$ und $[\partial\zeta/\partial p]$ dargestellt werden kann als

$$(5\text{-}27)\qquad \left[\frac{\partial \zeta}{\partial p}\right] = \left[\frac{\partial \xi}{\partial p}\right] + \left[\frac{\partial \xi}{\partial y}\right]\left[\frac{\partial \sigma}{\partial p}\right] .$$

Hier sieht man nun sehr deutlich, daß die Differenz der beiden reinen Substitutionseffekte darauf zurückzuführen ist, daß im Rationierungsfall der Nachfragezuwachs bzw. der Nachfragerückgang, der ohne Rationierung bei einer Individualgutpreiserhöhung auf die Rationierungsgüter y entfallen würde (d.h. $\partial\sigma/\partial p$), unter Rationierungsbedingungen je nach Substituierbarkeitsgrad ($\partial\xi/\partial y$) auf die Individualgüter aufgeteilt wird.

Damit bietet (5-27) die zu (5-25) alternative (und äquivalente) Darstellung der Simulation rationierter Marktergebnisse mit Hilfe nichtrationierter Hicks-Nachfragefunktionen: Über eine entsprechende Anpassung der virtuellen Preise π wird die nichtrationierte Nachfrage bei einer Erhöhung der Individualgüterpreise p so beeinflußt, daß sich die Nachfrage nach den Rationierungsgütern y nicht verändert und statt dessen die zusätzliche Nachfrage, die ohne diese Änderung der virtuellen Preise auf die Güter y entfallen würde, entsprechend ihrer jeweiligen Substituierbarkeit auf die Individualgüter verteilt wird.

Zur näheren Betrachtung des Mengensubstitutionseffektes ($\partial\xi/\partial y$) leitet man die Identitäten (5-24) nach den Rationierungsmengen y ab und erhält

$$(5\text{-}28)\qquad (a)\qquad \left[\frac{\partial \xi}{\partial y}\right] = \left[\frac{\partial \zeta}{\partial q}\right]\left[\frac{\partial \mathfrak{K}}{\partial y}\right]$$

$$\text{(b)} \qquad I_M = \left[\frac{\partial \sigma}{\partial q}\right]\left[\frac{\partial \hat{\pi}}{\partial y}\right],$$

wobei I_M die M-dimensionale Einheitsmatrix ist. Die nichtrationierten Hicks-Nachfragefunktionen ζ hängen nicht unmittelbar von den Rationierungsmengen y ab, so daß die Erhöhung einer Rationierungsmenge y_m mit Hilfe der virtuellen Preise simuliert werden muß. Die Änderung der Rationierungsmenge wirkt dann indirekt über die Beeinflussung der virtuellen Preise der rationierten Güter auf die Nachfrage nach den Individualgütern ein.

Für den Fall eines einzigen rationierten Gutes bzw. bei Zusammenfassung aller rationierten Güter zu einem "composite commodity" ist die Negativität eines Effektes $\partial\xi_n/\partial y$ gleichbedeutend mit Substitutionalität im Hicksschen Sinne zwischen diesen beiden Gütern. Dies sieht man, wenn man die Identitäten (5-28) für diesen Sonderfall durcheinander dividiert, woraus man

$$\text{(5-29)} \qquad \frac{\partial \xi_n}{\partial y} = \frac{\partial \zeta_n / \partial q}{\partial \sigma / \partial q} \qquad (n=1,2,\ldots,N)$$

erhält. Da $\partial\sigma/\partial q$ wegen der Negativ-Semidefinitheit der Slutsky-Matrix nicht positiv sein kann, folgt aus (5-29), daß ein Reaktionskoeffizient $\partial\xi_n/\partial y$ genau dann negativ ist, wenn der entsprechende nichtrationierte Substitutionseffekt $\partial\zeta_n/\partial q$ positiv ist. In diesem Fall sind die beiden Güter Substitutionsgüter im Hicksschen Sinne. Verallgemeinert bedeutet dies, ***daß die (einkommenskompensierte) Nachfrage nach einem Individualgut unter Rationierungsbedingungen bei einer Erhöhung der Rationierungsmenge genau dann abnimmt (zunimmt), wenn das rationierte Gut und das betreffende Individualgut Substitutionsgüter (Komplementärgüter) sind***. Dieses Ergebnis leuchtet unmittelbar ein, da beispielsweise im Substitutionalitätsfall der durch eine zusätzliche Einheit des rationierten Gutes erzeugte Nutzen durch eine Verminderung der Individualgutmenge kompensiert werden muß, um das Nutzenniveau konstant zu halten.

Tobin und Houthakker (1950-51) präsentieren einen zu (5-29) analogen Zusammenhang, der sich jedoch auf die Marshall-Nachfragefunktionen statt der Hicks-Nachfragefunktionen bezieht.[10] Dieses Ergebnis ist allerdings nur in extremen Sonderfällen gültig, da die Einkommenseffekte die oben beschriebenen Zusammenhänge durchaus in ihr Gegenteil verkehren können. Ein Blick auf die weiter unten hergeleiteten Reaktionen der Marshall-Nachfragefunktionen zeigt, daß die einkommenskompensierten und die nutzenkompensierten Effekte einer Erhöhung der Rationierungsmengen auf die Individualgüternachfrage genau dann übereinstimmen, wenn die rationierten Preise q gleich den Schattenpreisen π sind. Nur in diesem Sonderfall, in dem der Konsument auch ohne Rationierung in der Ausgangssituation die aktuellen Rationierungsmengen nachfragen würde, hat das Tobin/Houthakker-Ergebnis Gültigkeit.[11]

Für die Reaktion der Hicks-Nachfrage nach Individualgütern auf Änderungen der Kollektivgütermengen erhält man

(5-30) (a) $$\left[\frac{\partial \xi}{\partial z}\right] = \left[\frac{\partial \zeta}{\partial z}\right] + \left[\frac{\partial \zeta}{\partial q}\right]\left[\frac{\partial \hat{\pi}}{\partial z}\right]$$

[10] Siehe Gleichung (3.8) auf S. 142 bei Tobin/Houthakker (1950-51).

[11] Mit den Ergebnissen von Tobin/Houthakker setzen sich u.a. Howard (1977), Latham (1980) und Mackay/Whitney (1980) auseinander. Letztere bemühen sich ebenso wie Neary/Roberts (1980) um eine Verallgemeinerung dieser Ergebnisse auf den Fall einer "bindenen" Rationierung.

$$\text{(b)} \qquad O_{M\times L} = \left[\frac{\partial\sigma}{\partial z}\right] + \left[\frac{\partial\sigma}{\partial q}\right]\left[\frac{\partial\hat{\pi}}{\partial z}\right] .$$

Auch hier sieht man wieder, wie die Reaktion der nichtrationierten Nachfrage durch die Anpassung der virtuellen Preise an die erhöhte Kollektivgütermenge so "manipuliert" wird, daß mit Hilfe der nichtrationierten Hicks-Nachfragefunktionen das Marktverhalten bei Rationierung simuliert wird.

Multipliziert man die Matrix $[\partial\zeta/\partial q]$ in (5-30a) mit der (transponierten) Einheitsmatrix gemäß (5-28b) und berücksichtigt die Symmetrie der Matrizen $[\partial\hat{\pi}/\partial y]$ (gemäß (4-21)) und $[\partial\sigma/\partial q]$ (wegen der Symmetrie der nichtrationierten Slutsky-Matrix), so wird (5-30a) zu

$$\left[\frac{\partial\xi}{\partial z}\right] = \left[\frac{\partial\zeta}{\partial z}\right] + \left[\frac{\partial\zeta}{\partial q}\right]\left[\frac{\partial\hat{\pi}}{\partial y}\right]\left[\frac{\partial\sigma}{\partial q}\right]\left[\frac{\partial\hat{\pi}}{\partial z}\right] .$$

Wegen (5-30b) und (5-28a) folgt daraus

$$\text{(5-31)} \qquad \left[\frac{\partial\zeta}{\partial z}\right] = \left[\frac{\partial\xi}{\partial z}\right] + \left[\frac{\partial\xi}{\partial y}\right]\left[\frac{\partial\sigma}{\partial z}\right] .$$

Hier wird wieder der nichtrationierte Effekt einer Kollektivgütermengenerhöhung auf die Individualgüternachfrage mit Hilfe der rationierten Hicks-Nachfragefunktionen dargestellt. Auch hier wird wieder deutlich, daß die Reaktion der Individualgüternachfrage im Rationierungsfall auch die Effekte umfaßt, die im nichtrationierten Fall auf die Nachfrage nach den jetzt rationierten Gütern entfiele. Diese Effekte $[\partial\sigma/\partial z]$ verteilen sich im Rationierungsfall je nach Substitutionalitäts- bzw. Komplementaritätsgrad auf die Nachfrage nach den einzelnen

Individualgütern. Die Differenz zwischen rationierter und nichtrationierter Reaktion der Hicks-Nachfrage nach Individualgütern auf eine Erhöhung der Kollektivgütermengen hängt somit von der Substituierbarkeit von Kollektivgütern für Rationierungsgüter und der Substituierbarkeit von Rationierungsgütern für Individualgüter ab.

Für den Fall nur eines rationierten Gutes lassen sich die rationierten Substitutionseffekte wieder ausschließlich durch die nichtrationierten Substitutionseffekte (und damit über die Slutsky-Gleichung durch die nichtrationierten Marshall-Effekte) ausdrücken:

$$(5\text{-}32) \qquad \frac{\partial \zeta_n}{\partial z_l} = \frac{\partial \xi_n}{\partial z_l} + \frac{\partial \xi_n}{\partial y} \cdot \frac{\partial \sigma}{\partial z_l} \qquad \begin{pmatrix} n=1,2,\ldots,N; \\ l=1,2,\ldots,L \end{pmatrix} .$$

Wie weiter oben gezeigt wurde, ist $\partial \xi_n / \partial y$ genau dann negativ, wenn das Individualgut n und das rationierte Gut Hickssche Substitutionsgüter sind. Überträgt man diese Interpretation auf das Verhältnis zwischen dem Rationierungs- und dem Kollektivgut, so zeigt sich, daß das Verhältnis zwischen rationiertem und nichtrationiertem Effekt einer Erhöhung der Kollektivgütermenge auf die Hicks-Nachfrage nach Individualgütern davon abhängt, ob sowohl zwischen dem Kollektivgut und dem Rationierungsgut als auch zwischen dem Individualgut und dem Rationierungsgut jeweils dieselbe Art von Beziehung (Substitutionalität bzw. Komplementarität) herrscht oder nicht. Ist beispielsweise das betrachtete Kollektivgut substitutional zu dem Rationierungsgut, während das Rationierungsgut komplementär zu dem Individualgut ist, dann ist der Effekt $\partial \xi_n / \partial z_l$ unter Rationierungsbedingungen größer als der entsprechende Effekt $\partial \zeta_n / \partial z_l$ unter Marktbedingungen. Bestehen dagegen zwischen beiden Güterpaaren gleichartige Beziehungen, so ist der Nachfrageeffekt unter Marktbedingungen größer als unter Rationierungsbedingungen.

Wendet man sich nun dem Zusammenhang zwischen rationierten und nichtrationierten Marshall-Nachfragefunktionen zu, so müssen die Identitäten (5-23) nach den einzelnen staatlich beeinflußbaren Parametern abgeleitet werden. Partielles Differenzieren bezüglich des Pauscheinkommens ergibt nach Umstellen einzelner Terme

$$(5\text{-}33)\quad (a)\qquad \left[\frac{\partial x}{\partial I}\right] = \left[\frac{\partial æ}{\partial I}\right] + \left[\left[\frac{\partial æ}{\partial q}\right] + \left[\frac{\partial æ}{\partial I}\right]\cdot y^T\right]\cdot\left[\frac{\partial \pi}{\partial I}\right]$$

$$(b)\qquad O_M = \left[\frac{\partial y}{\partial I}\right] + \left[\left[\frac{\partial y}{\partial q}\right] + \left[\frac{\partial y}{\partial I}\right]\cdot y^T\right]\cdot\left[\frac{\partial \pi}{\partial I}\right].$$

Hier wird wieder wie schon bei den einkommenskompensierten Effekten die Zerlegung des Gesamteffekts einer Pauscheinkommenserhöhung auf die Nachfrage nach Individualgütern in einen direkten Effekt $\partial æ/\partial I$ und einen indirekten Effekt deutlich, wobei der indirekte Effekt über die Anpassung der virtuellen Preise und über deren Einfluß auf die (einkommenskompensierte) Nachfrage nach Gut n wirkt. Bei den Ausdrücken in der großen Klammer handelt es sich offensichtlich um die Slutsky-Effekte einer Erhöhung der Preise q. Die zur Kompensation des unter Marktbedingungen bei einer Erhöhung des Pauscheinkommens wirksamen Nachfrageeffekts notwendigen Änderungen der virtuellen Preise werden in (5-33b) bestimmt.

Lassen sich die rationierten Güter zu einem einzigen Gut zusammenfassen, so wird (5-33) zu

$$(5\text{-}34)\qquad \frac{\partial x_n}{\partial I} = \frac{\partial \ae_n}{\partial I} - \frac{\dfrac{\partial \ae_n}{\partial q} + y\cdot\dfrac{\partial \ae_n}{\partial I}}{\dfrac{\partial y}{\partial q} + y\cdot\dfrac{\partial y}{\partial I}} \cdot \frac{\partial y}{\partial I} \qquad (n=1,2,\ldots,N)\ .$$

Hier wird nun die gesamte Reaktion der rationierten Nachfrage nach dem Individualgut n auf eine Einkommenserhöhung mit Hilfe der nichtrationierten Marshall-Nachfragefunktionen ausgedrückt. Sind die nichtrationierten Marshall-Nachfragefunktionen aus der Zeit vor der Rationierung oder von nichtrationierten Parallel-Märkten bekannt, so kann die bei einer geplanten Änderung des Pauscheinkommens zu erwartende Reaktion der Nachfrage nach nichtrationierten Gütern auf dieser Basis und ohne Kenntnis der rationierten Nachfragefunktionen berechnet werden.

Das Größenverhältnis zwischen rationiertem und nichtrationiertem Effekt einer Einkommenserhöhung auf die Individualgüternachfrage hängt hier wieder davon ab, ob das rationierte Gut und das betrachtete Individualgut Hickssche Substitutions- oder Komplementärgüter sind. ***Unter der Voraussetzung, daß das rationierte Gut nicht inferior ist,*** kann aus (5-34) geschlossen werden, daß ***der rationierte Effekt einer Einkommenserhöhung $\partial x_n/\partial I$ genau dann größer als der entsprechende nichtrationierte Effekt $\partial \ae_n/\partial I$ ist, wenn das Individualgut n und das rationierte Gut Substitutionsgüter sind.*** In diesem Fall würde man also bei einfachem Gleichsetzen des (bekannten) nichtrationierten Einkommenseffekts mit dem (nicht bekannten) rationierten Effekt ohne Berücksichtigung des Anpassungseffekts die Reaktion der Nachfrage nach Gut n auf eine Einkommenserhöhung unter Rationierungsbedingungen unterschätzen.

Unter Berücksichtigung der Slutsky-Gleichung kann (5-33) auch in der Form

$$\text{(5-35)} \quad \text{(a)} \quad \left[\frac{\partial x}{\partial I}\right] = \left[\frac{\partial æ}{\partial I}\right] + \left[\frac{\partial \zeta}{\partial q}\right]\left[\frac{\partial \pi}{\partial I}\right]$$

$$\text{(b)} \quad 0_M = \left[\frac{\partial y}{\partial I}\right] + \left[\frac{\partial \sigma}{\partial q}\right]\left[\frac{\partial \pi}{\partial I}\right]$$

geschrieben werden. Multiplikation von $[\partial\zeta/\partial q]$ mit der transponierten Einheitsmatrix (5-28b) unter Berücksichtigung der entsprechenden Symmetrieeigenschaften ergibt bei Beachtung von (5-28a) und (5-35b)[12]

$$\text{(5-36)} \quad \left[\frac{\partial x}{\partial I}\right] = \left[\frac{\partial æ}{\partial I}\right] - \left[\frac{\partial \xi}{\partial y}\right]\left[\frac{\partial y}{\partial I}\right] .$$

In dieser Form ist der Anpassungseffekt $[\partial\xi/\partial y][\partial y/\partial I]$ unabhängig von den Ableitungen der Schattenpreisfunktion π. Faßt man die rationierten Güter wieder zu einem einzigen Gut zusammen, so ergibt sich daraus

$$\text{(5-37)} \quad \frac{\partial x_n}{\partial I} = \frac{\partial æ_n}{\partial I} - \frac{\partial \xi_n}{\partial y} \cdot \frac{\partial y}{\partial I} \qquad (n=1,2,\ldots,N) .$$

Diese Darstellungsweise bestätigt das oben hergeleitete Ergebnis, daß das Größenverhältnis zwischen rationiertem und nichtrationiertem Effekt einer Einkommenserhöhung auf die Individualgüternachfrage bei Nichtinferiorität des rationierten

[12] Auch dieses Ergebnis ist wieder eine Verallgemeinerung des entsprechenden Ergebnisses bei Tobin/Houthakker (1950-51, S. 145), das nur für den Sonderfall gilt, daß Rationierungspreise und Schattenpreise übereinstimmen. Neary und Roberts (1980, S. 33) gelangen auf anderem Wege zu demselben Ergebnis.

Gutes davon abhängt, ob das betrachtete Individualgut und das rationierte Gut Substitutions- oder Komplementärgüter im Hicksschen Sinne sind.

Ableiten der Identitäten (5-23) nach den Individualgüterpreisen ergibt bei Beachtung der Slutsky-Gleichung

$$\text{(5-38)} \quad \text{(a)} \qquad \left[\frac{\partial x}{\partial p}\right] \equiv \left[\frac{\partial æ}{\partial p}\right] + \left[\frac{\partial \zeta}{\partial q}\right]\left[\frac{\partial \pi}{\partial p}\right]$$

$$\text{(b)} \qquad 0_{M \times N} \equiv \left[\frac{\partial y}{\partial p}\right] + \left[\frac{\partial \sigma}{\partial q}\right]\left[\frac{\partial \pi}{\partial p}\right] \quad .$$

Die Anpassung der virtuellen Preise $\partial\pi/\partial p$ stellt hier wieder sicher, daß die Erhöhung der Individualgüterpreise keine Auswirkung auf die Nachfrage nach den Rationierungsgütern y hat. Aus (5-38b) wird deutlich, daß die durch die Variation der virtuellen Preise ausgelöste Nachfrageänderung $[\partial\sigma/\partial q][\partial\pi/\partial p]$ den Preiseffekt $\partial y/\partial p$ vollständig kompensiert. Dadurch verlagern sich die Nachfrageeffekte, die ohne Rationierung bzw. ohne die entsprechende Variation der virtuellen Preise auf die Rationierungsgüter y entfallen wären, auf die Individualgüter, deren nichtrationierte Preiseffekte $\partial æ/\partial p$ jetzt durch den Anpassungseffekt $[\partial\zeta/\partial q][\partial\pi/\partial p]$ - je nach Vorzeichen - verstärkt oder abgeschwächt werden. Die Analogie zu den entsprechenden einkommenskompensierten Effekten in (5-25) ist offensichtlich, obwohl hier im Zusammenhang mit den Marshall-Effekten die Anpassung der virtuellen Preise natürlich über die nutzenkompensierten Schattenpreisfunktionen π sichergestellt wird.

Lassen sich die Rationierungsgüter wieder zu einem einzigen Gut zusammenfassen, so wird (5-38) zu

$$(5\text{-}39)\qquad \frac{\partial x_n}{\partial p_m} = \frac{\partial æ_n}{\partial p_m} - \frac{\dfrac{\partial æ_n}{\partial q} + y\cdot\dfrac{\partial æ_n}{\partial I}}{\dfrac{\partial y}{\partial q} + y\cdot\dfrac{\partial y}{\partial I}} \cdot \frac{\partial y}{\partial p_m} \qquad (m,n=1,2,\ldots,N).$$

Hier wird der rationierte Preiseffekt $\partial x_n/\partial p_m$ wieder ausschließlich mit Hilfe der empirisch beobachtbaren nichtrationierten Marshall-Nachfragefunktionen beschrieben, so daß auf deren Basis die Effekte einer (z.B. steuerbedingten) Preiserhöhung auf die Individualgüternachfrage unter Rationierungsbedingungen ohne Kenntnis der rationierten Nachfragefunktionen bestimmt werden kann.

Unter Verwendung von (5-28) und der Symmetrieeigenschaften der Slutsky-Matrix läßt sich (5-38) zusammenfassen zu

$$(5\text{-}40)\qquad \left[\frac{\partial æ}{\partial p}\right] = \left[\frac{\partial x}{\partial p}\right] + \left[\frac{\partial \xi}{\partial y}\right]\left[\frac{\partial y}{\partial p}\right] .$$

Der Anpassungseffekt $[\partial\xi/\partial y][\partial y/\partial p]$ zeigt hier, wie sich der ohne Anpassung der virtuellen Preise auf die Rationierungsgüter y entfallende Preiseffekt $\partial y/\partial p$ nun entsprechend der Substitutionalität zwischen den einzelnen Individual- und Rationierungsgütern auf die Individualgüter x verteilt.

Durch partielles Differenzieren der Identitäten (5-23) bezüglich der Rationierungsmengen y erhält man

$$(5\text{-}41)\qquad (a)\qquad \left[\frac{\partial x}{\partial y}\right] = \left[\frac{\partial \zeta}{\partial q}\right]\left[\frac{\partial \pi}{\partial y}\right] + \left[\frac{\partial æ}{\partial I}\right]\cdot[\pi^* - q]^T$$

$$\text{(b)} \qquad I_M = \left[\frac{\partial\sigma}{\partial q}\right]\left[\frac{\partial\pi}{\partial y}\right] + \left[\frac{\partial y}{\partial I}\right]\cdot[\pi^*-q]^T \quad .$$

Änderungen der Rationierungsmengen y haben einen zwiespältigen Effekt auf die Nachfrage nach den Individualgütern: Zum einen führt die Erhöhung einer Rationierungsmenge y_m um eine Einheit zu einer Verminderung des frei verfügbaren Teils des Pauscheinkommens in Höhe des Preises q_m des betreffenden Gutes; zum andern stiftet die zusätzliche Einheit des rationierten Gutes zusätzlichen Nutzen, der in Geldeinheiten ausgedrückt gleich dem Schattenpreis π_m^* des betreffenden Gutes ist und sich wie eine Pauscheinkommenserhöhung auswirkt. Somit erzeugt die Erhöhung einer Rationierungsmenge y_m sowohl einen positiven als auch einen negativen Einkommenseffekt. Welcher der beiden Effekte dominiert, hängt zum einen davon ab, ob das betrachtete Gut inferior oder nichtinferior ist, und zum andern davon, ob der Schattenpreis π_m^* des betrachteten Rationierungsgutes größer oder kleiner als sein Rationierungspreis q_m ist.

Da die Rationierungsmengen y keine Argumente der nichtrationierten Nachfragefunktionen sind, wird bei der Beschreibung der rationierten Marktergebnisse mit Hilfe der nichtrationierten Nachfragefunktionen die Erhöhung einer Menge y_m um eine Einheit durch die entsprechende (fiktive) Pauscheinkommensänderung $(\pi_m^*-q_m)$ simuliert, und die daraus entstehenden Einkommenseffekte $[\partial y/\partial I][\pi^*-q]^T$ werden dann durch geeignete Anpassungen der virtuellen Preise wieder so kompensiert, daß die Marktnachfrage nach dem Gut y_m der Erhöhung der Rationierungsmenge entsprechend nur um eine Einheit gegenüber der Ausgangssituation zunimmt, während alle anderen Rationierungsmengen konstant bleiben. Dieser Zusammenhang wird in (5-41b) verdeutlicht. In (5-41a) sieht man, wie sich der durch die fiktive Pauscheinkommenserhöhung $[\pi^*-q]$ verursachte Einkommenseffekt bezüglich der Individualgüter

$[\partial x/\partial I][\pi^*-q]^T$ mit dem durch die Änderung der virtuellen Preise verursachten Anpassungseffekt $[\partial\zeta/\partial q][\partial\pi/\partial y]$ zu dem gesuchten rationierten Nachfrageeffekt einer Änderung der Rationierungsmengen $\partial x/\partial y$ ergänzt.

Aus (5-41) geht hervor, daß die Einkommenseffekte $[\partial x/\partial I][\pi^*-q]^T$ und $[\partial y/\partial I][\pi^*-q]^T$ positiv sind, wenn die Güter x bzw. y nichtinferior sind und wenn der Schattenpreis π^* des Rationierungsgutes, dessen Menge erhöht wird, größer als sein Rationierungspreis q ist. Dies ist der "echte" Rationierungsfall, den wir hier durchgehend unterstellen und in dem der Konsument gerne mehr als die Rationierungsmenge des betreffenden Gutes konsumieren würde (handelte es sich umgekehrt um ein Gut, von dem der Konsument bei dem herrschenden Rationierungspreis lieber weniger als die vorgeschriebene Menge konsumieren würde, so wäre der von einer Erhöhung dieser Menge ausgehende Einkommenseffekt (bei Nichtinferiorität) wegen $\pi^*<q$ negativ). Aus (5-41a) ist ferner ersichtlich, daß in dem Sonderfall, in dem die aktuellen Rationierungspreise q mit den Schattenpreisen π^* übereinstimmen, so daß der Konsument auch ohne Rationierung die aktuellen Rationierungsmengen der Ausgangssituation nachfragen würde, die (nutzenkompensierten) Marshall-Effekte einer Änderung der Rationierungsmengen gemäß (5-41a) mit den entsprechenden (einkommenskompensierten) Hicks-Effekten gemäß (5-28a) übereinstimmen.[13]

Differenziert man (5-23) bezüglich der Rationierungspreise q, so ergibt sich

(5-42) (a) $$\left[\frac{\partial x}{\partial q}\right] = \left[\frac{\partial \zeta}{\partial q}\right]\left[\frac{\partial \pi}{\partial q}\right] - \left[\frac{\partial æ}{\partial I}\right]\cdot y^T$$

[13] Man muß hierbei berücksichtigen, daß bei $q=\pi^*$ wegen (4-11) auch $\partial\tilde{\pi}/\partial y = \partial\pi/\partial y$ gilt.

$$(b) \qquad 0_{M \times M} = \left[\frac{\partial \sigma}{\partial q}\right]\left[\frac{\partial \pi}{\partial q}\right] - \left[\frac{\partial y}{\partial I}\right] \cdot y^T \quad .$$

Im Rationierungsmodell ist die Erhöhung eines Rationierungspreises q_m um eine Geldeinheit gleichbedeutend mit einer Verminderung des Pauscheinkommens um y_m Geldeinheiten, da der Konsument dieser Preiserhöhung nicht durch eine entsprechende Verminderung der Konsummenge y_m ausweichen kann. Daher bewirkt die Erhöhung eines Rationierungspreises q_m im Rationierungsfall keine Substitutionseffekte, sondern über die Erhöhung des fixen Ausgabenteils qy nur Einkommenseffekte, wie weiter oben schon in (4-4) gezeigt wurde. Will man nun wieder das rationierte Marktergebnis mit Hilfe der nichtrationierten Marktnachfragefunktionen simulieren, so kann dies nicht über eine Erhöhung des Preises q_m geschehen, da dies im nichtrationierten Fall ja zu Substitutionseffekten führen würde, sondern nur über eine Verminderung des Pauscheinkommens um y_m Geldeinheiten, die im Hinblick auf die nichtrationierte Güternachfrage die Einkommenseffekte $[\partial æ/\partial I]y_m$ bzw. $[\partial y/\partial I]y_m$ verursacht. Im Gegensatz zu den durch Änderungen der Rationierungsmengen erzeugten Einkommenseffekten in (5-41) sind die hier betrachteten Einkommenseffekte in ihrem Vorzeichen eindeutig: Jede Erhöhung eines Rationierungspreises führt zu einem negativen Einkommenseffekt, sofern das betrachtete Gut nicht inferior ist.

In (5-42b) werden die Anpassungen der virtuellen Preise dargestellt, die diese Einkommenseffekte über $[\partial\sigma/\partial q][\partial\pi/\partial q]$ so kompensieren, daß die Nachfrage nach den Rationierungsgütern y konstant bleibt. In (5-42a) bewirkt diese Variation der virtuellen Preise den Anpassungseffekt $[\partial\zeta/\partial q][\partial\pi/\partial q]$, der sich mit dem Einkommenseffekt $-[\partial æ/\partial I]y^T$ zu dem gesuchten Gesamteffekt $\partial x/\partial y$ einer Rationierungspreiserhöhung auf die Nachfrage nach Individualgütern unter Rationierungsbedingungen ergänzt.

Falls sich die Rationierungsgüter zu einem Hicksschen "composite commodity" zusammenfassen lassen, können die rationierten Nachfrageeffekte $\partial x/\partial q$ wieder ohne die Ableitungen der virtuellen Preisfunktionen $\partial \pi/\partial q$ ausschließlich mit Hilfe der Ableitungen der empirisch beobachtbaren Marshall-Nachfragefunktionen dargestellt werden:

$$(5\text{-}43) \qquad \frac{\partial x_n}{\partial q} = \left[\frac{\dfrac{\partial æ_n}{\partial q} + y \cdot \dfrac{\partial æ_n}{\partial I}}{\dfrac{\partial y}{\partial q} + y \cdot \dfrac{\partial y}{\partial I}} \cdot \frac{\partial y}{\partial I} - \frac{\partial æ_n}{\partial I} \right] \cdot y$$

Für den Fall nichtinferiorer Güter ist der Effekt einer Rationierungspreiserhöhung auf die Nachfrage nach einem Individualgut unter Rationierungsbedingungen eindeutig negativ, wenn die betrachteten Güter Hickssche Substitute sind. Im Fall der Komplementarität ist der entsprechende Effekt unbestimmt.

Unter Verwendung der Identitäten (5-28) läßt sich (5-42) wieder so zusammenfassen, daß man sieht, wie der ohne Mengenrationierung auf die Rationierungsgüter y entfallende Einkommenseffekt $[\partial y/\partial I]y^T$ bei der Simulation' rationierter Marktergebnisse mit Hilfe der nichtrationierten Marshall-Nachfragefunktionen je nach Substitutionalität auf die Individualgüter aufgeteilt wird:

$$(5\text{-}44) \qquad \left[\frac{\partial x}{\partial q}\right] = \left[\left[\frac{\partial \xi}{\partial y}\right]\left[\frac{\partial y}{\partial I}\right] - \left[\frac{\partial æ}{\partial I}\right] \right] \cdot y^T$$

Bei dieser Darstellungsweise kann wieder auf die explizite Verwendung der Schattenpreisfunktionen π verzichtet werden. Auch hier sieht man, daß Substitutionalität zwischen den betrachteten Gütern und Nichtinferiorität in Richtung eines negativen Nachfrageeffektes wirken.

Differenziert man die Identitäten (5-23) schließlich bezüglich der Kollektivgütermengen z, so erhält man

$$(5\text{-}45)\quad (a)\quad \left[\frac{\partial x}{\partial z}\right] = \left[\frac{\partial æ}{\partial z}\right] + \left[\frac{\partial \zeta}{\partial q}\right]\left[\frac{\partial \pi}{\partial z}\right]$$

$$(b)\quad 0_{M\times L} = \left[\frac{\partial y}{\partial z}\right] + \left[\frac{\partial \sigma}{\partial q}\right]\left[\frac{\partial \pi}{\partial z}\right] \quad .$$

Änderungen der Kollektivgütermengen wirken sich mit $\partial æ/\partial z$ und $\partial y/\partial z$ unmittelbar auf die nichtrationierte Güternachfrage aus. Um die Nachfrage nach den Gütern y konstant zu halten, müssen die virtuellen Preise so variiert werden, daß diese Nachfrageeffekte vollständig kompensiert werden, wie in (5-45b) verlangt wird. In (5-45a) ergänzt sich der aus dieser Änderung der virtuellen Preise resultierende Anpassungseffekt $[\partial\zeta/\partial q][\partial\pi/\partial z]$ mit $\partial æ/\partial z$ zu dem rationierten Nachfrageeffekt $\partial x/\partial z$.

Lassen sich die rationierten Güter zu einem einzigen Gut zusammenfassen, so wird (5-45) zu

$$(5\text{-}46)\quad \frac{\partial x_n}{\partial z_l} = \frac{\partial æ_n}{\partial z_l} - \frac{\dfrac{\partial æ_n}{\partial q} + y\cdot\dfrac{\partial æ_n}{\partial I}}{\dfrac{\partial y}{\partial q} + y\cdot\dfrac{\partial y}{\partial I}} \cdot \frac{\partial y}{\partial z_l} \qquad \begin{matrix}(n=1,2,\dots,N;\\ l=1,2,\dots,L\ ) .\end{matrix}$$

Auch hier wird wieder der rationierte Nachfrageeffekt $\partial x/\partial z$ vollständig mit Hilfe der nichtrationierten Marshall-Nachfragefunktionen beschrieben. Das Problem der empirischen Ermittlung ist damit allerdings nicht gelöst, da die Bestimmung der partiellen Ableitungen der Marshall-Nachfragefunktionen nach den Kollektivgütermengen erhebliche Probleme mit sich bringt, auf die weiter unten ausführlicher eingegangen werden soll.

Die Ableitungen der virtuellen Preisfunktionen lassen sich unter Verwendung der Identitäten (5-28) aus (5-45) eliminieren, und man erhält

$$(5\text{-}47)\qquad \left[\frac{\partial x}{\partial z}\right] = \left[\frac{\partial æ}{\partial z}\right] - \left[\frac{\partial \xi}{\partial y}\right]\left[\frac{\partial y}{\partial z}\right] .$$

Der Gesamteffekt $\partial x/\partial z$ hängt somit nicht nur von dem Verhältnis der betroffenen Güter x und z untereinander, sondern wegen des Anpassungseffekts $[\partial \xi/\partial y][\partial y/\partial z]$ auch von dem Verhältnis dieser Güter zu den Rationierungsgütern y ab.

Die hier hergeleiteten Beziehungen erlauben es, je nach Datenlage vorhandene Informationen über das rationierte bzw. das nichtrationierte Nachfragesystem für die Konstruktion des jeweils anderen Systems und seiner Reaktionskoeffizienten zu verwenden. Die Verbindungsglieder zwischen beiden Systemen sind die virtuellen Preise und Einkommen, die es ermöglichen, Marktergebnisse, die sich bei Mengenrationierung ergeben, mit Hilfe nichtrationierter Nachfragefunktionen zu simulieren. Solche Paare von rationierten und nichtrationierten Nachfragefunktionen nach denselben Gütern, die in der Literatur häufig als "matched pairs of demand systems"[14] bezeichnet werden, können in diesem Sinne unter anderem dann für die empirische Arbeit eingesetzt werden, wenn bestimmte Güter nur für einen Teil der Haushalte rationiert sind und für den Rest nicht, wie dies bei den oben genannten Beispielen (Sozial- und Dienstwohnungen,

---

[14] Siehe z.B. Deaton (1986, S. 1824) oder (1981, S. 60).

Kuren etc.) der Fall ist, bei denen die betreffenden Vergünstigungen nur für bestimmte Mengen und auch nur für bestimmte Haushalte gelten, während alle übrigen Haushalte die entsprechenden Bedürfnisse unter nichtrationierten Bedingungen befriedigen müssen. In solchen Fällen existieren für die betreffenden Güter nichtrationierte Nachfragefunktionen, die empirisch beobachtet werden können und von denen Schlüsse auf die rationierten Nachfragefunktionen für dieselben Güter gezogen werden können. Eine weitere Möglichkeit, von nichtrationiertem Verhalten der Haushalte auf ihre rationierten Nachfragefunktionen zu schließen, ergibt sich bei der Neueinführung der Rationierung bestimmter Güter, für die noch Nachfragedaten aus den nichtrationierten Zeiten vorliegen. Ein konkretes Beispiel für die Herleitung eines rationierten Nachfragesystems aus dem nichtrationierten Nachfragesystem eines Konsumenten wird in Teil II im Zusammenhang mit der empirischen Berechnung der Hicksschen Äquivalenten Variation vorgeführt.

Kapitel 6

Marktpreise, Schattenpreise, virtuelle Preise, inverse Nachfragefunktionen, marginale Zahlungsbereitschaften - Who is who?

Die Bedeutung der Begriffe Schattenpreis, virtueller Preis marginale Zahlungsbereitschaft und ihr Verhältnis zu den Marktpreisen und inversen Nachfragefunktionen ist in der Literatur oft unklar, da zwischen diesen Konzepten nicht scharf getrennt wird. Im einfachen mikroökonomischen Standardmodell des Haushalts, das nur Individualgüter kennt, ist dies auch nicht erforderlich, da diese Begriffe dort inhaltlich ohnehin weitgehend zusammenfallen. Bei der Betrachtung eines komplexen Haushaltsmodells mit Individual-, Rationierungs- und Kollektivgütern ist es dagegen zur Vermeidung von Mißverständnissen notwendig, sorgfältig zwischen Marktpreisen, Schattenpreisen, virtuellen Preisen, Zahlungsbereitschaft und inversen Nachfragefunktionen zu differenzieren und ihr Verhältnis untereinander zu klären. Das Ziel dieses Kapitels ist es, eine solche Begriffsabgrenzung im Hinblick auf unser rationiertes Haushaltsmodell vorzunehmen.

6.1 Begriffsabgrenzung und formale Herleitung

Das offensichtlichste Preiskonzept ist sicher das des ***Marktpreises:*** Es bezieht sich ausschließlich auf solche Güter, die unter Marktbedingungen gehandelt werden und bezeichnet aus der Sicht des Haushalts denjenigen Preis, zu dem ihm ein bestimmtes Gut in der aktuellen Situation tatsächlich auf dem Markt angeboten wird.

Während die Definition des Marktpreises somit auf den Bedingungen basiert, unter denen ein Gut gehandelt wird, und seine Höhe von dem objektiven Marktgeschehen abhängt, zielt das Konzept des Schattenpreises auf die subjektive Bewertung eines Gutes durch den betrachteten Konsumenten in einer bestimmten Situation: Der ***Schattenpreis*** eines Gutes ist der in Geldeinheiten ausgedrückte Nutzen, den die letzte konsumierte Einheit dieses Gutes in der aktuellen Situation erzeugt.[1] Er ist somit gleich dem Quotienten aus dem Grenznutzen des betreffenden Gutes und dem Grenznutzen des Einkommens in der aktuellen Situation.

Im (rationierten) Haushaltsgleichgewicht unseres Modells gelten die Optimalbedingungen (2-4) für ein Nutzenmaximum, so daß

(6-1) (a) $\nabla_x u(x^*,y,z) - \lambda^* p = 0_N$

(b) $px^* = I - qy$.

Daraus ergeben sich die Schattenpreise für Individual-, Rationierungs- und Kollektivgüter (in dieser Reihenfolge) gemäß obiger Definition:

(6-2) $p^* = \nabla_x u(x^*,y,z)/\lambda^* = p$

(6-3) $\pi^* = \nabla_y u(x^*,y,z)/\lambda^*$

(6-4) $\rho^* = \nabla_z u(x^*,y,z)/\lambda^*$.

Der Schattenpreisvektor p^* der Individualgüter ist dabei gleich dem Marktpreisvektor p, wie aus (6-2) ersichtlich ist.

Aus den Optimalbedingungen (6-1) ergibt sich der Grenznutzen des Einkommens im rationierten Haushaltsgleichgewicht als

---

[1] Für marktgehandelte Individualgüter ist der so definierte Schattenpreis offensichtlich gleich dem entsprechenden Marktpreis. Für Rationierungs- und Kollektivgüter trifft dies jedoch nicht zu, wie schon in Kapitel 5 gezeigt wurde und im folgenden näher erläutert wird.

$$(6\text{-}5) \qquad \lambda^* = \frac{x^* \cdot \nabla_x u(x^*, y, z)}{I - qy} .$$

Berücksichtigt man (6-5) in (6-2) bis (6-4), so erhält man die ***Schattenpreise der Individual-, Rationierungs- und Kollektivgüter:***

$$(6\text{-}6) \qquad p^* = \frac{\nabla_x u(x^*, y, z)}{x^* \cdot \nabla_x u(x^*, y, z)} \cdot (I - qy) = p$$

$$(6\text{-}7) \qquad \pi^* = \frac{\nabla_y u(x^*, y, z)}{x^* \cdot \nabla_x u(x^*, y, z)} \cdot (I - qy)$$

$$(6\text{-}8) \qquad \rho^* = \frac{\nabla_z u(x^*, y, z)}{x^* \cdot \nabla_x u(x^*, y, z)} \cdot (I - qy)$$

In reinen Individualgütermodellen ist eine Unterscheidung zwischen Markt- und Schattenpreisen somit nicht erforderlich, da diese beiden Preisarten für Individualgüter gemäß (6-2) bzw. (6-6) grundsätzlich übereinstimmen. In Modellen mit Rationierungs- und Kollektivgütern wie dem hier betrachteten ist eine solche Unterscheidung hingegen notwendig und sinnvoll, da für diese Güter keine Marktpreise existieren, und da die für die rationierten Güter erhobenen (administrierten) Preise q normalerweise von den Schattenpreisen π^* dieser Güter verschieden sind.

Wenden wir uns nun den bereits in Kapitel 5 verwendeten sogenannten virtuellen Preisen zu. Wie bereits erwähnt wurde, zielt das Konzept der virtuellen Preise darauf ab, das aktuelle rationierte Nachfragesystem mit einem historisch oder von Parallelmärkten bekannten reinen Marktnachfragesystem, das dieselben Güterkonsummengen erzeugt, kompatibel zu machen. Unter den ***virtuellen Preisen*** zu einem bestimmten rationierten Haushaltsgleichgewicht $[x^*, y, z]$ versteht man, wie bereits in Kapitel 5 erläutert wurde, diejenigen Preise $[p^v, q^v]$, bei deren Gültigkeit der Konsument - bei gegebenen Kollektivgütermengen z - unter Marktbedingungen (d.h. ohne Mengenrationierung) genau dieselben Gütermengen $[x^*, y]$ konsumieren würde wie in der aktuellen Rationierungssituation.[2]

Das Konzept der virtuellen Preise bezieht sich somit auf die Konsumentscheidung des Haushalts ohne Mengenrationierung, d.h. auf eine Situation, in welcher der Haushalt auch die Gütermengen y frei wählen kann. Die entsprechenden Optimalbedingungen für ein Nutzenmaximum sind hier gegeben durch

$$
\text{(6-9)} \quad
\begin{aligned}
&\text{(a)} \quad \nabla_x u(x^*, y^*, z) &&= \nu^* \cdot p \\
&\text{(b)} \quad \nabla_y u(x^*, y^*, z) &&= \nu^* \cdot q \\
&\text{(c)} \quad px^* + qy^* &&= I \quad ,
\end{aligned}
$$

wobei ν^* der Grenznutzen des Einkommens im nichtrationierten Haushaltsgleichgewicht $[x^*, y^*, z]$ ist. Dieser ergibt sich aus den Optimalbedingungen (6-9) als

$$
\text{(6-10)} \quad \nu^* = \frac{x^* \cdot \nabla_x u(x^*, y^*, z) + y^* \cdot \nabla_y u(x^*, y^*, z)}{I} \quad .
$$

Ist der Konsument nun mit den virtuellen Preisen $[p^v, q^v]$ und dem virtuellen Einkommen I^v konfrontiert, so werden die Optimalbedingungen (6-9) zu

$$
\text{(6-11)} \quad
\begin{aligned}
&\text{(a)} \quad \nabla_x u(x^*, y^*, z) &&= \nu^* \cdot p^v \\
&\text{(b)} \quad \nabla_y u(x^*, y^*, z) &&= \nu^* \cdot q^v \\
&\text{(c)} \quad p^v x^* + q^v y^* &&= I^v \quad ,
\end{aligned}
$$

---

[2] Vergleiche hierzu die bereits erwähnte Definition von Rothbarth (1940-41, S. 100).

und der Grenznutzen des Einkommens ist durch

$$(6-12) \qquad \nu^* = \frac{x^* \cdot \nabla_x u(x^*, y^*, z) + y^* \cdot \nabla_y u(x^*, y^*, z)}{I^v}$$

gegeben. Einsetzen von (6-12) in (6-11) ergibt ***die virtuellen Preise für Individual- und Rationierungsgüter:***

$$(6-13) \qquad p^v = \frac{\nabla_x u(x^*, y^*, z)}{x^* \cdot \nabla_x u(x^*, y^*, z) + y^* \cdot \nabla_y u(x^*, y^*, z)} \cdot I^v$$

$$(6-14) \qquad q^v = \frac{\nabla_y u(x^*, y^*, z)}{x^* \cdot \nabla_x u(x^*, y^*, z) + y^* \cdot \nabla_y u(x^*, y^*, z)} \cdot I^v$$

Um nun einen Zusammenhang zwischen den Schattenpreisen der Individual- und Rationierungsgüter gemäß (6-6) und (6-7) einerseits und den virtuellen Preisen (6-13) und (6-14) andererseits herzustellen, muß man sich in Erinnerung rufen, daß der Konsument bei Gültigkeit der virtuellen Preise $[p^v,q^v]$ definitionsgemäß dasselbe Güterbündel wählt, das er auch in der rationierten Situation bei Gültigkeit der Optimalbedingungen (6-1) konsumiert, d.h. $[x^*,y^*] = [x^*,y]$. Dies ist jedoch nur dann möglich, wenn er mit einem virtuellen Einkommen I^v gemäß (5-21) ausgestattet ist, das die Ausgabenunterschiede für Rationierungsgüter zwischen der rationierten und der virtuellen Situation ausgleicht. Zwischen dem Rationierungseinkommen I und dem virtuellen Einkommen I^v muß daher der Zusammenhang

$$(6-15) \qquad I^v = I + [q^v - q] \cdot y$$

bestehen.[3] Berücksichtigt man ferner, daß der Grenznutzen des

---

[3] Hierbei wurde das Ergebnis von Roberts und Neary (1980, S. 28) berücksichtigt, daß die virtuellen Preise für Individualgüter gleich ihren Marktpreisen sind.

Einkommens in der virtuellen Situation wegen (6-11) auch durch

$$\nu^* = \frac{x^* \cdot \nabla_x u(x^*, y^*, z)}{I^v - q^v y^*}$$

dargestellt werden kann, so zeigt ein Vergleich mit (6-5), daß bei Gültigkeit des virtuellen Einkommens gemäß (6-15) der Grenznutzen des Einkommens in der rationierten Situation gleich dem Grenznutzen des Einkommens in der virtuellen Situation ist (da jeweils auch dieselben Gütermengen konsumiert werden), so daß

$$(6\text{-}16) \qquad \nu^* = \frac{x^* \cdot \nabla_x u(x^*,y^*,z)}{I^v - q^v y^*} = \frac{x^* \cdot \nabla_x u(x^*,y,z)}{I - qy} = \lambda^*$$

gilt. Wegen der Übereinstimmung der in beiden Situationen konsumierten Gütermengen mit $[x^*,y^*,z] = [x^*,y,z]$ bestätigen diese Überlegungen das bereits in Kapitel 5 formal hergeleitete Ergebnis, daß ***die virtuellen Preise*** gemäß (6-13) und (6-14) ***gleich den Schattenpreisen*** (6-6) und (6-7) ***in dem entsprechenden rationierten Haushaltsgleichgewicht*** sind, d.h.:

$$(6\text{-}17) \qquad p^v = \frac{\nabla_x u(x^*, y, z)}{x^* \cdot \nabla_x u(x^*, y, z)} \cdot (I - qy) = p^* = p$$

$$(6\text{-}18) \qquad q^v = \frac{\nabla_y u(x^*, y, z)}{x^* \cdot \nabla_x u(x^*, y, z)} \cdot (I - qy) = \pi^*$$

Wir kommen nun zu dem Konzept der inversen Nachfragefunktionen. Analog zu den bereits besprochenen Marshall-Nachfragefunktionen stellen die ***inversen Nachfragefunktionen*** eine Möglichkeit zur Beschreibung der Markthandlungen des Konsumenten mit Hilfe einer mathematischen Funktion dar. Marshall-Nachfragefunktionen und inverse Nachfragefunktionen werden häufig als "dual" zueinander bezeichnet. Bevor die inversen Nachfragefunktionen nun genauer definiert werden, soll daher kurz auf einige allgemeine Aspekte der Dualitätstheorie eingegangen werden.

Ein wesentliches Kennzeichen dualitätstheoretisch orientierter Untersuchungen ist die Trennung zwischen der Gütersphäre einerseits und der Preis-Einkommens-Sphäre andererseits. Jedes Haushaltsgleichgewicht kann sowohl in der Güter- als auch in der Preis-Einkommens-Sphäre abgebildet werden. Dabei ist jedoch die fundamentale Asymmetrie zwischen beiden Sphären zu beachten, die darin besteht, daß die Preis-Einkommens-Sphäre grundsätzlich eine Variable mehr umfaßt als die Gütersphäre. Als Folge dieser Asymmetrie ist zwar jedem Preis-Einkommen-Vektor ein eindeutig bestimmter Gütervektor zugeordnet, während umgekehrt jeder Gütervektor mit einer unendlichen Anzahl zueinander kollinearer Preis-Einkommen-Vektoren vereinbar ist. Dementsprechend sind die Funktionen, welche die Gütermengen als Funktionen von Preisen und Einkommen ausdrücken, nämlich die Marshall-Nachfragefunktionen, homogen vom Grade Null in diesen Variablen. Will man nun umgekehrt die monetären Größen in Abhängigkeit von den Gütermengen ausdrücken, so ist eine Normierung der Preis-Einkommen-Größen unumgänglich. Dabei gibt es grundsätzlich zwei verschiedene Möglichkeiten: die Normierung mit einem der Güterpreise und die Normierung mit dem Pauscheinkommen bzw. den Güterausgaben.[4] Wählt man die erste Möglichkeit, so werden alle anderen Preise und das Pauscheinkommen (bzw. die Güterausgaben) in Einheiten des zur Normierung gewählten (Numéraire-)Gutes ausgedrückt. Bei der zweiten Möglichkeit werden die einzelnen Güter mit dem Anteil an den Gesamtausgaben bewertet, der für eine Einheit des betrachteten Gutes bezahlt werden muß. In der

[4] Zur Herstellung der vollen Dualität zwischen beiden Sphären muß mit den für den Konsumenten frei verfügbaren Güterausgaben normiert werden [vgl. z.B. Diewert (1982, S. 558)]. In den meisten Fällen stimmen diese jedoch mit dem Pauscheinkommen überein.

modernen Dualitätstheorie hat sich die letztgenannte Möglichkeit, die Normierung mit den Güterausgaben, durchgesetzt.

Wendet man diese Normierungsform bei der Konstruktion der inversen Marktnachfragefunktionen an, so ergibt sich folgende Definition: Die ***inversen Nachfragefunktionen*** geben die mit den Güterausgaben (bzw. mit dem Pauscheinkommen, falls dieses mit den Güterausgaben übereinstimmt) normierten Güterpreise als Funktionen derjenigen Gütermengen an, die der Konsument wählen würde, wenn er seine Nutzenfunktion unter der Nebenbedingung eines durch diese normierten Preise beschränkten Budgets maximierte.[5]

Da durch die inversen Nachfragefunktionen tatsächliche Marktergebnisse nachvollzogen werden sollen, kann man inverse Nachfragefunktionen sinnvoll nur für solche Güter definieren, die tatsächlich unter Marktbedingungen gehandelt werden. Für den nichtrationierten Fall sind dies die Güter x und y, deren inverse Nachfragefunktionen die normierten Preise $\hat{p}$ und $\hat{q}$ als Funktionen der Gütermengen c = [x,y,z] ausdrücken. Man erhält diese ***(nichtrationierten) inversen Nachfragefunktionen*** gemäß der sogenannten ***Hotelling-Wold-Identität***[6] aus den Optimalbedingungen (6-9) für den nichtrationierten Fall als:

[5] Im reinen Individualgütermodell bezeichnet somit die inverse Nachfragefunktion $\hat{p}(x)$ = [p/I](x) denjenigen Preisvektor, bei dessen Gültigkeit der seinen Nutzen unter der Budgetbeschränkung $\hat{p}x = 1$ maximierende Konsument das Güterbündel x wählen würde [diese Definition der inversen Nachfragefunktionen folgt Diewert (1982, S. 558)].

[6] Diese Identität ist nach Hotelling (1935, S. 71) und Wold (1944, S. 69-71) benannt und besagt, daß die inverse Nachfragefunktion für ein Gut n identisch ist mit dem Quotienten aus dem Grenznutzen des Gutes n und der mit den jeweiligen Gütermengen gewichteten Summe der Grenznutzen aller (marktgehandelten) Güter [siehe auch Diewert (1982, S. 557)].

$$(6-19)\qquad \hat{p}(c) \equiv \frac{\nabla_x u(c)}{x \cdot \nabla_x u(c) + y \cdot \nabla_y u(c)} = \frac{p}{I}$$

$$(6-20)\qquad \hat{q}(c) \equiv \frac{\nabla_y u(c)}{x \cdot \nabla_x u(c) + y \cdot \nabla_y u(c)} = \frac{q}{I}$$

Im Rationierungsfall können die inversen Nachfragefunktionen sinnvoll nur für Individualgüter definiert werden, da nur sie unter Marktbedingungen gehandelt werden. Die frei verfügbaren Güterausgaben, mit denen die Preise normiert werden, sind in diesem Fall durch (I−qy) gegeben. Wendet man nun die Hotelling-Wold-Identität auf den Rationierungsfall mit den Optimalbedingungen (6−1) an, so erhält man die ***rationierten inversen Nachfragefunktionen für Individualgüter*** als

$$(6-21)\qquad \hat{p}^r(c) \equiv \frac{\nabla_x u(c)}{x \cdot \nabla_x u(c)} = \frac{p}{I - qy}$$

Wie man sieht, unterscheiden sich die inversen Nachfragefunktionen für den rationierten und den nichtrationierten Fall nur durch die für die Normierung jeweils relevante Ausgabengröße, die ihrerseits wieder aus den unterschiedlichen Grenznutzen des Einkommens für beide Fälle resultiert. Die rationierten inversen Nachfragefunktionen gemäß (6−21) sind offensichtlich wertgleich mit den entsprechenden (mit den Ausgaben (I−qy) normierten) Schattenpreisen der Individualgüter gemäß (6−6). Dieser Zusammenhang zwischen den (rationierten) inversen Nachfragefunktionen und den Schattenpreisen der marktgehandelten Güter ist insofern nicht verwunderlich, als die Schattenpreise der Marktgüter ja gleich ihren Marktpreisen sind, wie weiter oben gezeigt wurde.

Wir kommen nun zum Begriff der ***Zahlungsbereitschaft*** ("willingness to pay"). Unter der − marginalen − Zahlungsbereitschaft für ein Gut sei hier derjenige Preis verstanden, den der betrachtete Konsument für dieses Gut zu zahlen bereit wäre, wenn er alle von ihm konsumierten Güter unter Marktbedingungen erwerben müßte. Das Konzept der Zahlungsbereitschaft verspricht somit Aufschluß darüber zu geben, wieviel einem Konsumenten ein bestimmtes Gut in einer konkreten Konsumsituation "wert ist".

Es ist offensichtlich, daß im reinen Individualgütermodell die marginale Zahlungsbereitschaft eines Konsumenten für ein Gut gleich dem entsprechenden Marktpreis (und damit auch gleich dem Schattenpreis) des betreffenden Gutes ist, da der Konsument hier sämtliche Güter unter Marktbedingungen erwirbt. In diesem Fall kann er alle von ihm konsumierten Gütermengen selbst bestimmen und muß alle diese Güter über sein Budget abrechnen. Daher kann man hier aus den von ihm bezahlten (Markt-)Preisen auf den Wert schließen, den er der letzten konsumierten Einheit eines jeden einzelnen Gutes beimißt.

Die Situation ändert sich, sobald der Haushalt Güter konsumiert, deren Mengen und Preise er nicht selbst kontrollieren kann. Dies trifft sowohl auf die Rationierungs- als auch auf die Kollektivgüter zu. Bei den Rationierungsgütern kann der Konsument weder die von ihm konsumierten Gütermengen noch die Preise beeinflussen, so daß der für diese Güter bezahlte Betrag in Höhe von qy Geldeinheiten letztlich eine exogene Verminderung seines Pauscheinkommens I darstellt, da er nur über den Restbetrag $(I-qy)$ frei verfügen kann. Daher kann aus den von ihm für die Rationierungsgüter bezahlten Preisen q auch nicht auf die Wertschätzung geschlossen werden, die er diesen Gütern entgegenbringt. Dasselbe gilt für die Kollektivgüter, für die er üblicherweise einen Preis von null Geldeinheiten bezahlt, während ihm diese in den meisten Fällen doch durchaus etwas "wert" sein dürften, da sie ihm ja im allgemeinen einen positiven Nutzen erzeugen. Es sind insbesondere die Kollektivgüter, für die das Konzept der Zahlungsbereitschaft von Bedeutung ist, da ihre Bereitstellung in (wie auch immer definierten) "optimalen" Mengen durch den Staat ja Kenntnis der Wertschätzung voraussetzt, die diesen Gütern von den einzelnen Haushalten entgegengebracht wird.[7] Daher wird im Rahmen von Kosten-Nutzen-Analysen bei den sogenannten direkten Verfahren zur Präferenzerfassung häufig nach der Zahlungsbereitschaft eines Konsumenten für diese Kollektivgüter gefragt. Dabei wird der Konsument mit einer fiktiven Situation konfrontiert, in der er - anders als in der Realität - auch die von ihm konsumierten Kollektivgütermengen aus seinem Budget bezahlen muß.[8]

Zur formalen Bestimmung der Zahlungsbereitschaft unterstellt man genau diese fiktive Situation, in welcher der Konsument seine direkte Nutzenfunktion $u(c) = u(x,y,z)$ über sämtliche Gütermengen unter der Nebenbedingung $p^w x + q^w y + r^w z = I$ maximiert, wobei p^w, q^w und r^w die marginalen Zahlungsbereitschaften (bzw. die "willingness to pay") für Individual-, Rationierungs- und Kollektivgüter symbolisieren. Die entsprechenden Optimalbedingungen sind dann

$$\text{(6-22)}\quad \begin{aligned} &\text{(a)} & \nabla_x u(c^*) &= \mu^* \cdot p^w \\ &\text{(b)} & \nabla_y u(c^*) &= \mu^* \cdot q^w \\ &\text{(c)} & \nabla_z u(c^*) &= \mu^* \cdot r^w \\ &\text{(d)} & I &= p^w x + q^w y + r^w z \end{aligned}$$

mit μ^* als dem Grenznutzen des Einkommens. Die marginalen Zahlungsbereitschaften ergeben sich daraus als

$$\text{(6-23)}\quad p^w = \nabla_x u(c^*)/\mu^*$$

---

[7] Siehe hierzu z.B. Arnold (1992), S. 99 ff..

[8] Eine typische Frage im Rahmen einer solchen Untersuchung könnte beispielsweise lauten: "Wieviel wären Sie zu zahlen bereit, wenn die Anzahl der Polizeistreifen in Ihrer Wohngegend - und damit Ihre persönliche Sicherheit - erhöht würde." Der Konsument wird also nach seiner - fiktiven - Zahlungsbereitschaft für eine Dienstleistung befragt, die de facto kostenlos für ihn erbracht wird.

(6-24) $q^w = \nabla_y u(c^*)/\mu^*$

(6-25) $r^w = \nabla_z u(c^*)/\mu^*$.

Offensichtlich sind diese Zahlungsbereitschaftsvektoren kollinear zu den Schattenpreisvektoren gemäß (6-6) bis (6-8). Dies bedeutet, daß die Relation zwischen den einzelnen Schattenpreisen dieselbe ist wie zwischen den Zahlungsbereitschaften für diese Güter. Der Unterschied zwischen beiden Bewertungsformen besteht in der Skalierung der Schattenpreise einerseits und der Zahlungsbereitschaften andererseits. Beide Bewertungsformen geben eine in Geldeinheiten überführte Version des durch die betrachteten Güter erzeugten Grenznutzens an, wobei die Umwandlung von Nutzen- in Geldeinheiten durch Division des Grenznutzens der einzelnen Güter durch den jeweiligen Grenznutzen des Einkommens vorgenommen wird. Vergleicht man nun den für die Schattenpreissituation relevanten Grenznutzen des Einkommens λ^* gemäß (6-5) mit seinem für die Ermittlung der Zahlungsbereitschaften maßgeblichen Pendant μ^*, das sich aus den Optimalbedingungen (6-22) als

$$(6\text{-}26) \qquad \mu^* = \frac{x^* \cdot \nabla_x u(c^*) + y^* \cdot \nabla_y u(c^*) + z^* \cdot \nabla_z u(c^*)}{I}$$

ergibt, so stellt man fest, daß diese beiden Grenznutzen auch für denselben Konsumvektor $c^* = [x^*, y, z]$ normalerweise verschieden sind. Der Unterschied besteht darin, daß der Grenznutzen des Einkommens in der fiktiven Situation zur Ermittlung der Zahlungsbereitschaften nicht nur von den Grenznutzen der Individualgüter abhängt wie bei der Schattenpreisbestimmung sondern auch von den Grenznutzen der Rationierungs- und Kollektivgüter, da der Konsument in dieser fiktiven Situation für eine zusätzliche Geldeinheit ja potentiell auch von diesen Gütern zusätzliche (nutzenerzeugende) Einheiten kaufen könnte, was ihm in der für die Schattenpreisbestimmung relevanten Rationierungssituation verwehrt ist. Daher werden sich die

Schattenpreise gemäß (6-6) bis (6-8) im allgemeinen von den (marginalen) ***Zahlungsbereitschaften***

$$(6\text{-}27) \qquad p^w = \frac{\nabla_x u(c^*)}{x^* \cdot \nabla_x u(c^*) + y^* \cdot \nabla_y u(c^*) + z^* \cdot \nabla_z u(c^*)} \cdot I$$

$$(6\text{-}28) \qquad q^w = \frac{\nabla_y u(c^*)}{x^* \cdot \nabla_x u(c^*) + y^* \cdot \nabla_y u(c^*) + z^* \cdot \nabla_z u(c^*)} \cdot I$$

$$(6\text{-}29) \qquad r^w = \frac{\nabla_z u(c^*)}{x^* \cdot \nabla_x u(c^*) + y^* \cdot \nabla_y u(c^*) + z^* \cdot \nabla_z u(c^*)} \cdot I$$

unterscheiden.

Normiert man diese Zahlungsbereitschaften mit den in dieser fiktiven Konsumsituation getätigten Gesamtausgaben I gemäß

$$(6\text{-}30) \qquad \hat{p}^w = p^w/I$$

$$(6\text{-}31) \qquad \hat{q}^w = q^w/I$$

$$(6\text{-}32) \qquad \hat{r}^w = r^w/I \quad ,$$

so ergeben sich die entsprechenden ***normierten marginalen Zahlungsbereitschaften***

$$(6\text{-}33) \qquad \hat{p}^w(c) = \frac{\nabla_x u(c)}{c \cdot \nabla u(c)}$$

$$(6\text{-}34) \qquad \hat{q}^w(c) = \frac{\nabla_y u(c)}{c \cdot \nabla u(c)}$$

$$(6\text{-}35) \qquad \hat{r}^w(c) = \frac{\nabla_z u(c)}{c \cdot \nabla u(c)}$$

als Funktionen der Gütermengen c = [x,y,z].

Ein Vergleich mit der Hotelling-Wold-Identität für den hier betrachteten fiktiven Konsumfall, in dem alle Gütermengen frei wählbar und über das Budget des Konsumenten abzurechnen sind, zeigt, daß ***die normierten Zahlungsbereitschaftsfunktionen*** gemäß (6-33) bis (6-35) offensichtlich ***mit den inversen Nachfragefunktionen des Konsumenten für diesen fiktiven Konsumfall übereinstimmen.*** Daher können die normierten Zahlungsbereitschaftsfunktionen $\hat{p}(c)$, $\hat{q}(c)$ und $\hat{r}(c)$ auch als ***inverse Pseudo-Nachfragefunktionen*** im Sinne Musgraves[9] interpretiert werden, da sie die inverse Nachfrage nach den entsprechenden Gütern in einer fiktiven Situation, in der auch Rationierungs- und Kollektivgüter unter Marktbedingungen gehandelt werden, angeben.

Ein Vergleich der Definitionen für Schattenpreise mit denen für virtuelle Preise und für marginale Zahlungsbereitschaften zeigt, daß es sich bei all diesen Bewertungsarten letztlich um monetarisierte Formen des Grenznutzens der entsprechenden Güter handelt. Die Monetarisierung wird durch die Division der Grenznutzen dieser Güter durch den Grenznutzen des Einkommens bewirkt. Die Unterschiede zwischen den einzelnen Konzepten entstehen dadurch, daß für diese Monetarisierung jeweils unterschiedliche Grenznutzen des Einkommens verwendet werden: Der Berechnung der Schattenpreise liegt der im aktuellen Rationierungsgleichgewicht gültige Grenznutzen des Einkommens gemäß (6-5) zugrunde, der ausschließlich vom

[9] In Musgrave/Musgrave (1973, S. 57) wird der Begriff der Pseudo-Nachfragefunktionen auf Nachfragefunktionen nach Kollektivgütern angewandt, wobei eine Offenbarung der auf diese Güter gerichteten Präferenzen zur Lösung des entsprechenden Allokationsproblems vorausgesetzt wird.

Grenznutzen der Individualgüter abhängt, da das dem Konsumenten verfügbare Einkommen (I-qy) nur zum Kauf dieser Güter verwendet wird. Der zur Bestimmung der virtuellen Preise q^v verwendete Grenznutzen des Einkommens ν^* gemäß (6-12) hängt nur von den Grenznutzen der Individual- und Rationierungsgüter ab, da hier das virtuelle Einkommen I^v nur zum Kauf dieser Güter verwendet wird und daher auch nur durch diese Güter Nutzen erzeugt. Die wertmäßige Übereinstimmung des virtuellen Grenznutzens des Einkommens ν^* mit dem aktuellen Grenznutzen des Einkommens λ^* gemäß (6-5) ergibt sich aus der Tatsache, daß das virtuelle Einkommen gemäß (6-15) so gewählt wurde, daß die Ausgaben für Individualgüter $px = (I-qy)$ in der virtuellen und in der aktuellen Situation übereinstimmen. Der zur Bestimmung der marginalen Zahlungsbereitschaften verwendete Grenznutzen des Einkommens μ^* schließlich hängt von den Grenznutzen sämtlicher Güter ab, wie aus (6-26) deutlich wird, weil das für den Konsumenten verfügbare Einkommen I in dieser fiktiven Situation zum Kauf sämtlicher Güter verwendet wird.

Zusammenfassend kann man festhalten, daß die Schattenpreise und die virtuellen Preise bei Verwendung eines geeigneten virtuellen Einkommens für sämtliche Güter übereinstimmen. Für Individualgüter stimmen diese Preise darüber hinaus auch mit den entsprechenden Marktpreisen überein. Die marginalen Zahlungsbereitschaften sind proportional zu den virtuellen Preisen und den Schattenpreisen. Die Tatsache, daß sich Schattenpreise und virtuelle Preise einerseits und marginale Zahlungsbereitschaften andererseits nur um einen Proportionalitätsfaktor unterscheiden, impliziert, daß die relativen Bewertungen der verschiedenen Güter natürlich in allen drei Bewertungssytemen gleich sind, da sie gleich dem Verhältnis der Grenznutzen der jeweiligen Güter und damit gleich der entsprechenden Grenzrate der Substitution sind.

Die Verwendung einkommensnormierter Preise und Zahlungsbereitschaften entspringt dem Bedürfnis nach einer strikten Trennung zwischen der Gütersphäre einerseits und der

Preis-Einkommen-Sphäre andererseits, wie sie in der Dualitätstheorie üblich ist. Wegen der Homogenität vom Grade Null der Nachfragefunktionen bzw. der indirekten Nutzenfunktion in Preisen und Pauscheinkommen ist eine solche Trennung ohne Normierung im Preis-Einkommen-Raum nicht möglich.

Abschließend sollte noch einmal darauf hingewiesen werden, daß die hier erläuterten Begriffe in der Literatur teilweise in sehr unterschiedlicher Weise gebraucht werden, so daß hier vorgenommene Sinnzuweisung nicht etwa als die allein richtige betrachtet werden kann, sondern nur einen denkbaren Vorschlag für eine sinnvolle Abgrenzung dieser Konzepte darstellt.[10]

Im folgenden Kapitel soll nun auf die ökonomische Motivation, die hinter den einzelnen hier besprochenen Konzepten steht, und auf mögliche Anwendungen im Rahmen finanzwissenschaftlicher Fragestellungen eingegangen werden.

6.2 Ökonomische Motivation und finanzwissenschaftliche Bedeutung

Die in (6-21) dargestellten (einkommensnormierten) inversen Nachfragefunktionen geben die mit dem für den Konsumenten verfügbaren Pauscheinkommen bzw. den für Individualgüter getätigten Ausgaben normierten Marktpreise an, die er unter Rationierungsbedingungen für die einzelnen Güter tatsächlich zahlt. Sie vollziehen somit ebenso wie seine direkten Nachfragefunktionen tatsächliche Marktergebnisse nach und sind daher nur auf Güter anwendbar, die unter Marktbedingungen gehandelt werden, in unserem Modell also auf die Individualgüter.

---

[10] So findet sich beispielsweise eine abweichende Verwendung des Zahlungsbereitschaftsbegriffs bei Randall/Stoll (1980, S. 451 ff.) und Lankford (1988, S. 51 ff.).

Die Schattenpreise bewerten demgegenüber auch solche Güter, die nicht auf einem Markt gehandelt werden (für Marktgüter stimmen die Schattenpreise mit den entsprechenden Marktpreisen überein). Und zwar bewerten Schattenpreise diese Güter mit ihrem in Geldeinheiten ausgedrückten Grenznutzen, wobei diese Monetarisierung mit dem aktuellen Grenznutzen des für den Konsumenten verfügbaren Pauscheinkommens vorgenommen wird. Dieses Verfahren sichert die unmittelbare Kompatibilität zwischen der Marktbewertung der Individualgüter und der Schattenpreisbewertung der Nichtmarktgüter.

Virtuelle Preise werden primär für rationierte Güter ermittelt. Auch diese Preise bewerten die Rationierungsgüter mit ihren monetarisierten Grenznutzen, wobei diese Grenznutzen bei ihrer Überführung in Geldeinheiten so skaliert werden, daß ihre relative Bewertung gegenüber den auf dem Markt gehandelten Individualgütern erhalten bleibt. Die Motivation für die Bestimmung diese Preise liegt darin, daß rationierte Güter von ihren Gutseigenschaften her ebenfalls marktfähig sind und nur aus wie auch immer gearteten politischen Gründen nicht über den Markt verteilt werden. Daher besteht die Chance, Daten über Marktnachfragefunktionen für diese Güter von nichtrationierten Parallelmärkten für dieselben Güter oder aus Zeiten vor der Rationierung zu ermitteln und durch das Einsetzen der virtuellen Preise mit den aktuellen Marktergebnissen kompatibel zu machen. In diesem Fall kann man von dem (bekannten) nichtrationierten Nachfragesystem auf die (nicht bekannten) rationierten Nachfragefunktionen des Konsumenten schließen und somit seine Reaktionen auf wirtschaftspolitische Maßnahmen unter Rationierungsbedingungen mit Hilfe seines nichtrationierten Nachfragesystems simulieren. Die wesentlichen Zusammenhänge zwischen den beiden Nachfragesystemen wurden im ersten Teil dieses Kapitels ausführlich dargestellt.

Ganz anders ist die Motivation für das Konzept der marginalen Zahlungsbereitschaften. Zur Ermittlung der marginalen Zahlungsbereitschaften eines Konsumenten wird eine Entscheidungssituation simuliert, in der er sämtliche Güter unter Marktbedingungen erwerben kann. Dadurch werden die Kollektivgüter in sein Budget einbezogen, so daß ihre Bewertung in einer konsistenten Relation zu seiner Bewertung der Individualgüter steht.

Das Konzept der individuellen Zahlungsbereitschaften hat eine lange Tradition im Rahmen der Theorie der Kollektivgüter und zielt auf die Bewertung dieser Güter durch den Konsumenten ab. Wegen ihrer speziellen Gutseigenschaften, insbesondere der sogenannten Nichtrivalität im Konsum und der Nichtanwendbarkeit des Ausschlußprinzips, liegen für Kollektivgüter weder aktuelle noch historisch gegebene Nachfragesysteme vor, aus denen die "wahre" Wertschätzung, die der Konsument diesen Gütern entgegenbringt, zu entnehmen wäre. Daher entfällt hier auch das Bedürfnis, eine unmittelbare und absolute Kompatibilität zu den im Zusammenhang mit den Individualgütern realisierten Marktergebnissen herzustellen, wie dies bei den virtuellen Preisen der Fall war. Es genügt hier eine relative Kompatibilität in dem Sinne, daß die relative Bewertung sämtlicher Güter wieder gleich dem Verhältnis der von ihnen erzeugten Grenznutzen ist.

Reine Kollektivgüter sind, wie bereits erläutert wurde, durch zwei grundlegende Eigenschaften gekennzeichnet: Die Nichtrivalität im Konsum und die Nichtanwendbarkeit des Ausschlußprinzips. Nichtrivalität im Konsum bedeutet, daß die gleiche Einheit eines Kollektivgutes simultan von mehreren Personen gleichzeitig konsumiert werden kann, ohne daß sich diese Personen gegenseitig behindern. Diese Eigenschaft wird durch das bereits erwähnte Samuelson-Zitat, daß "each individual's consumption of such a good leads to no subtraction from any other individual's consumption of that good" [Samuelson (1954, S. 387)] beschrieben. Die zweite kennzeichnende Eigenschaft eines Kollektivgutes, die Nichtanwendbarkeit des Ausschlußprinzips, verweist auf die Tatsache, daß ein reines Kollektivgut nicht oder nur mit unverhältnismäßig großem

Aufwand für den Konsum durch einzelne Individuen reserviert werden kann, während andere Individuen von seinem Konsum ausgeschlossen werden. Diese Eigenschaft von Kollektivgütern, die an den klassischen Beispielen wie dem des Feuerwerks oder der Landesverteidigung besonders deutlich wird, macht es schwierig bis unmöglich, von jedem Konsumenten einen dem von ihm empfangenen Nutzen entsprechenden Beitrag zur Finanzierung des betreffenden Kollektivgutes einzutreiben, da ihm ja nicht wie bei Individualgütern mit Konsumausschluß gedroht werden kann. An dem aus der Nichtanwendbarkeit des Ausschlußprinzips resultierenden Schwarzfahrerverhalten scheitert im allgemeinen eine marktmäßige Bereitstellung von Kollektivgütern, so daß in den meisten Volkswirtschaften der Staat als Anbieter solcher Güter auftritt. Für den Staat stellt sich dabei die Frage, in welchem Umfang die in einer Ökonomie verfügbaren Ressourcen zur Bereitstellung eines bestimmten Kollektivgutes verwendet werden sollen, da die Konsumenten ja aufgrund der speziellen Gutseigenschaften der Kollektivgüter keinen Anreiz haben, ihre wahren Präferenzen bezüglich dieser Güter zu offenbaren (um dann womöglich entsprechend der von ihnen geäußerten Präferenzen zur Finanzierung des betreffenden Kollektivgutes herangezogen zu werden).[11]

Mit den Möglichkeiten, dennoch eine (pareto)optimale Ressourcenallokation durch private Wirtschaftssubjekte zu realisieren, beschäftigt sich eine Vielzahl von Literaturbeiträgen[12], allen voran Samuelsons berühmter Aufsatz von 1954, der allerdings auf einer rein güterorientierten Basis von Indiffe-

---

[11] Viele Güter sind weder reine Individualgüter noch reine Kollektivgüter, sondern sogenannte Mischgüter, die sowohl Individual- als auch Kollektivguteigenschaften besitzen. Eine systematische Darstellung der verschiedenen in der Realität auftretenden Kombinationen dieser Eigenschaften mit entsprechenden Beispielen findet sich in Rose (1977, S. 87 ff.).

[12] Einen guten Überblick über die verschiedenen Ansätze vermittelt Arnold (1992).

renzkurven und Grenzraten der Substitution, aber ohne explizite Berücksichtigung gegebener Budgets der einzelnen Individuen und ihrer Aufteilung argumentiert. Eine Übertragung des Samuelsonschen Gedankens auf ein explizites Budgetmodell mit einer gegebenen Einkommensverteilung zwischen den einzelnen Individuen findet sich bei Musgrave/Musgrave (1973, S. 64 ff.). Hier spielen die (als bekannt vorausgesetzten) individuellen Zahlungsbereitschaften aus einem gegebenen Budget heraus eine ebenso wesentliche Rolle wie in den Verhandlungsmodellen von Bowen (1948) und Lindahl (1958a). In allen diesen Modellen maximieren die Individuen ihre Nutzenfunktionen sowohl über Individual- als auch Kollektivgütermengen unter der Annahme eines beschränkten Budgets, aus dem der Kauf beider Güterarten finanziert werden muß. Aus diesem Maximierungsprozeß ergeben sich sowohl die Nachfragefunktionen nach Individualgütern als auch die sogenannten Pseudonachfragefunktionen der einzelnen Individuen nach Kollektivgütern, die ja invers zu unseren Zahlungsbereitschaftsfunktionen sind. Auf der Basis dieser individuellen Gesamtnachfragesysteme wird nun entweder durch einen neutralen Auktionator (Musgrave/Musgrave) oder durch Verhandlungen zwischen den Konsumenten die (pareto-optimale) Aufteilung der Ressourcen auf Individual- und Kollektivgüter und gleichzeitig die Beteiligung der einzelnen Individuen an der Finanzierung der Kollektivgüter festgelegt. Leitlinie für eine pareto-optimale Bereitstellung von Kollektivgütern ist die Regel, daß die Summe der individuellen Zahlungsbereitschaften für ein bestimmtes Kollektivgut gleich den Kosten für die Bereitstellung des betreffenden Gutes sein soll. Bei unterschiedlichen Präferenzordnungen der Individuen führt dies zu einer Lösung, bei der alle Individuen dieselbe Menge des Kollektivgutes bei unterschiedlichen persönlichen Zahlungen konsumieren.

Voraussetzung für das Funktionieren dieser Allokationsmechanismen ist, daß die Individuen entweder gegenüber dem Auktionator oder untereinander ihre wahren Präferenzen bezüglich der Kollektivgüter offenbaren. Aber genau dies ist wegen der oben beschriebenen speziellen Eigenschaften der Kollektivgüter äußerst fraglich, da für das einzelne Individuum immer ein Anreiz besteht, seine tatsächliche Zahlungsbereitschaft für ein bestimmtes Kollektivgut zu verbergen, um mit einem möglichst geringen persönlichen Beitrag dennoch ungeschmälert am gemeinsamen Konsum des Kollektivgutes zu partizipieren. Aus diesem Grunde werden die hier beschriebenen Allokationsmechanismen von den meisten Autoren für nicht praktikabel gehalten.[13]

Da die Chancen für eine optimale private Bereitstellung von Kollektivgütern somit als ziemlich gering erachtet werden, wird in der Literatur im allgemeinen eine Versorgung der Bevölkerung mit Kollektivgütern durch den Staat vorgeschlagen. Auch wenn dabei auf die Realisierung eines gesamtwirtschaftlichen Pareto-Optimums verzichtet wird, wie dies vor allem bei den praxisnäheren Beiträgen der Fall ist, so stellt sich doch auch bei der Durchführung einzelner staatlicher Projekte immer wieder die Frage, ob und, wenn ja, in welchem Umfang das jeweils betrachtete Projekt durchgeführt werden soll. Als Entscheidungshilfe dient dabei im allgemeinen die Nutzen-Kosten-Analyse, bei der die Kosten eines öffentliche Projekts den von ihm verursachten monetarisierten Nutzen gegenübergestellt werden. Diese Nutzen werden üblicherweise durch die marginalen Zahlungsbereitschaften der von dem Projekt betroffenen Individuen gemessen, so daß sich hier eine weitere breite Palette von Anwendungsmöglichkeiten dieses Konzepts ergibt.[14]

Natürlich stellt sich auch im Rahmen solcher projektbezogener Nutzen-Kosten-Analysen bei der Ermittlung der indi-

---

[13] Einige Autoren wie Rosen (1985, S. 106 ff.), Smith (1980, S. 585) oder Johansen (1977, S. 147) sind demgegenüber der Meinung, daß das hier angesprochene "Free Rider"-Problem im allgemeinen maßlos überschätzt wird, aber sie befinden sich eindeutig in der Minderheit.

[14] Ein Überblick über die wesentlichen Verfahren der Nutzen-Kosten-Analyse findet sich z.B. in Hanusch (1987).

viduellen Zahlungsbereitschaften das Problem der Präferenzoffenbarung bezüglich der Kollektivgüter. Insbesondere bei der einfachsten Methode, der direkten Befragung, ist die Gefahr, strategisch verzerrte Auskünfte zu erhalten, unübersehbar. Trotz einiger vielversprechender, zum Teil in aufwendigen Laborexperimenten entworfener sogenannter "anreizkompatibler" Befragungsmethoden, die einigermaßen verzerrungsfreie Ergebnisse hervorbringen sollen, da durch ihre spezielle Ausgestaltung der Anreiz zur Präferenzverschleierung entfällt, gelten die direkten Methoden zur Erfassung individueller Zahlungsbereitschaften unter realistischen Bedingungen als recht unzuverlässig.[15] Als Alternative bieten sich die sogenannten indirekten Verfahren an, die, häufig auf der Grundlage des Lancasterschen (1966) Haushaltsproduktionsansatzes, die Zahlungsbereitschaft eines Individuums für ein bestimmtes öffentliches Projekt durch die Ausgaben messen, die das betreffende Individuum bisher schon für die private Befriedigung desselben Bedürfnisses, das jetzt durch das öffentliche Projekt befriedigt werden soll, getätigt hat. Ein bekanntes Beispiel für solche Studien ist die Untersuchung von Edward Morey (1984), der die Zahlungsbereitschaft für die Einrichtung eines neuen Ski-Gebietes anhand der Ausgaben mißt, welche die potentiellen Besucher des neuen Ski-Gebietes bisher schon für Ausflüge zu vergleichbaren bereits

---

[15] Zu den prominentesten Arbeiten auf dem Gebiet der experimentellen Erfassung individueller Zahlungsbereitschaften gehören die Untersuchungen von Peter Bohm (1972), (1979), (1984). Sehr bekannt ist auch der nach Clarke (1971) und Groves (1973) benannte "Clarke-Groves-Mechanismus"; das dieser Methode zugrunde liegende Experiment ist so konstruiert, daß der einzelne Experimentteilnehmer seinen Nutzen maximiert, wenn er seine wahre Zahlungsbereitschaft für ein Kollektivgut offenbart; die Anwendung dieses Verfahrens führt bei rationalem Verhalten der Probanden (und speziellen Annahmen bezüglich ihrer Präferenzordnung) tatsächlich zu einer pareto-optimalen Bereitstellung des Kollektivgutes [siehe hierzu auch Pommerehne (1979, S. 157/158) und Arnold (1992, S. 102 ff.) bzw. Rosen/ Windisch (1992, S. 158 ff.)].

existierenden Ski-Gebieten tätigten.[16] Eine ausführliche Übersicht über die wichtigsten Verfahren zur direkten und indirekten Erfassung individueller Zahlungsbereitschaften findet sich in Pommerehne (1987).[17]

Die Kenntnis der individuellen Zahlungsbereitschaften für Kollektivgüter ist weiterhin die entscheidende Voraussetzung für die Verwirklichung eines der beiden "Fundamentalprinzipien der öffentlichen Abgabenerhebung" [Haller (1971, S. 9)], nämlich des Äquivalenzprinzips.[18] Der Grundgedanke des Äquivalenzprinzips besteht darin, das Steuersystem einer Volkswirtschaft so auszugestalten, daß jeder einzelne Bürger in dem Maße zur Steuerzahlung herangezogen wird, in dem er auch staatliche Leistungen in Anspruch nimmt: "Nach dem Äquivalenzprinzip werden Steuern als Einnahmen interpretiert, die ein mehr oder weniger direktes Entgelt für die vom Staat bereitgestellten Leistungen darstellen. Die Finanzierung durch Steuern entspräche hiernach derjenigen über Preise." [Brümmerhoff (1986, S. 223)].[19]

---

[16] Weitere konkrete Fallstudien finden sich u.a. in Schulz (1985), Dixon/Hufschmidt (1986), Smith/Desvousges (1986), Hautau/Lorenzen/Sander/Bertram (1987).

[17] Umfasssende Darstellungen der verschiedenen Methoden finden sich auch in dem klassischen Buch von Freeman (1979) und in Faber (1986).

[18] Die Ursprünge des Äquivalenzprinzips reichen zurück ins siebzehnte Jahrhundert, und seine Popularität war seither starken Schwankungen unterworfen. Einen Überblick über die Geschichte des Äquivalenzprinzips und die Hauptargumente seiner Protagonisten gibt Musgrave (1959, S. 61 ff.).

[19] Das zweite Hallersche Fundamentalprinzip ist das sogenannte Leistungsfähigkeitsprinzip, das eine Besteuerung der einzelnen Wirtschaftssubjekte nach ihrer wirtschaftlichen Leistungsfähigkeit vorsieht und damit eine bewußte Trennung zwischen individueller Steuerzahlung einerseits und empfangenen staatlichen Leistungen andererseits herstellt [siehe hierzu auch Andel (1983, S. 296 ff.)].

Man unterscheidet in der Literatur zwischen totaler und partialer Äquivalenz, wobei das Prinzip der totalen Äquivalenz verlangt, daß die Steuerzahlung eines jeden Bürgers der Gesamtheit der von ihm empfangenen staatlichen Leistungen entspricht. Die Chancen für die praktische Umsetzung dieses umfassenden Äquivalenzprinzips werden in der Literatur ähnlich skeptisch beurteilt wie die weiter oben besprochenen Vorschläge zur Realisierung eines gesamtwirtschaftlich optimalen privaten Angebots an Kollektivgütern. Daher hat sich in der neueren Diskussion der Gedanke der partialen Äquivalenz durchgesetzt, der nur für einzelne staatliche Leistungen einen direkten Zusammenhang zu entsprechenden Steuerzahlungen des Leistungsempfängers fordert.[20]

Im Rahmen des partialen Äquivalenzprinzips läßt sich in Anlehnung an Haller (1971, S. 13) weiterhin zwischen marktmäßiger und kostenmäßiger Äquivalenz unterscheiden. Kostenmäßige Äquivalenz verlangt, daß die Nutznießer einer staatlichen Leistung die Kosten dieser Leistung nach dem Verursacherprinzip durch entsprechende direkt zurechenbare Steuern vollständig finanzieren. Gegen diese Form des Äquivalenzprinzips spricht unter anderem die sozialpolitische Notwendigkeit, auch mittellosen Bürgern staatliche Leistungen zur Verfügung zu stellen, was eine strikte Verwirklichung des kostenmäßigen Äquivalenzprinzips verhindert.[21] Darüber hinaus erscheint die Sinnhaftigkeit dieses Verrechnungsprinzips von staatlichen Leistungen und privaten Gegenleistungen vor allem bei reinen Kollektivgütern zweifelhaft, bei denen einzelne Kostenverursacher bzw. der Umfang der von ihnen verursachten Kosten wegen der Nichtrivalität im Konsum dieser Güter nicht bestimmt gemacht werden kann.

---

[20] Siehe hierzu auch Hanusch (1981, S. 38-39) und Brümmerhoff (1986, S. 224-225).

[21] Auf diesen Aspekt weist Timm (1981, S. 186) hin.

Demgegenüber verlangt das Prinzip der marktmäßigen Äquivalenz, daß die einzelnen Bürger nicht entsprechend der von ihnen verursachten Kosten besteuert werden, sondern dem Staat den monetären Gegenwert des von ihnen in Form staatlicher Leistungen empfangenen Nutzens als Steuern erstatten.[22] Anders als bei den weiter oben besprochenen Allokationsmodellen zur Sicherstellung eines gesamtwirtschaftlich optimalen Kollektivgüterangebots geht es bei der Verwirklichung des partialen marktmäßigen Äquivalenzprinzips nur darum, für einzelne öffentliche Leistungen, deren Umfang nicht zur Diskussion steht, Steuern zu erheben, die dem monetären Gegenwert des durch diese Steuern erzeugten Nutzens entsprechen. Bei konsequenter Anwendung führt diese Form des Äquivalenzprinzips zwangsläufig zu einer Einbeziehung der fraglichen öffentlichen Leistungen in die Budgets der einzelnen Konsumenten in Analogie zu den über den Markt nachgefragten Individualgütern. Daraus wiederum folgt, daß die für die öffentlichen Leistungen erhobenen Steuern pro Einheit gleich der individuellen Zahlungsbereitschaft der betroffenen Konsumenten für die jeweiligen Güter sein müssen. Dabei spielt es keine Rolle, ob diese öffentlichen Leistungen von ihren Gutseigenschaften her Kollektivgüter sind oder Individualgüter, die dem Konsumenten in festen Mengen, d.h. in rationierter Form, zugeteilt werden: Die Basis für eine Steuererhebung nach dem partialen marktmäßigen Äquivalenzprinzip ist das Konzept der marginalen Zahlungsbereitschaft aus einem bestehenden Budget heraus, wie es im ersten Teil dieses Kapitels dargestellt wurde.

Es konnten somit drei wesentliche finanzwissenschaftliche Problembereiche für die Anwendung des Konzepts der individuellen Zahlungsbereitschaft identifiziert werden: Die Allokations-

---

[22] In dieser Version hat das Äquivalenzprinzip auch in der angelsächsichen Literatur als "benefit principle" [Lindahl (1958b, S. 226 ff.)], "benefit approach" [Musgrave (1959, S. 61 ff.)], "benefits received principle" [Tresch (1981, S. 107 ff.)] oder "benefit theory of taxation" [Aronson (1985, S. 306 ff.)] breite Beachtung gefunden.

modelle zur Sicherstellung eines gesamtwirtschaftlich paretooptimalen Angebots an Kollektivgütern, die (in ihrem Anspruch wesentlich bescheidenere) Welt der Nutzen-Kosten-Analyse zur wohlfahrtstheoretischen Beurteilung einzelner staatlicher Projekte und die Umsetzung des Äquivalenzprinzips der Besteuerung in seiner partialen marktmäßigen Variante. Im Zusammenhang mit dem Äquivalenzprinzip muß erwähnt werden, daß natürlich auch die Herstellung einer totalen marktmäßigen Äquivalenz eine Besteuerung nach den individuellen Zahlungsbereitschaften impliziert. Wegen der praktischen Irrelevanz dieses Besteuerungsprinzips wurde dieser Gedanke hier jedoch nicht weiter verfolgt.

Nachdem nun die verschiedenen Bewertungssysteme sowohl im Hinblick auf ihre theoretische Herleitung als auch unter dem Aspekt ihrer finanzwissenschaftlichen Anwendung gegeneinander abgegrenzt wurden, soll im folgenden Kapitel untersucht werden, ob und, wenn ja, welchen Beitrag die sogenannte Distanzfunktion, die ja ebenso wie die Ausgabenfunktion und die direkte und die indirekte Nutzenfunktion eine funktionale Darstellung der Präferenzordnung eines Konsumenten ist, zur Bestimmung eines dieser Bewertungssysteme leisten kann.

Kapitel 7

Die Distanzfunktion

Aus der Literatur ist bekannt, daß es neben den bereits besprochenen Konzepten der direkten und der indirekten Nutzenfunktion sowie der Ausgabenfunktion als weitere Möglichkeit zur Beschreibung der Präferenzordnung eines Konsumenten mit Hilfe einer mathematischen Funktion das Konzept der sogenannten Distanzfunktion gibt.[1] Erstaunlicherweise blieb dieses Konzept - von wenigen Ausnahmen abgesehen[2] - in der Literatur zur Kollektivgüter- und Mengenrationierungsproblematik bisher weitgehend unberücksichtigt. In diesem Kapitel soll nun untersucht werden, welche Rolle die Distanzfunktion in einem Haushaltsmodell mit Rationierungs- und Kollektivgütern spielen kann.

Genau wie die direkte Nutzenfunktion beschreibt die Distanzfunktion die Präferenzordnung des Konsumenten unmittelbar auf der Basis der Konsumgütermengen und unabhängig von Preisen und Einkommen. Damit ist die Distanzfunktion unabhängig von der Marktform, die in dem zugrunde gelegten Modell herrscht. Daher hat die in unserem Modell vorgesehene Existenz von Rationierungs- und Kollektivgütern - anders als bei der Ausgabenfunktion - keinen zwangsläufigen Einfluß auf die funktionale Form der Distanzfunktion. Je nach Untersuchungs-

---

[1] Dieses ursprünglich rein mathematische Konzept wurde von R.W. Shephard (1953) in modifizierter Weise in die ökonomische Literatur eingeführt. Weitere Beiträge zur Distanzfunktion finden sich u.a. in Deaton (1979), Deaton/Muellbauer (1980), Diewert (1982) und Ahlheim (1985).

[2] De Borger/Pauwels (1985) und Pauwels (1988) verwenden eine Form der Distanzfunktion, die speziell für mengenrationierte Marktformen (mit nur einem einzigen rationierten Gut) umdefiniert wurde. Diese Version der Distanzfunktion ist jedoch in ihrer Gültigkeit auf bestimmte Sonderfälle beschränkt, so daß sie für allgemeine Fragestellungen, wie sie hier behandelt werden sollen, nicht geeignet ist.

ziel kann es jedoch sinnvoll sein, bestimmte Modifikationen der "klassischen" Shephardschen Distanzfunktion im Hinblick auf die Besonderheiten des betrachteten Modells vorzunehmen, wie im Verlauf dieses Kapitels gezeigt wird. Zunächst jedoch soll die traditionelle Distanzfunktion in unser Modell eingeführt und auf ihre ökonomische Bedeutung im Rahmen eines Haushaltsmodells mit Rationierungs- und Kollektivgütern untersucht werden.

7.1 Die Shephardsche Distanzfunktion

Die Distanzfunktion $D: \mathbf{R}^{(N+M+L+1)} \rightarrow \mathbf{R}$ soll im Hinblick auf unser erweitertes Haushaltsmodell folgendermaßen definiert werden :

$$(7-1) \qquad D(c,U) = D(x,y,z,U) = \max_{\sigma \in \Gamma(c,U)} \sigma$$

$$\text{mit} \quad \Gamma(c,U) = \{\sigma \mid \sigma \in \mathbf{R}^{++}, \quad u(c/\sigma) \geq U \}$$

$$\text{und} \qquad c = [x,y,z]$$

Ihr Wert an einer Stelle [c,U] ist somit gleich dem größten positiven Skalar σ, durch den man den Gütervektor c dividieren kann, so daß der daraus resultierende Gütervektor c' = [x,y,z]/σ noch mindestens das Nutzenniveau U erzeugt.

Aus der Definition der Distanzfunktion folgt, daß generell

$$(7-2) \qquad u\left(\frac{c}{D(c,U)}\right) \equiv U$$

gilt. Dies impliziert

$$(7-3) \qquad D(c,U) = \frac{\| c \|}{\| c' \|} \qquad \text{mit} \quad c' = \frac{c}{D(c,U)} \quad ,$$

wobei der Vektor c' kollinear zu c ist, aber proportional so gestaucht bzw. gestreckt wurde, daß er gerade das Nutzenniveau U erzeugt.[3] Identität (7-2) ist äquivalent zu

$$(7\text{-}4) \qquad D(c,u(c)) \equiv 1 \quad .$$

Als weitere unmittelbare Folgerung aus der Definition (7-1) ergibt sich

$$(7\text{-}5) \qquad D(c,U) \gtreqless 1 \quad \Longleftrightarrow \quad u(c) \gtreqless U \quad .$$

Dies impliziert, daß die Niveaumengen der direkten Nutzenfunktion für beliebige Nutzenniveaus U identisch sind mit den Niveaumengen der Distanzfunktion für dieselben Nutzenniveaus und für D = 1:

$$(7\text{-}6) \qquad \mathcal{D}(U) \equiv \{c \mid c \in \mathcal{R}^{(N+M+L)+},\ D(c,U) \geq 1\}$$

$$\equiv \{c \mid c \in \mathcal{R}^{(N+M+L)+},\ u(c) \geq U\} \equiv \mathcal{U}(U) \quad .$$

Das bedeutet, daß die Präferenzordnung eines Konsumenten durch die Distanzfunktion ebenso vollständig charakterisiert werden kann wie durch seine direkte Nutzenfunktion.

Diese Zusammenhänge sind in Abbildung 7-1 noch einmal verdeutlicht. Die Graphik zeigt ein Konsumgüterbündel c in der x,y-Ebene (die Kollektivgütermenge z ist hier implizit berücksichtigt) und die Indifferenzkurve für das Nutzenniveau U. Man sieht, daß das mit Hilfe der Distanzfunktion auf das Nutzenniveau U "geeichte" Konsumgüterbündel

$$(7\text{-}7) \qquad c' = \frac{c}{D(c,U)}$$

---

[3] Mit $\|c\|$ sei die Norm eines Vektors c bezeichnet, so daß $\|c\| = (c \cdot c)^{1/2}$.

auf der Indifferenzkurve für das Nutzenniveau U liegt. Der Wert der Distanzfunktion ist in diesem Beispiel offensichtlich größer als eins. Dies entspricht der Tatsache, daß der durch das Güterbündel c erzeugte Nutzen größer als U ist, und bestätigt die Beziehung (7-5).

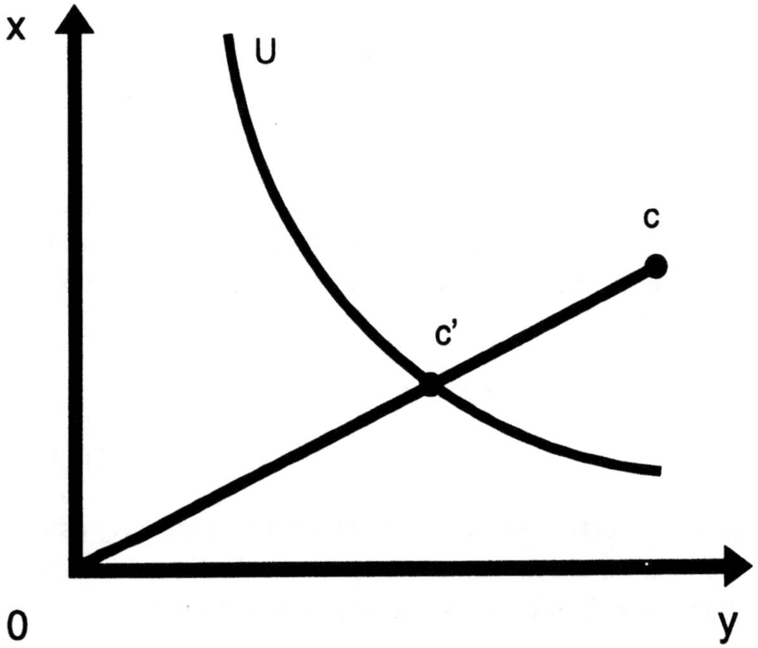

\- Abb. 7-1 -

Genau wie die direkte Nutzenfunktion ist die Distanzfunktion ein reines Gütermengenkonzept und somit unabhängig von Preisen und Einkommen und damit auch von der Organisation des Marktes, auf dem die betreffenden Güter gehandelt werden. Die Frage, ob Güter rationiert sind oder nicht oder ob es sich um Kollektivgüter handelt, spielt für ihre funktionale Form keine Rolle, da sie ausschließlich die in einer bestimmten Situation konsumierten Gütermengen bewertet. Aus diesem Grunde ist eine spezielle Modifikation der Distanzfunktion für das hier betrachtete erweiterte Haushaltsmodell, wie sie für die indirekte Nutzenfunktion und die Ausgabenfunktion notwendig war, nicht generell erforderlich.

Dementsprechend hat die Distanzfunktion auch bei Existenz von Kollektiv- und Rationierungsgütern dieselben Eigenschaften wie im reinen Individualgüterfall:[4]

(7-8) Die Distanzfunktion D(c,U) ist für $c \in \mathbb{R}^{(N+M+L)++}$ und $U \in \mathbb{R}^{++}$

a) stetig und streng monoton abnehmend in U

b) zweimal stetig differenzierbar, monoton zunehmend, konkav und linear-homogen in c.

Im reinen Individualgüterfall sind die partiellen Ableitungen der Distanzfunktion nach den Konsumgütermengen c gleich den einkommenskompensierten normierten inversen Nachfragefunktionen des Konsumenten. Dies ist die Aussage des sogenannten ***Shephard-Hanoch-Lemmas.***[5] Bei Existenz von Rationierungs- und Kollektivgütern, für die ja weder direkte noch inverse Marktnachfragefunktionen existieren, muß die ökonomische Bedeutung dieser Ableitungen neu untersucht werden.

Zu diesem Zweck differenzieren wir die Identität (7-2) partiell bezüglich der Konsumgütermengen c und erhalten nach geeigneter Umformung

$$(7\text{-}9) \qquad \nabla_c D(c,U) \equiv \frac{\nabla u(c')}{c' \cdot \nabla u(c')} \equiv \frac{\nabla u(c/D(c,U))}{[c/D(c,U)] \cdot \nabla u(c/D(c,U))} .$$

---

[4] Eine ausführlichere Darstellung der Eigenschaften der Distanzfunktion findet sich z.B. in Deaton (1979), in Ahlheim (1985) oder in Ahlheim/Rose (1992).

[5] Nach Shephard (1953) und Hanoch (1978) [siehe auch z.B. Diewert (1982, S. 561) oder Blackorby/Primont/Russell (1978, S. 34)].

Der Gradient der Distanzfunktion an einer Stelle [c,U] ist somit positiv kollinear zu dem Gradienten der direkten Nutzenfunktion für ein Konsumgüterbündel c', das dieselbe relative Zusammensetzung hat wie das Konsumgüterbündel c, aber proportional so gestreckt bzw. gestaucht wurde, daß es gerade das Nutzenniveau U erzeugt. Für den Sonderfall U = u(c) gilt D(c,U) = 1 mit c = c'. In diesem Fall ist der Gradient der Distanzfunktion an der Stelle [c,U] kollinear zu dem Gradienten der direkten Nutzenfunktion für dasselbe Güterbündel c.

Vergleicht man die rechte Seite von (7-9) mit den Ausführungen des letzten Kapitels, so stellt man fest, daß es sich hier offensichtlich um die mit dem Pauscheinkommen I normierten marginalen Zahlungsbereitschaften gemäß (6-33) bis (6-35) für das Güterbündel c' handelt. Die partiellen Ableitungen der Shephardschen Distanzfunktion nach den Gütermengen an einer Stelle [c,U] geben somit die normierten marginalen Zahlungsbereitschaften des Konsumenten für ein Güterbündel c' an, das dieselbe relative Zusammensetzung wie das Güterbündel c besitzt und proportional so gekürzt bzw. gestreckt wurde, daß es gerade das Nutzenniveau U erzeugt. Daher ist (7-9) gleichbedeutend mit folgenden Identitäten:

(7-10) $\nabla_x D(c,U) \equiv \hat{p}^w(c/D(c,U))$

(7-11) $\nabla_y D(c,U) \equiv \hat{q}^w(c/D(c,U))$

(7-12) $\nabla_z D(c,U) \equiv \hat{r}^w(c/D(c,U))$

Diese Zahlungsbereitschaften für ein auf ein bestimmtes Nutzenniveau hin skaliertes Güterbündel c' = [c/D(c,U)] lassen sich als Funktionen des Güterbündels c, das dieselbe relative Zusammensetzung wie c' besitzt, und des Nutzenniveaus U, das durch das Güterbündel c' erzeugt wird, ausdrücken. Bezeichnet man diese Funktionen (in Analogie zu den kompensierten Hicks-

Nachfragefunktionen) als ***kompensierte Zahlungsbereitschafts-funktionen***, so lassen sich diese definieren als

(7-13) $\bar{p}^w(c,U) \equiv \hat{p}^w(c/D(c,U))$

(7-14) $\bar{q}^w(c,U) \equiv \hat{q}^w(c/D(c,U))$

(7-15) $\bar{r}^w(c,U) \equiv \hat{r}^w(c/D(c,U))$.

Während das Shephard-Hanoch-Lemma besagt, daß im reinen Individualgutfall die partiellen Güterableitungen der Distanzfunktion gleich den kompensierten inversen Nachfragefunktionen sind, folgt aus unseren Überlegungen, daß im Haushaltsmodell mit Mengenrationierung und Kollektivgütern die ***partiellen Güterableitungen der Shephardschen Distanzfunktion gleich den kompensierten Zahlungsbereitschaftsfunktionen*** sind:

(7-16) $\nabla_x D(c,U) \equiv \bar{p}^w(c,U)$

(7-17) $\nabla_y D(c,U) \equiv \bar{q}^w(c,U)$

(7-18) $\nabla_z D(c,U) \equiv \bar{r}^w(c,U)$

Der Zusammenhang zu dem traditionellen Shephard-Hanoch-Lemma ist durch die im vorangegangenen Kapitel erläuterte Tatsache gegeben, daß die Zahlungsbereitschaftsfunktionen in einem Modell wie dem unseren gleich den inversen Nachfragefunktionen für den fiktiven Fall sind, daß der Konsument sämtliche Güter, also auch Rationierungs- und Kollektivgüter, unter Marktbedingungen erwirbt. Diese Überlegung führte uns zur Interpretation der Zahlungsbereitschaftsfunktionen als inverse Musgravesche Pseudonachfragefunktionen. Analog hierzu könnte man die kompensierten Zahlungsbereitschaftsfunktionen gemäß

(7-13) bis (7-15) als ***kompensierte inverse Pseudonachfragefunktionen*** bezeichnen.

Wegen der Linearhomogenität der Distanzfunktion in den Gütermengen folgt aus (7-16) bis (7-18), daß die kompensierten Zahlungsbereitschaftsfunktionen homogen vom Grade Null in den Gütermengen c sind.[6] Aus der Linearhomogenität der Distanzfunktion in c folgt ferner (wegen (7-16) bis (7-18) und wegen des Euler-Theorems), daß

$$(7\text{-}19) \qquad D(c,U) \equiv x \cdot \bar{p}^{w}(c,U) + y \cdot \bar{q}^{w}(c,U) + z \cdot \bar{r}^{w}(c,U) \quad ,$$

$$\text{wobei } c=[x,y,z] \quad .$$

Der Wert der Distanzfunktion an einer Stelle [c,U] ist somit gleich dem Produkt aus dem Gütervektor c und den Zahlungsbereitschaften für einen Gütervektor, der dieselbe Zusammensetzung wie c hat und das Nutzenniveau U erzeugt.

Interessiert man sich für die Ableitungseigenschaften der kompensierten Zahlungsbereitschaftsfunktionen, so muß man sich wegen (7-16) bis (7-18) den zweiten partiellen Güterableitungen der Distanzfunktion zuwenden. Die Hesse-Matrix der Distanzfunktion bezüglich der Gütermengen, d.h. die Matrix ihrer entsprechenden zweiten Ableitungen, ist die sogenannte ***Antonelli-Matrix***[7]. Die Elemente der Antonelli-Matrix A = A(c,U) an einer Stelle [c,U] sind wegen (7-16) bis (7-18) gleich den partiellen Güterableitungen der Zahlungsbereitschaftsfunktionen $\bar{p}^{w}(c,U)$, $\bar{q}^{w}(c,U)$ und $\bar{r}^{w}(c,U)$:

---

[6] Die partiellen Ableitungen einer vom Grade r homogenen Funktion sind homogen vom Grade (r-1) [siehe z.B. Silberberg (1990, S. 95)].

[7] Die Antonelli-Matrix und ihre Eigenschaften sind unter anderem in Deaton (1979, S. 394 ff.), Deaton-Muellbauer (1980, S. 57) und Ahlheim/Rose (1992, S. 291 ff.) ausführlich beschrieben.

$$(7-20)\qquad A(c,U) \equiv \begin{bmatrix} \nabla_c{}^T \bar{p}^w{}_1(c,U) \\ \cdot \\ \nabla_c{}^T \bar{p}^w{}_N(c,U) \\ \nabla_c{}^T \bar{q}^w{}_1(c,U) \\ \cdot \\ \nabla_c{}^T \bar{q}^w{}_M(c,U) \\ \nabla_c{}^T \bar{r}^w{}_1(c,U) \\ \cdot \\ \nabla_c{}^T \bar{r}^w{}_L(c,U) \end{bmatrix} \equiv \nabla_c{}^2 D(c,U)$$

Dabei bezeichnet beispielsweise $\nabla_c{}^T \bar{p}^w{}_1(c,U)$ den zum Zeilenvektor transponierten Gradienten der kompensierten Zahlungsbereitschaftsfunktion $\bar{p}^w{}_1(c,U)$ bezüglich sämtlicher Gütermengen $c = [x,y,z]$.

Wegen der zweimaligen stetigen Differenzierbarkeit der Distanzfunktion in den Gütermengen ist die Antonelli-Matrix als Hesse-Matrix der Distanzfunktion nach dem Satz von Young[8] symmetrisch. Das impliziert beispielsweise, daß die Zahlungsbereitschaft für ein bestimmtes Individualgut auf eine marginale Erhöhung der Menge eines Kollektivgutes genauso reagiert wie die Zahlungsbereitschaft für das Kollektivgut auf eine marginale Erhöhung der Menge des Individualgutes.

Die Linearhomogenität der Distanzfunktion in den Gütermengen bewirkt, daß die Antonelli-Matrix singulär ist, da ihre Zeilen durch die Gradienten der kompensierten Zahlungsbereitschaftsfunktionen, die ihrerseits homogen vom Grade Null in

---

[8] Nach dem Satz von Young ist die Hesse-Matrix einer zweimal stetig differenzierbaren Funktion symmetrisch [siehe z.B. Sydsæter (1981, S. 68)].

den Gütermengen sind, gebildet werden. Wegen des Euler-Theorems gilt daher

(7-21) $A(c,U)\cdot c = c\cdot A(c,U) = 0_{N+M+L}$,

wobei 0_{N+M+L} der N+M+L-dimensionale Nullvektor ist. Die Singularität der Antonelli-Matrix impliziert, daß sich die Gütermengenelastizitäten einer Zahlungsbereitschaftsfunktion zu Null addieren.

Aus der Konkavität der Distanzfunktion in den Gütermengen folgt, daß die Antonelli-Matrix negativ-semidefinit ist. Dies wiederum impliziert, daß die Elemente der Hauptdiagonalen der Antonelli-Matrix nicht positiv sein können, d.h.:

(7-22) $\partial\bar{p}_n/\partial x_n \leq 0 \quad (n=1,2,\ldots,N)$

(7-23) $\partial\bar{q}_m/\partial y_m \leq 0 \quad (m=1,2,\ldots,M)$

(7-24) $\partial\bar{r}_l/\partial z_l \leq 0 \quad (l=1,2,\ldots,L)$

Die Zahlungsbereitschaft für ein beliebiges Gut kann somit nicht steigen, wenn die von diesem Gut konsumierte Menge zunimmt.

Zusammenfassend kann man festhalten, daß die ***Antonelli-Matrix symmetrisch, singulär und negativ-semidefinit*** ist.

Ebenso, wie man mit Hilfe der Slutsky-Effekte, also der kompensierten Kreuzpreiseffekte, entscheiden kann, ob zwei Güter im Hicksschen Sinne (preis-)substitutional oder (preis-)komplementär zueinander sind, kann man auf der Basis derjenigen Elemente der Antonelli-Matrix, die nicht auf der Hauptdiagonalen liegen, zwischen Mengen-Substitutionalität und Mengen-Komplementarität unterscheiden. Zwei Güter werden als mengen-substitutional zueinander bezeichnet, wenn die entsprechenden kompensierten Kreuzmengeneffekte A_{ij} negativ sind, d.h., wenn die Wertschätzung für das eine Gut mit zunehmender Menge des anderen Gutes nachläßt. Umgekehrt sind zwei Güter mengen-komplementär zueinander, wenn ihre Kreuzmengeneffekte positiv sind, so daß die Wertschätzung für das eine Gut mit zunehmender Menge des anderen Gutes zunimmt.[9] Offensichtlich sind Mengen-Komplementarität und Preis-Komplementarität bzw. Mengen-Substitutionalität und Preis-Substitutionalität nicht äquivalent, da sie unter unterschiedlichen Voraussetzungen definiert sind.[10]

Die Identitäten (7-13) bis (7-15) stellen einen unmittelbaren Zusammenhang zwischen kompensierten und nichtkompensierten Zahlungsbereitschaftsfunktionen her. Einen analogen Zusammenhang zwischen den partiellen Ableitungen dieser Funktionen nach den Gütermengen erhält man in Form der sogenannten Antonelli-Gleichung[11] durch partielles Differenzieren der Identitäten (7-13) bis (7-15). Leitet man beispielsweise eine der Identitäten (7-13) nach einer beliebigen Individualgütermenge x_i ab, so erhält man bei Berücksichtigung der Ablei-

---

[9] Dies entspricht den Hicksschen (1956, S. 156) Definitionen seiner "q-substitutes" und "q-complements". Mosak (1944, S. 45-47) bezeichnet die Preis-Substitutionalität als "direkte Substitutionalität" und Mengen-Substitutionalität als "inverse Substitutionalität" (analog für Komplementarität). Eine ausführliche Untersuchung des Verhältnisses von Preis- und Mengensubstitutionalität bzw. -komplementarität findet sich auch bei Madden (1991), insbesondere auf den Seiten 1054 ff..

[10] Dies wird deutlich, wenn man das betrachtete Modell auf den Zwei-Güter-Fall reduziert: Wegen der gleichzeitigen Negativ-Semidefinitheit und Singularität der Slutsky-Matrix müssen die beiden Güter preis-substitutional zueinander sein, während die entsprechenden Eigenschaften der Antonelli-Matrix Mengen-Komplementarität zwischen diesen Gütern impliziert. Also müssen beide Eigenschaften miteinander vereinbar sein.

[11] Diese Beziehung ist nach Antonelli (1886) benannt. Ausführliche Darstellungen der Antonelli-Gleichung und ihrer ökonomischen Implikationen finden sich u.a. in Ahlheim (1988) und Ahlheim/Rose (1992). Eine zu dem hier gewählten Vorgehen alternative Herleitung der Antonelli-Gleichung bietet Anderson (1980).

tungseigenschaften der Distanzfunktion gemäß (7-16) bis (7-18):

$$(7\text{-}25)\qquad \frac{\partial \bar{p}^w_n}{\partial x_i} = \sum_{j=1}^{N+M+L} \frac{\partial \hat{p}^w_n}{\partial c_j'} \cdot \frac{\partial c_j'}{\partial x_i}$$

$$= \frac{\partial \hat{p}^w_n}{\partial x_i'} \cdot \frac{1}{D(c,U)} + \sum_{j=1}^{N+M+L} \frac{\partial \hat{p}^w_n}{\partial c_j'} \cdot \left[\frac{-c_j \hat{p}^w_i}{D(c,U)^2}\right]$$

$$(i,n=1,2,\dots,N)$$

mit $c_j' = c_j/D(c,U)$ und $\hat{p}^w_n = p^w_n/I$.

Die Variablen c_j' bezeichnen für $j=1,2,\dots,N$ die Individualgütermengen x_n', für $j=N+1,N+2,\dots,N+M$ die Rationierungsmengen y_m' und für $j=N+M+1,N+M+2,\dots,N+M+L$ die Mengen z_l' der Kollektivgüter.

Betrachtet man diese Identität für solche Güterbündel, die gerade das Nutzenniveau U erzeugen, so daß definitionsgemäß $D(c,U) = 1$ und somit $c' = c$ gilt, so wird (7-25) nach geeigneter Umformung zu

$$(7\text{-}26)\qquad \frac{\partial \hat{p}^w_n}{\partial x_i} = \frac{\partial \bar{p}^w_n}{\partial x_i} + \hat{p}^w_i \cdot \sum_{j=1}^{N+M+L} \frac{\partial \hat{p}^w_n}{\partial c_j} \cdot c_j \qquad (n,i=1,2,\dots,N).$$

Aus (7-13) ist ersichtlich, daß der Summenterm auf der rechten Seite nichts anderes als das Negative der Ableitung von $\hat{p}^w_n(c/D(c,U))$ nach D ist, so daß (7-26) auch umgeformt werden kann zu

$$(7\text{-}27)\qquad \frac{\partial \hat{p}^w_n}{\partial x_i} = \frac{\partial \bar{p}^w_n}{\partial x_i} - \hat{p}^w_i \frac{\partial \hat{p}^w_n}{\partial D} \qquad (n,i=1,2,\dots,N)\ .$$

Die Identitäten (7-26) und (7-27) sind zwei äquivalente Versionen der ***Antonelli-Gleichung***, wobei (7-27) die ökonomische Interpretation dieser Beziehung erleichtert: In Analogie zur Slutsky-Gleichung zerlegt die Antonelli-Gleichung den Gesamteffekt einer Gütermengenänderung auf die einkommensnormierte Zahlungsbereitschaft des betrachteten Konsumenten in den ***inversen Substitutionseffekt*** $\partial \bar{p}^w_n / \partial x_i$, also die Reaktion der Zahlungsbereitschaft auf die Gütermengenänderung bei Konstanz des Nutzenniveaus, und den sogenannten ***Skaleneffekt*** $(-\hat{p}^w_i \cdot (\partial \hat{p}^w_n / \partial D))$, d.h. die Reaktion der Zahlungssbereitschaft für das n-te Individualgut auf eine proportionale Erhöhung sämtlicher Gütermengen.[12]

Der eigentliche Zweck der Antonelli-Gleichung, die Darstellung der partiellen Güterableitungen der kompensierten Zahlungsbereitschaften mit Hilfe der entsprechenden Ableitungen der nichtkompensierten Zahlungsbereitschaften wird durch die Identität (7-26) erfüllt. So kann man aus (7-26) durch Umstellen und geeignete Erweiterung die ***Elastizitätsform der Antonelli-Gleichung***

$$(7\text{-}28) \qquad \frac{\partial \bar{p}^w_n}{\partial x_i} \cdot \frac{x_i}{\hat{p}^w_n} = \frac{\partial \hat{p}^w_n}{\partial x_i} \cdot \frac{x_i}{\hat{p}^w_n} - \hat{p}^w_i x_i \cdot \sum_{j=1}^{N+M+L} \frac{\partial \hat{p}^w_n}{\partial c_j} \cdot \frac{c_j}{\hat{p}^w_n} ,$$

erhalten. Liegen nun durch entsprechende Befragungen Daten über die Mengenelastizitäten der nichtkompensierten Zahlungsbereitschaftsfunktionen $\hat{p}^w$ vor, so kann von diesen auf die entsprechenden Elastizitäten der kompensierten Zahlungsbereitschaftsfunktionen $\bar{p}^w$ geschlossen werden. Dies ist immer dann von Bedeutung, wenn im Rahmen von Wohlfahrtsmessungen An-

---

[12] Eine ausführliche Darstellung und Interpretation der Antonelli-Gleichung findet sich in Ahlheim (1988) und in Ahlheim/Rose (1992, S. 292-298).

derungen des Wertes der Distanzfunktion approximativ oder auch exakt empirisch berechnet werden sollen.[13]

Die bisherige Darstellung der Antonelli-Gleichung beschränkte sich wegen der größeren Übersichtlichkeit auf die Betrachtung der Individualgüter. Selbstverständlich gelten analoge Zusammenhänge für sämtliche Güter unseres Modells, so daß sich die anschaulichere Version (7-27) der ***Antonelli-Gleichung in allgemeiner Form*** darstellen läßt als

$$(7\text{-}29)\quad \begin{bmatrix} \nabla\hat{p}^{w}(c) \\ \nabla\hat{q}^{w}(c) \\ \nabla\hat{r}^{w}(c) \end{bmatrix} = A(c,U) - \begin{bmatrix} \frac{\partial\hat{p}^{w}}{\partial D}(c) \\ \frac{\partial\hat{q}^{w}}{\partial D}(c) \\ \frac{\partial\hat{r}^{w}}{\partial D}(c) \end{bmatrix} \cdot \left[\hat{p}^{w}(c)^{T}, \hat{q}^{w}(c)^{T}, \hat{r}^{w}(c)^{T}\right] \qquad \text{mit } U=u(c),$$

wobei A(c,U) die Antonelli-Matrix an der Stelle [c,U] ist und die übrige Notation den im Anhang getroffenen Konventionen entspricht.[14]

---

[13] Solche Berechnungsverfahren werden z.B. in Ahlheim/Rose (1992, S. 181 ff.) und in Ahlheim/Wagenhals (1988) ausführlich dargestellt.

[14] Der Term auf der linken Seite bezeichnet die Jacobi-Matrix des Systems der nichtkompensierten Zahlungsbereitschaften; es folgt die Antonelli-Matrix und sodann der N+M+L-dimensionale Spaltenvektor der Ableitungen sämtlicher Zahlungsbereitschaftsfunktionen nach D sowie der N+M+L-dimensionale Zeilenvektor der Zahlungsbereitschaften in dem betrachteten Haushaltsgleichgewicht. Das Produkt der beiden letztgenannten Vektoren erzeugt die (N+M+L)x(N+M+L)-Matrix der Skaleneffekte.

Bisher wurde untersucht, wie sich die traditionelle nichtrationierte Distanzfunktion in unser erweitertes Haushaltsmodell mit Rationierungs- und Kollektivgütern einfügt. Es zeigte sich, daß sie ohne spezielle Anpassungen ihrer funktionalen Form an die besonderen Nachfrageverhältnisse des Modells in der Lage ist, die Präferenzordnung des Konsumenten vollständig darzustellen. Darüber hinaus ergab sich, daß die partiellen Ableitungen der Distanzfunktion nach den Konsumgütermengen gleich den entsprechenden (normierten) kompensierten Zahlungsbereitschaftsfunktionen bzw. gleich den inversen kompensierten Musgraveschen Pseudonachfragefunktionen nach diesen Gütern sind.

Während die nichtrationierte Distanzfunktion somit in theoretischer Hinsicht befriedigend ist in dem Sinne, daß sie eine Bewertung beliebiger Güterbündel in Übereinstimmung mit der Präferenzordnung des Konsumenten gestattet und einen Zusammenhang zu seinen marginalen Zahlungsbereitschaften herstellt, so hat sie unter empirischen Gesichtpunkten jedoch einen entscheidenden Mangel: Da die Distanzfunktion (genau wie die Nutzenfunktion) nicht unmittelbar beobachtet werden kann, ist man darauf angewiesen, sie im Rahmen empirischer Analysen entweder (exakt) durch Integration ihrer partiellen Ableitungen oder (approximativ) über eine Taylor-Entwicklung, in jedem Fall aber auf der Basis ihrer partiellen Ableitungen zu berechnen. Unglücklicherweise sind jedoch, wie gezeigt wurde, die partiellen Ableitungen der Distanzfunktion nach den Gütermengen identisch mit den Zahlungsbereitschaftsfunktionen, die empirisch nicht beobachtbar sind, da sie sich auf eine fiktive Situation beziehen, in der sämtliche Güter unter Marktbedingungen gehandelt werden. Daher ist es in einer Ökonomie mit Mengenrationierung und mit Kollektivgütern nicht möglich, die klassische Shephardsche Distanzfunktion auf der Basis empirischer Beobachtungen der Markthandlungen eines Konsumenten zu berechnen. Da genau dies aber die Grundlage jeder sinnvollen Wohlfahrtsanalyse ist, soll im folgenden eine abgewandelte Version der Shephardschen Distanzfunktion entwickelt werden, die auch unter den hier gegebenen Umständen für empirische Wohlfahrtsanalysen verwendbar ist.

7.2 Die rationierte Distanzfunktion

Die dem Konzept der rationierten Distanzfunktion zugrunde liegende Idee ist denkbar einfach: Statt wie bei der nichtrationierten Shephardschen Distanzfunktion sämtliche Elemente des Gütervektors c so zu skalieren, daß der daraus resultierende Gütervektor c' gerade auf der Indifferenzkurve für das Referenznutzenniveau U liegt, werden hier nur die Individual- und Rationierungsgüter, also die potentiell marktfähigen Güter, dieser Skalierung unterworfen, während der Vektor der Kollektivgütermengen unverändert bleibt.

Zur Vereinfachung der Notation liegt es nahe, die Individual- und Rationierungsgütermengen zu einem gemeinsamen Vektor

(7-30) $s = [x,y]$

zusammenzufassen, so daß der Gesamtkonsumvektor c ausgedrückt werden kann als

(7-31) $c = [s,z]$.

Da sowohl Individual- als auch Rationierungsgüter im Gegensatz zu den Kollektivgütern von ihren Gutseigenschaften her potentiell marktfähig sind, werden sie im folgenden zur Vereinfachung des Sprachgebrauchs zusammenfassend als "Quasimarktgüter" bezeichnet.

Definiert man nun die ***rationierte Distanzfunktion*** als

(7-32) $d(s,z,U) = \max_{\sigma \in \Omega(s,z,U)} \sigma$

$$\text{mit } Q(s,z,U) = \{\sigma \,|\, \sigma \epsilon R^{++},\quad u(s/\sigma,z) \geq U\} \quad ,$$

so ist der Wert dieser Funktion an einer Stelle [s,z,U] gleich dem maximalen positiven Skalar σ, durch den man den Quasimarktgütervektor s dividieren kann, so daß der Gesamtkonsumvektor [s/σ,z] gerade das Nutzenniveau U erzeugt. Die Funktion d(s,z,U) verhält sich bezüglich der Variablen s und U wie eine traditionelle Distanzfunktion. Die Mengen der Kollektivgüter werden als Parameter berücksichtigt, da die zur Realisierung eines bestimmten Nutzenniveaus U mit einem Quasimarktgüterbündel s notwendige Skalierung ja auch von den konsumierten Mengen der ebenfalls Nutzen erzeugenden Kollektivgüter abhängt.

Da sowohl die Individual- als auch die Rationierungsgüter der Skalierung unterliegen, sieht die graphische Darstellung der Distanzfunktion im Individual- und Rationierungsgüterraum genauso aus wie in Abbildung 7-1. Faßt man jedoch die potentiell marktfähigen Güter zu einem Hicksschen "composite commodity" s und die Kollektivgüter zu einem (ebenfalls zusammengesetzten) Gut z zusammen, so läßt sich die Distanzfunktion im s,z-Raum gemäß Abbildung 7-2 darstellen: Man unterstellt, daß eine bestimmte Kollektivgutmenge z vom Staat bereitgestellt wird, so daß der Konsument den Gütervektor [s,z] konsumiert. Um nun den Wert der Distanzfunktion für dieses Güterbündel [s,z] und für das Nutzenniveau U zu bestimmen, wird das Güterbündel [s,z] entlang einer Parallelen zur s-Achse im Abstand z vom Ursprung so gestaucht oder gestreckt, daß der aus dieser Skalierung resultierende Gütervektor [s',z] auf der Indifferenzkurve für das Nutzenniveau U liegt und somit exakt das Nutzenniveau U erzeugt. Das Größenverhältnis zwischen dem ursprünglichen Quasimarktgüter"vektor" s und dem skalierten Quasimarktgüter"vektor" s' ist gleich dem Wert der Distanzfunktion an der Stelle [s,z,U]. D.h.,

(7-33) $$d(s,z,U) = \frac{\|s\|}{\|s'\|} ,$$

so daß

(7-34) $$s' \equiv \frac{s}{d(s,z,U)} .$$

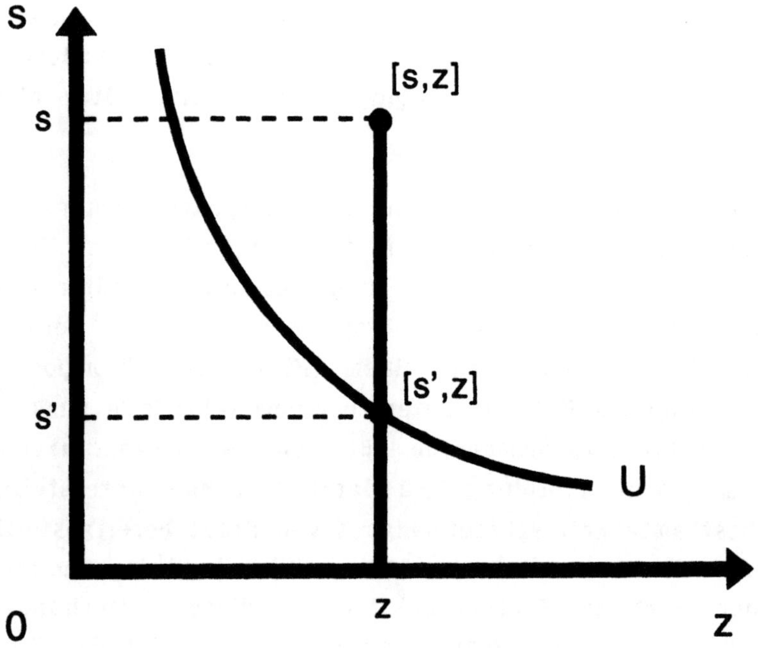

- Abb. 7-2 -

Für das auf das Nutzenniveau U hin skalierte Güterbündel [s',z] nimmt die direkte Nutzenfunktion definitionsgemäß den Wert U an, so daß

$$\text{(7-35)} \qquad u\left(\frac{s}{d(s,z,U)}, z\right) \equiv U \quad .$$

Aus der Definition der rationierten Distanzfunktion folgt ferner, daß der Wert der Distanzfunktion für das Nutzennievau, das durch das Güterbündel [s,z] erzeugt wird, gleich eins ist:

$$\text{(7-36)} \qquad d(s,z,u(s,z)) \equiv 1 \quad .$$

Für Güterbündel, die oberhalb der Indifferenzkurve für das Nutzennieveau U liegen, nimmt die Distanzfunktion dagegen einen Wert größer als eins und für Güterbündel, die unterhalb dieser Indifferenzkurve liegen, einen Wert kleiner als eins an. Daher gilt der folgende elementare Zusammenhang zwischen dem Wert der Distanzfunktion und dem Wert der direkten Nutzenfunktion:

$$\text{(7-37)} \qquad d(s,z,U) \begin{smallmatrix} > \\ = \\ < \end{smallmatrix} 1 \iff u(s,z) \begin{smallmatrix} > \\ = \\ < \end{smallmatrix} U$$

Die rationierte Distanzfunktion hat bezüglich der Quasimarktgütermengen x und y, die ja der Skalierung unterliegen, dieselben Eigenschaften wie die Shephardsche Distanzfunktion. In Bezug auf die nichtskalierten Kollektivgütermengen z dagegen verhält sie sich wie eine diekte Nutzenfunktion. Ihre Eigenschaften lassen sich folgendermaßen zusammenfassen:

(7-38) Die rationierte Distanzfunktion d(s,z,U) ist für $s \epsilon \mathbb{R}^{(N+M)++}$, $z \epsilon \mathbb{R}^{L++}$ und $U \epsilon \mathbb{R}^{++}$

a) stetig und streng monoton abnehmend in U
b) monoton zunehmend, linear homogen, konkav und zweimal stetig differenzierbar in s
c) streng monoton zunehmend, streng quasikonkav und zweimal stetig differenzierbar in z

Die Tatsache, daß die rationierte Distanzfunktion streng monoton abnehmend im Nutzenniveau U ist, läßt sich anhand der

Abbildungen 7-1 und 7-2 leicht erläutern. Vereinfacht ausgedrückt mißt die Distanzfunktion den Abstand des Quasimarktgüterbündels s von der Indifferenzkurve für das Nutzenniveau U. Eine Erhöhung dieses Nutzenniveaus bedeutet ceteris paribus, daß die Indifferenzkurve näher an das Güterbündel s heranrückt, so daß der durch den Wert der Distanzfunktion ausgedrückte Abstand zwischen diesem Güterbündel und der Indifferenzkurve abnimmt.

Umgekehrt bedeutet die Erhöhung einer der Quasimarktgütermengen, daß sich das Güterbündel s weiter von der Indifferenzkurve für das Nutzenniveau U entfernt, so daß der Wert der Distanzfunktion nicht abnehmen kann. Daher ist die Distanzfunktion monoton zunehmend in den Quasimarktgütermengen s. Werden sämtliche Gütermengen s proportional erhöht, so ändert sich der Abstand von der Indifferenzkurve für das Nutzenniveau U selbstverständlich in derselben Proportion, so daß die Distanzfunktion linear homogen in den Quasimarktgütermengen s sein muß. Während es sich bei der Konkavität und der zweimal stetigen Differenzierbarkeit um eher technische Eigenschaften handelt, läßt sich die Tatsache, daß die Distanzfunktion streng monoton zunehmend in den Kollektivgütermengen z ist, anhand von Abbildung 7-1 auch intuitiv veranschaulichen: Wird eine der Kollektivgütermengen erhöht, so steigt bei sonst unveränderten Gütermengen das realisierte Nutzenniveau. Dies bedeutet aber, daß man zur Realisierung des ursprünglichen (niedrigeren) Nutzenniveaus U jetzt geringere Mengen der Quasimarktgüter s benötigt, wodurch die Indifferenzkurve für das Nutzenniveau U in Abbildung 7-1 jetzt näher an den Ursprung heranrückt, so daß ihr Abstand von dem unverändert gebliebenen Quasimarktgüterbündel [s,z] und damit auch der Wert der rationierten Distanzfunktion zunimmt. Zu demselben Ergebnis gelangt man, wenn man in Abbildung 7-2 die Kollektivgütermenge z bei Konstanz der Quasimarktgütermenge s erhöht, so daß der Konsumpunkt [s,z] parallel zur z-Achse nach rechts rückt: Auch hier nimmt der senkrechte Abstand dieses Konsumpunktes zur Indifferenzkurve für das Nutzenniveau U und damit der Skalierungsfaktor σ zu.

Die strenge Quasikonkavität der rationierten Distanzfunktion in den Kollektivgütermengen z ist wiederum rein technisch bedingt und wird, da sie nicht so bekannt ist wie die übrigen Eigenschaften, im Anhang zu diesem Kapitel mathematisch bewiesen.

Wir wenden uns nun den Ableitungseigenschaften der rationierten Distanzfunktion zu. Differenziert man die definitorische Identität (7-35) bezüglich der Quasimarktgütermengen s, so erhält man bei Berücksichtigung der Definition (7-34) des skalierten Güterbündels s':

$$\text{(7-39)} \qquad \nabla_s d(s,z,U) \equiv \frac{\nabla_s u(s',z)}{s' \cdot \nabla_s u(s',z)} \equiv \frac{\nabla_s u(s/d(s,z,U),z)}{[s/d(s,z,U)] \cdot \nabla_s u(s/d(s,z,U),z)}$$

Ein Vergleich mit den Ergebnissen des letzten Kapitels zeigt, daß es sich bei der rechten Seite von (7-39) offensichtlich um die nichtrationierten inversen Nachfragefunktionen gemäß (6-19) und (6-20) handelt, und zwar bezogen auf das skalierte Güterbündel s' = s/d(s,z,U). Der Gradient der rationierten Distanzfunktion drückt somit die inverse Nachfrage des Konsumenten als Funktion der Gütermengenvariablen [s,z] und des Nutzenniveaus U aus. Daher handelt es sich hier offensichtlich um die ***nichtrationierten inversen kompensierten Nachfragefunktionen***, die durch die Identitäten

$$\text{(7-40)} \qquad \bar{p}(s,z,U) \equiv \hat{p}(s/d(s,z,U),z)$$

$$\text{(7-41)} \qquad \bar{q}(s,z,U) \equiv \hat{q}(s/d(s,z,U),z)$$

mit den unkompensierten inversen Marktnachfragefunktionen gemäß (6-19) und (6-20) verbunden sind.

Die partiellen Ableitungen der Distanzfunktion an einer Stelle [s,z,U] bezüglich der Quasimarktgütermengen x und y sind somit gleich den entsprechenden nichtrationierten inversen Nachfragefunktionen für ein Güterbündel, dessen Quasimarktgütermengenvektor s' dieselbe relative Zusammensetzung besitzt wie der Vektor s und zusammen mit den Kollektivgütermengen z das Nutzenniveau U erzeugt. Diesen Zusammenhang kann man auch als ***rationierte Version des Shephard–Hanoch–Lemmas*** mit

(7–42) $\nabla_x d(s,z,U) \equiv \bar{p}(s,z,U)$

(7–43) $\nabla_y d(s,z,U) \equiv \bar{q}(s,z,U)$

bezeichnen. Diese Version des Shephard–Hanoch–Lemmas stellt einen Zusammenhang zwischen der rationierten Distanzfunktion einerseits und dem ***nichtrationierten*** Nachfrageverhalten des Konsumenten, ausgedrückt durch seine nichtrationierten inversen Nachfragefunktionen, her. Dieses nichtrationierte Nachfrageverhalten ist im Gegensatz zu den Zahlungsbereitschaften gemäß (7–16) und (7–17), die sich ja auf eine fiktive Nachfragesituation beziehen, zumindest potentiell empirisch beobachtbar – immer dann nämlich, wenn für die betreffenden Rationierungsgüter entweder ein nichtrationierter "Parallelmarkt" existiert, oder wenn historische Nachfragedaten aus der Zeit vor der Rationierung vorliegen. In diesen Fällen besteht, wie in Teil II gezeigt wird, die Möglichkeit, von dem nichtrationierten unkompensierten (und damit empirisch beobachtbaren) Verhalten des Konsumenten auf seine nicht rationierten kompensierten inversen Nachfragefunktionen und von diesen auf seine rationierte Distanzfunktion zu schließen. Dieser Zusammenhang zwischen dem empirisch beobachtbaren Nachfrageverhalten eines Konsumenten einerseits und seiner rationierten Distanzfunktion als einer Funktion zur Beschreibung seiner Präferenzordnung andererseits macht die Bedeutung der rationierten Distanzfunktion für die Wohlfahrtmessung aus.

Differenziert man die Identität (7-36) bezüglich der Kollektivgütermengen z, so zeigt sich, daß der entsprechende Gradient der rationierten Distanzfunktion mit

$$(7\text{-}44) \qquad \nabla_z d(s,z,U) = \frac{\nabla_z u(s/d(s,z,U),z)}{[s/d(s,z,U)] \cdot \nabla_s u(s/d(s,z,U),z)} \cdot d(s,z,U)$$

$$= \bar{r}(s,z,U)$$

eine (mit dem Faktor d(s,z,U)) skalierte Form kompensierter Schattenpreisfunktionen für Kollektivgüter $\bar{r}(s,z,U)$ ergibt. Eine unmittelbare Interpretation im Hinblick auf empirisch beobachtbare Größen wie bei den Individual- und Rationierungsgütern bietet sich hier jedoch nicht an.

Die wesentlichen Eigenschaften der inversen kompensierten Nachfragefunktionen gemäß (7-40) und (7-41) lassen sich aus den Eigenschaften der ***rationierten Antonelli-Matrix***

$$(7\text{-}45) \qquad B(s,z,U) = \begin{bmatrix} \nabla_s{}^T \bar{p}_1(s,z,U) \\ \cdot \\ \nabla_s{}^T \bar{p}_N(s,z,U) \\ \nabla_s{}^T \bar{q}_1(s,z,U) \\ \cdot \\ \nabla_s{}^T \bar{q}_M(s,z,U) \end{bmatrix} = \nabla_s{}^2 d(s,z,U)$$

ableiten, die diese ja wegen des rationierten Shephard-Hanoch-Lemmas gemäß (7-42) und (7-43) gleich der Hesse-Matrix der rationierten Distanzfunktion bezüglich der Quasimarktgütermengen x und y ist.

Wegen der zweimal stetigen Differenzierbarkeit der rationierten Distanzfunktion bezüglich x und y gemäß (7-38) ist die rationierte Antonelli-Matrix B symmetrisch, so daß auch die entsprechenden ***Mengenableitungen der kompensierten inversen Nachfragefunktionen*** $\bar{p}(s,z,U)$ und $\bar{q}(s,z,U)$ ***symmetrisch*** sind:

$$\text{(7-46)} \quad \frac{\partial \bar{p}_n}{\partial x_j}(s,z,U) = \frac{\partial \bar{p}_j}{\partial x_n}(s,z,U) \qquad (j,n=1,2,\ldots,N)$$

$$\text{(7-47)} \quad \frac{\partial \bar{p}_n}{\partial y_m}(s,z,U) = \frac{\partial \bar{q}_m}{\partial x_n}(s,z,U) \qquad (n=1,2,\ldots,N;\ m=1,2,\ldots,M)$$

$$\text{(7-48)} \quad \frac{\partial \bar{q}_m}{\partial y_j}(s,z,U) = \frac{\partial \bar{q}_j}{\partial y_m}(s,z,U) \qquad (j,m=1,2,\ldots,M)$$

Aus der Konkavität der rationierten Distanzfunktion in den Quasimarktgütermengen x und y folgt, daß die rationierte Antonelli-Matrix negativ-semidefinit ist. Dies impliziert, daß die Eigenmengenableitungen der kompensierten inversen Nachfragefunktionen nicht postiv sein können:

$$\text{(7-49)} \quad \frac{\partial \bar{p}_n}{\partial x_n}(s,z,U) \leq 0 \qquad (n=1,2,\ldots,N)$$

$$\text{(7-50)} \quad \frac{\partial \bar{q}_m}{\partial y_m}(s,z,U) \leq 0 \qquad (m=1,2,\ldots,M)$$

Wegen der Linearhomogenität der rationierten Distanzfunktion in den Quasimarktgütermengen x und y sind die entsprechenden ***kompensierten inversen Nachfragefunktionen homogen vom Grade Null*** in diesen Gütermengen mit

$$\text{(7-51)} \quad \bar{p}(\alpha s,z,U) = \bar{p}(s,z,U) \qquad (\alpha>0)$$

$$\text{(7-52)} \quad \bar{q}(\alpha s,z,U) = \bar{q}(s,z,U) \qquad (\alpha>0) \quad ,$$

und die rationierte Antonelli-Matrix ist dann wegen des Euler-Theorems singulär:

(7-53) $$B(s,z,U)\cdot s = s\cdot B(s,z,U) = 0_{N+M}$$

Zusammenfassend kann man somit festhalten, daß auch die ***rationierte Antonelli-Matrix symmetrisch, negativ-semidefinit und singulär*** ist.

Analog zu der auf der Shephardschen Distanzfunktion basierenden Antonelli-Gleichung (7-29) läßt sich durch partielles Differenzieren der Identitäten (7-40) und (7-41) bezüglich der Quasimarktgütermengen eine rationierte Version der Antonelli-Gleichung herleiten. Um die Notation nicht allzu verwirrend zu gestalten, sei die ***rationierte Antonelli-Gleichung*** im folgenden für die vier denkbaren Ableitungsfälle jeweils einzeln aufgeführt:

(7-54) $$\frac{\partial \bar{p}_n}{\partial x_j} = \frac{\partial \hat{p}_n}{\partial x_j} - \hat{p}_j \cdot \sum_{i=1}^{N+M} \frac{\partial \hat{p}_n}{\partial s_i}\cdot s_i \qquad (n,j=1,2,\ldots,N)$$

(7-55) $$\frac{\partial \bar{p}_n}{\partial y_m} = \frac{\partial \hat{p}_n}{\partial y_m} - \hat{q}_m \cdot \sum_{i=1}^{N+M} \frac{\partial \hat{p}_n}{\partial s_i}\cdot s_i \qquad (n=1,2,\ldots,N;\ m=1,2,\ldots,M)$$

(7-56) $$\frac{\partial \bar{q}_m}{\partial x_n} = \frac{\partial \hat{q}_m}{\partial x_n} - \hat{p}_n \cdot \sum_{i=1}^{N+M} \frac{\partial \hat{q}_m}{\partial s_i}\cdot s_i \qquad (m=1,2,\ldots,M;\ n=1,2,\ldots,N)$$

(7-57) $$\frac{\partial \bar{q}_m}{\partial y_j} = \frac{\partial \hat{q}_m}{\partial y_j} - \hat{q}_j \cdot \sum_{i=1}^{N+M} \frac{\partial \hat{q}_m}{\partial s_i}\cdot s_i \qquad (j,m=1,2,\ldots,M)$$

mit $s_i = x_i$ für $i=1,2,\ldots,N$
$s_i = y_m$ für $i=N+m$ $(m=1,2,\ldots,M)$

Die rationierte Antonelli-Gleichung stellt den Zusammenhang zwischen den partiellen Güterableitungen der kompensierten und der unkompensierten inversen Marktnachfragefunktionen des betrachteten Konsumenten her. Dieser Zusammenhang ist für die empirische Arbeit von Bedeutung, da die unkompensierten inversen Nachfragefunktionen im Gegensatz zu den kompensierten inversen Nachfragefunktionen empirisch beobachtbar sind, während der theoretische Schluß von dem Marktverhalten des Konsumenten auf seine rationierte Distanzfunktion (und damit auf seine Präferenzordnung) nur über die kompensierten inversen Nachfragefunktionen möglich ist. Für die empirische Arbeit z.B. im Rahmen von Wohlfahrtsanalysen stellt daher die Antonelli-Gleichung eine Art "Schnittstelle" zwischen beiden Nachfragesystemen dar.

Die in diesem Kapitel vorgestellte Version der Distanzfunktion, bei der nur die Mengen der Individual- und Rationierungsgüter auf ein bestimmtes Nutzenniveau hin skaliert werden, hat den Vorteil, daß sie über das Shephard-Hanoch-Lemma mit einer tatsächlichen Entscheidungssituation des Haushalts verbunden ist und nicht mit einer fiktiven Situation wie die allgemeine Shephardsche Distanzfunktion. Voraussetzung für die Nutzbarkeit dieses Vorteils für die empirische Arbeit ist das Vorliegen von Nachfragedaten aus der Zeit vor der Einführung der Mengenrationierung oder von sogenannten "Parallelmärkten", auf denen die Rationierungsgüter unter Marktbedingungen, d.h. ohne Mengenrestriktion aber auch ohne Preisvergünstigung, gehandelt werden. In diesen Fällen kann von den empirisch beobachtbaren nichtrationierten inversen Marktnachfragefunktionen nach Individual- und Rationierungsgütern über die entsprechenden kompensierten inversen Nachfragefunktionen auf die rationierte Distanzfunktion und damit auf die Präferenzordnung des betrachteten Haushalts geschlossen werden. Dieses Verfahren ist z.B. bei der Messung der Wohlfahrtseffekte relevant, die durch eine Änderung der Rationierungsmengen oder -preise verursacht werden, wie dies etwa im Rahmen von sozialen Hilfsprogrammen geschieht.

In allen Fällen, in denen keine Daten über das nichtrationierte Nachfrageverhalten des Haushalts vorliegen, kann die rationierte Distanzfunktion ebensowenig zur Wohlfahrtsmessung eingesetzt werden wie die allgemeine Shephardsche Distanzfunktion. Im folgenden soll nun eine Version der Distanzfunktion vorgestellt werden, die auch in solchen Fällen zur Wohlfahrtsmessung eingesetzt werden kann, in denen nur Daten über die rationierten Nachfragefunktionen nach Individualgütern, d.h. über das Nachfrageverhalten des Konsumenten auf den Individualgütermärkten bei Existenz von Rationierungs- und Kollektivgütern, vorliegen. Selbstverständlich können mit den auf einer solchen Funktion beruhenden Wohlfahrtsmaßen nur staatliche Maßnahmen bewertet werden, deren Auswirkungen sich ausschließlich auf die Individualgütermärkte beziehen.

7.3 Die partielle Distanzfunktion

Die Motivation für die Definition der partiellen Distanzfunktion besteht also darin, auch für Fälle, in denen keine nichtrationierten Nachfragedaten für die rationierten Güter vorliegen, einen Weg von dem Nachfrageverhalten des Konsumenten, das jetzt nur auf den Individualgütermärkten beobachtbar ist, zu der Distanzfunktion und damit zu seiner Präferenzordnung zu finden. Während die allgemeine Shephardsche Distanzfunktion, bei der sämtliche Gütermengen $c = [x,y,z]$ auf ein bestimmtes Nutzenniveau hin skaliert werden, über das Shephard-Hanoch-Lemma mit den Zahlungsbereitschaftsfunktionen verbunden ist, die sich auf eine fiktive Nachfragesituation beziehen, erhält man durch Differenzieren der rationierten Distanzfunktion, bei der nur die Individual- und Rationierungsgüter $s = [x,y]$ skaliert werden, mit den nichtrationierten Nachfragefunktionen des Konsumenten für diese Güter eine Verbindung zu seinem tatsächlichen Marktverhalten in einer nichtrationierten Situation. Bei der nun zu definierenden partiellen Distanzfunktion, bei der nur noch der Individualgütermengenvektor x skaliert wird, führt das Shephard-Hanoch-Lemma zu den rationierten inversen Nachfragefunktionen nach Individualgütern und damit wieder zu tatsächlich beobachtbaren Markthandlungen des Konsumenten, wie weiter unten gezeigt wird. Die übrigen Eigenschaften der partiellen Distanzfunktion können in völliger Analogie zu den entsprechenden Eigenschaften der rationierten Diostanzfunktion betrachtet werden, so daß die Darstellung der partiellen Distanzfunktion relativ kurz gehalten werden kann.

Zur Vereinfachung der Notation seien zunächst wieder die nicht-skalierten Rationierungs- und Kollektivgütermengen zu einem gemeinsamen Vektor

(7-58) $t = [y,z]$

zusammengefaßt, so daß

(7-59) $c = [x,t]$

gilt. Dann kann die ***partielle Distanzfunktion*** in Analogie zur rationierten Distanzfunktion als

(7-60) $$\delta(x,t,U) = \max_{\sigma\varepsilon\Theta(x,t,U)} \sigma$$

$$\text{mit } \Theta(x,t,U) = \{\sigma \mid \sigma\varepsilon R^{++},\quad u(x/\sigma,t) \geq U\}$$

definiert werden. Die Funktion $\delta(x,t,U)$ bezeichnet den maximalen Skalar, durch den der Individualgütervektor x dividiert werden kann, so daß der so skalierte Individualgütervektor

(7-61) $$x' \equiv \frac{x}{\delta(x,t,U)}$$

zusammen mit dem unskalierten Vektor t der Rationierungs- und Kollektivgüter das Nutzenniveau U erzeugt, d.h.:

(7-62) $$u(\frac{x}{\delta(x,t,U)},t) \equiv U \quad .$$

Der Wert der partiellen Distanzfunktion ist wieder gleich dem Verhältnis der Normen der Vektoren x und x':

(7-63) $$\delta(x,t,U) = \frac{\|x\|}{\|x'\|}$$

Der Zusammenhang zwischen dem Wert der partiellen Distanzfunktion einerseits und der direkten Nutzenfunktion andererseits ist wieder durch

(7-64) $$d(s,z,u(s,z)) \equiv 1 \quad .$$

gegeben, und es gilt

(7-65) $$\delta(x,t,U) \gtreqless 1 \iff u(x,t) \gtreqless U \quad .$$

Analog zur rationierten Distanzfunktion hat auch die partielle Distanzfunktion in Bezug auf die skalierten Gütermengen x dieselben Eigenschaften wie die Shephardsche Distanzfunktion und in Bezug auf die nichtskalierten Gütermengen t dieselben Eigenschaften wie eine direkte Nutzenfunktion:

(7-66) Die partielle Distanzfunktion $\delta(x,t,U)$ ist für $x \in \mathbb{R}^{N++}$, $t \in \mathbb{R}^{(M+L)++}$ und $U \in \mathbb{R}^{++}$

a) stetig und streng monoton abnehmend in U

b) monoton zunehmend, linear homogen, konkav und zweimal stetig differenzierbar in x

c) streng monoton zunehmend, streng quasikonkav und zweimal stetig differenzierbar in t

Wegen der unmittelbaren Analogie zu den entsprechenden Eigenschaften der rationierten Distanzfunktion erübrigt sich eine tiefergehende Kommentierung dieser Eigenschaften.

Differenziert man die definitorische Identität (7-62) partiell bezüglich der Individualgütermengen x, so erhält man

$$(7\text{-}67)\qquad \nabla_x\delta(x,t,U) = \frac{\nabla_x u(x',t)}{x'\cdot\nabla_x u(x',t)} = \frac{\nabla_x u(x/\delta(x,t,U),t)}{[x/\delta(x,t,U)]\cdot\nabla_x u(x/\delta(x,t,U),t)},$$

wobei x' das auf das Nutzenniveau U hin skalierte Individualgüterbündel gemäß (7-61) ist. Ein Vergleich mit (6-21) zeigt, daß es sich hierbei um die mit dem für Individualgüterkäufe frei verfügbaren Einkommen (I-qy) normierten rationierten inversen Nachfragefunktionen an der Stelle x' handelt. Diese drücken den Marktpreis der Individualgüter als Funktionen der Gütermengen [x,t] und des Nutzenniveaus u aus. Es handelt sich hierbei somit um die ***kompensierten rationierten inversen Nachfragefunktionen***, die mit Hilfe der unkompensierten rationierten inversen Nachfragefunktionen als

$$(7\text{-}68)\qquad p^{-}(x,t,U) = \tilde{p}(x/\delta(x,t,U),t) \qquad (= [p/(I-qy)](x,t,U))$$

definiert werden können. Unter Berücksichtigung dieser Definition ergibt sich aus (7-67) eine auf die Individualgüter bezogene ***partielle Form des Shephard-Hanoch-Lemmas:***

$$(7\text{-}69)\qquad \nabla_x\delta(x,t,U) = p^{-}(x,t,U)$$

Der Gradient der partiellen Distanzfunktion bezüglich der Individualgütermengen x ist somit gleich dem Vektor der kompensierten rationierten inversen Nachfragefunktionen nach diesen Gütern. Damit ist hier ein Zusammenhang geschaffen zwischen der partiellen Distanzfunktion einerseits und den durch die kompensierten rationierten inversen Nachfragefunktionen repräsentierten Markthandlungen des Konsumenten unter Rationierungsbedingungen andererseits. Allerdings bezieht sich dieser Zusammenhang nur auf seine Markthandlungen auf den Individualgütermärkten.

Für die partielle Distanzfunktion läßt sich wieder eine partielle, d.h. auf die Individualgütermengen bezogene Hesse-Matrix definieren, die man als ***partielle Antonelli-Matrix*** bezeichnen könnte. Diese Matrix ist wegen der Eigenschaften der partiellen Distanzfunktion bezüglich der Individualgütermengen wieder ***symmetrisch, negativ-semidefinit und singulär***. Dem entspricht, daß die Ableitungen der kompensierten rationierten inversen Nachfragefunktionen nach den Individualgütermengen ebenfalls symmetrisch sind mit

$$(7\text{-}70) \qquad \frac{\partial p_n^-}{\partial x_j}(x,t,U) = \frac{\partial p_j^-}{\partial x_n}(x,t,U) \qquad (j,n=1,2,\ldots,N) \quad ,$$

daß die Eigengüterableitungen nicht positiv sein können

$$(7\text{-}71) \qquad \frac{\partial p_n^-}{\partial x_n}(x,t,U) \leq 0 \qquad (n=1,2,\ldots,N) \quad ,$$

und daß die kompensierten rationierten inversen Nachfragefunktionen homogen vom Grade null in den Individualgütermengen x sind:

$$(7\text{-}72) \qquad p^-(\alpha x,t,U) \equiv p^-(x,t,U) \qquad (\alpha>0)$$

Der Zusammenhang zwischen den Ableitungen der kompensierten und der unkompensierten rationierten inversen Nachfragefunktionen nach den Indivdiualgütermengen wird durch die ***partielle Antonelli-Gleichung***

$$(7\text{-}73) \qquad \frac{\partial p_n^-}{\partial x_j} \equiv \frac{\partial \tilde{p}_n}{\partial x_j} - \tilde{p}_j \cdot \sum_{i=1}^{N} \frac{\partial \tilde{p}_n}{\partial x_i} \cdot x_i \qquad (n,j=1,2,\ldots,N)$$

hergestellt, die sich durch partielles Differenzieren der Identität (7-68) nach den Individualgütermengen ergibt. Auch hier ist die Analogie zu den beiden weiter oben besprochenen Versionen der Antonelli-Gleichung nicht zu übersehen, so daß sich eine weitere Kommentierung erübrigt.

Die in diesem Abschnitt dargestellte partielle Distanzfunktion ist immer dann von Bedeutung, wenn keine Daten über das nichtrationierte Nachfrageverhalten des betrachteten Konsumenten vorliegen. Im Rahmen der Wohlfahrtsmessung kann sie in solchen Fällen für die Beurteilung staatlicher Projekte verwendet werden, deren Auswirkungen sich aussschließlich auf die Individualgütermärkte erstrecken. Die entsprechenden Verfahren werden in Teil II ausführlich dargestellt.

Ziel dieses Kapitels war es, die Bedeutung der Distanzfunktion im Rahmen eines Haushaltsmodells mit Rationierungs- und Kollektivgütern zu untersuchen. Die Distanzfunktion ist neben der Ausgabenfunktion, der direkten und der indirekten Nutzenfunktion die vierte grundsätzliche Alternative zur Darstellung der Präferenzordnung des Konsumenten mit Hilfe einer mathematischen Funktion, und insofern rundet dieses Kapitel die dualitätstheoretische Analyse unseres erweiterten Haushaltsmodells ab.

Es zeigte sich, daß die traditionelle Shephardsche Distanzfunktion, anders als die Ausgabenfunktion, auch in einem Haushaltsmodell mit Rationierungs- und Kollektivgütern ohne prinzipielle Änderung ihrer funktionalen Form in der Lage ist, die Präferenzordnung des Konsumenten vollständig zu beschreiben. Der Grund hierfür ist, daß die Distanzfunktion genau wie die direkte Nutzenfunktion ein reines Gütermengenkonzept verkörpert, das unabhängig von Preisen und Einkommen und damit auch unabhängig von den unterstellten Marktverhältnissen in dem jeweils betrachteten Modell ist. Somit konnten alle Eigenschaften der traditionellen Distanzfunktion und die mit ihr verbundenen Theoreme wie das Shephard-Hanoch-Lemma und die Antonelli-Gleichung für unser erweitertes Modell übernommen werden. Im Zusammenhang mit dem Shephard-Hanoch-Lemma zeigte sich, daß die partiellen Ableitungen der Shephardschen Distanzfunktion nach den Gütermengen gleich den mit dem Pauscheinkommen I normierten kompensierten Zahlungsbereitschaftsfunktionen des Konsumenten sind. Dieses Ergebnis ist für die Anwendung der Distanzfunktion im Rahmen empirischer Wohlfahrtsanalysen insofern unbefriedigend, als Zahlungsbereitschaftsfunktionen in Modellen mit Rationierungs- und Kollektivgütern nicht beobachtbar sind, da sie sich auf eine fiktive Konsumsituation beziehen, in welcher der Konsument sämtliche Güter, also auch Rationierungs- und Kollektivgüter, unter Marktbedingungen nachfragt. Zur empirischen Ermittlung solcher Zahlungsbereitschaftsfunktionen ist man daher auf Befragungen mit allen damit verbundenen Risiken angewiesen.

Als Alternative zur Shephardschen Distanzfunktion wurde daher eine rationierte Version der Distanzfunktion vorgestellt, bei der nur die potentiell marktfähigen Güter, also Individual- und Rationierungsgüter, der Skalierung unterliegen. Es konnte gezeigt werden, daß diese rationierte Distanzfunktion bezüglich der Quasimarktgütermengen dieselben Eigenschaften besitzt wie die traditionelle Distanzfunktion, während sie sich bezüglich der Kollektivgütermengen wie eine (direkte) Nutzenfunktion verhält. Der Vorteil dieser Funktion ist, daß ihre partiellen Güterableitungen zu den nichtrationierten inversen Marktnachfragefunktionen des Konsumenten nach den Quasimarktgütern und damit zu einer tatsächlichen Marktsituation führen. Diese Nachfragefunktionen sind immer dann empirisch beobachtbar, wenn neben den rationierten Märkten für dieselben Güter nichtrationierte "Parallelmärkte" existieren, oder wenn Nachfragedaten aus einer Zeit vorliegen, in der die betrachteten Güter noch nicht rationiert waren. In diesen Fällen kann von den nichtrationierten inversen Nachfragefunktionen auf die rationierte Distanzfunktion des Konsumenten und damit auf seine Präferenzordnung geschlossen werden, wie in Teil II ausführlich dargestellt wird.

Liegen nun aber keinerlei Daten über das nichtrationierte Nachfrageverhalten des betrachteten Haushalts vor, so bietet die partielle Distanzfunktion eine Möglichkeit, auf der Basis der rationierten Nachfragefunktionen nach Individualgütern Wohlfahrtsanalysen durchzuführen, sofern sich die zu untersuchenden staatlichen Projekte ausschließlich auf den Individualgütermärkten auswirken. Dreh- und Angelpunkt einer solchen Analyse ist das partielle Shephard-Hanoch-Lemma, das eine Verbindung herstellt zwischen der partiellen Distanzfunktion als einer Funktion zur Beschreibung der Präferenzordnung einerseits und den kompensierten inversen rationierten Nachfragefunktionen als Funktionen zur Beschreibung der Markthandlungen des Konsumenten andererseits. Das genaue Vorgehen bei einer solchen Wohlfahrtsanalyse wird in Teil II detailliert beschrieben.

Die in diesem Kapitel vorgenommene Darstellung der verschiedenen Versionen einer Distanzfunktion bildet den Abschluß des ersten Teils dieses Buches, der sich mit der Berücksichtigung von rationierten Märkten und von Kollektivgütern in dem traditionellen Haushaltskonsummodell befaßt. Es wurde gezeigt, daß auch in einem solchermaßen erweiterten Modell die vier grundsätzlichen Möglichkeiten zur Darstellung der Präferenzordnung des Konsumenten mittels mathematischer Funktionen existieren, wenn auch in modifizierter Form. So konnten neben der direkten Nutzenfunktion verschiedene Versionen der indirekten Nutzenfunktion, der Ausgabenfunktion und der Distanzfunktion in rationierter und nichtrationierter Form vorgestellt werden, die alle auf verschiedenen Weise die Präferenzordnung des Konsumenten repräsentieren. Darüberhinaus wurden auch verschiedene alternative Darstellungsmöglichkeiten für das Nachfrageverhalten des betrachteten Haushalts untersucht, wobei insbesondere die theoretischen Verbindungen zwischen diesen Darstellungsformen untereinander und ihr Verhältnis zu den Funktionen zur Beschreibung der Präferenzordnung von Bedeutung waren. Im nun folgenden zweiten Teil des Buches sollen auf dieser Grundlage verschiedene Möglichkeiten zur wohlfahrtstheoretischen Beurteilung staatlicher Projekte untersucht werden.

Anhang

Zur strengen Quasikonkavität der rationierten Distanzfunktion in den Kollektivgütermengen

Strenge Quasikonkavität der rationierten Distanzfunktion d(s,z,U) in den Kollektivgütermengen z verlangt, daß für zwei beliebige Kollektivgüterbündel $z^1, z^2 \in \mathbb{R}^{\ell ++}$ und für $\alpha \in (0,1)$ gilt:

$$d(s,z^1,U) \geq d(s,z^2,U) \implies d(s,z^3,U) > d(s,z^2,U)$$

$$\text{mit } z^3 = (1-\alpha)z^1 + \alpha z^2$$

Da die rationierte Distanzfunktion nur die Quasimarktgütermengen s skaliert, wird der Wert der rationierten Distanzfunktion an den Stellen $[s,z^1,U]$ und $[s,z^2,U]$ (und natürlich für beliebige weitere Kollektivgütermengen z) entlang desselben Strahls aus dem Ursprung durch das Güterbündel s gemessen. Wegen der strengen Monotonie der direkten Nutzenfunktion gilt daher:

$$d(s,z^1,U) \geq d(s,z^2,U) \implies u(s,z^1) \geq u(s,z^2)$$

$$\implies u(s,z^3) > u(s,z^2)$$

[wegen der strengen Quasikonkavität der direkten Nutzenfunktion]

$$\implies d(s,z^3,U) > d(s,z^2,U)$$

q. e. d.

Teil II

Wohlfahrtsmessung im rationierten Haushaltsmodell

In Teil I wurde das um die Existenz von Kollektivgütern und rationierten Märkten erweiterte Haushaltsmodell mit sämtlichen Dualitätszusammenhängen dargestellt. Dabei wurden zum einen die alternativen Möglichkeiten zur Beschreibung der Präferenzordnung eines Konsumenten mit Hilfe mathematischer Funktionen zusammen mit den Eigenschaften dieser Funktionen vorgestellt. Zum andern wurden die verschiedenen mathematischen Darstellungsmöglichkeiten für das Nachfrageverhalten eines Konsumenten auf ihre Eigenschaften hin untersucht, wobei diese Nachfragefunktionen durch einfaches Differenzieren einer der Funktionen zur Beschreibung der Präferenzordnung gewonnen werden konnten. Diese mathematischen Zusammenhänge macht man sich bei der Wohlfahrtsmessung zunutze, indem man zunächst die Markthandlungen eines Konsumenten empirisch beobachtet und auf der Basis dieser Beobachtungen seine Nachfragefunktionen schätzt; aus diesen Nachfragefunktionen läßt sich dann durch Integration jeweils eine der Funktionen zur Beschreibung der Präferenzordnung und damit die Präferenzordnung selbst ermitteln.

Bevor die verschiedenen Möglichkeiten, dieses generelle Verfahren in die Praxis umzusetzen, genauer untersucht werden, erscheint es angebracht, kurz auf einige allgemeine Aspekte der Wohlfahrtsmessung einzugehen.

Kapitel 8

Zur Theorie der Wohlfahrtsmessung

Die Frage, ob ein bestimmtes Steuer- oder Ausgabenprogramm oder ein sonstiges staatliches Projekt die Wohlfahrt der betroffenen Bevölkerung erhöht oder nicht, ist für die verantwortlichen Politiker nicht ohne Bedeutung. Zum einen möchten sie wiedergewählt werden, und zum andern gibt es in §7 der Bundeshaushaltsordnung die Forderungen: "(1) Bei Aufstellung und Ausführung des Haushaltsplans sind die Grundsätze der Wirtschaftlichkeit und Sparsamkeit zu beachten. (2) Für geeignete Maßnahmen von erheblicher finanzieller Bedeutung sind Nutzen-Kosten-Untersuchungen anzustellen."

Die grundlegende Frage, die durch eine Wohlfahrtsanalyse bzw. durch eine Nutzen-Kosten-Analyse beantwortet werden soll, lautet: "Hat sich das Wohlergehen der von einem bestimmten staatlichen Projekt betroffenen Bevölkerung nach Durchführung dieses Projekts erhöht oder nicht?". Der Begriff des gesellschaftlichen Wohlergehens kann in einem demokratischen Staat nicht unabhängig von dem Wohlergehen der einzelnen Gesellschaftsmitglieder gesehen werden. Vielmehr sollte die gesellschaftliche Wohlfahrt in einer Demokratie so definiert sein, daß sie mit der individuellen Wohlfahrt der einzelnen Gesellschaftsmitglieder positiv korreliert ist in dem Sinne, daß die gesellschaftliche Wohlfahrt nur dann steigt, wenn die Wohlfahrt mindestens eines Individuums zunimmt.

Damit zerfällt das Problem der wohlfahrtstheoretischen Beurteilung staatlicher Maßnahmen in zwei Kategorien: Zum einen muß die durch das betrachtete Projekt induzierte Änderung der Wohlfahrt der einzelnen Gesellschaftsmitglieder ermittelt werden, und zum zweiten müssen diese individuellen Wohlfahrtsänderungen zur gesamtgesellschaftlichen Wohlfahrtsänderung aggregiert werden. Die vorliegende Untersuchung beschäftigt sich nur mit der ersten dieser beiden Problemkategorien:

der Messung individueller Wohlfahrtsänderungen. Der Grund für diese Beschränkung liegt in der Unmöglichkeit, das Problem der (wertungsfreien) Aggregation individueller Präferenzen zu einer gesamtgesellschaftlichen Präferenzordnung auf der Basis der ordinalen Nutzentheorie zu lösen. Dies wurde von Arrow (1963, S. 59) in seinem bekannten "Impossibility Theorem" gezeigt.

Eine Aggregation der individuellen Präferenzen bezüglich eines bestimmten Projekts bereitet nur dann keine Schwierigkeiten, wenn alle durch dieses Projekt induzierten Wohlfahrtsänderungen gleichgerichtet sind, d.h., wenn sich durch dieses Projekt mindestens ein Individuum nutzenmäßig verbessert, ohne daß sich ein anderes Individuum verschlechtert, oder wenn sich mindestens ein Individuum verschlechtert, ohne daß sich ein anderes Individuum verbessert. In diesen Fällen hat man es mit gegenüber der Ausgangssituation pareto-superioren bzw. pareto-inferioren gesellschaftlichen Zuständen zu tun, die auf der Basis der ordinalen Nutzentheorie eine eindeutige Entscheidung für bzw. gegen das betrachtete Projekt zulassen.

In der Realität dürfte dieser Idealfall jedoch höchst selten auftreten. Vielmehr ist im allgemeinen wohl damit zu rechnen, daß beispielsweise infolge einer Steuerreform der Nutzen einiger Gesellschaftsmitglieder steigt, während der Nutzen anderer Gesellschaftsmitglieder abnimmt. Da im Rahmen der ordinalen Nutzentheorie die Intensität der individuellen Nutzenverluste und -gewinne nicht gemessen werden kann, ist das Abwägen der Interessen der Gewinner gegen die Interessen der Verlierer letztlich eine Aufgabe, die auf rein objektiv-wissenschaftlicher Basis nicht mehr lösbar ist. Vielmehr setzt hier die Verantwortung des Politikers ein, der in einem normativen Kraftakt festlegen muß, ob für ihn die Nutzeneinbußen der Verlierer eines Projekts mehr zählen als der Nutzenzuwachs der Gewinner oder umgekehrt. Alle Versuche, eine Nutzenaggregation beispielsweise durch die Postulierung einer gesellschaftlichen Wohlfahrtsfunktion scheinbar "wissenschaftlich" zu bewerkstelligen, stellen letztlich nur die versteckte Umsetzung eines sozialen Werturteils durch den Wohlfahrtsanalytiker dar. Deshalb sollte sich die Ökonomie meines Erachtens darauf beschränken, die Gewinner und die Verlierer eines staatlichen Projekts zu ermitteln und es den verantwortlichen Politikern überlassen, zwischen den Interessen dieser beiden Gruppen in einer für die Öffentlichkeit erkennbaren Weise abzuwägen.[1]

Unabhängig davon, ob man sich diesem Standpunkt anschließt oder nicht, bildet die Ermittlung der durch ein bestimmtes staatliches Projekt implizierten individuellen Nutzenänderungen die Basis jeder Wohlfahrtsanalyse, da diese die informationellen Voraussetzungen für eine gesellschaftliche Entscheidungsfindung schaffen - egal, ob diese Entscheidung nun von dem Nutzen-Kosten-Analytiker oder auf der politischen Ebene getroffen wird. Der Messung dieser individuellen Wohlfahrtsänderungen im Rahmen eines um die Existenz von

---

[1] Anstelle der Postulierung einer gesellschaftlichen Wohlfahrtsfunktion wird häufig das sogenannte Kaldor-Hicks-Kriterium [nach Kaldor (1939) und Hicks (1939)] vorgeschlagen, nach dem ein Projekt dann gesellschaftlich vorteilhaft ist, wenn die Gewinner die Verlierer finanziell so kompensieren können, daß sich die Verlierer nutzenmäßig nicht schlechter stellen als vor der Realisierung des betrachteten Projekts und die Gewinner dennoch einen Nutzenzuwachs verbuchen. Bei tatsächlicher Durchführung der Kompensationszahlungen zeigt dieses Kriterium einen pareto-superioren bzw. -inferioren gesellschaftlichen Zustand an, der auch auf der Basis der ordinalen Nutzentheorie nachvollziehbar ist. Wegen der praktischen Probleme bei der Realisierung solcher Kompensationszahlungen begnügt sich das Kaldor-Hicks-Kriterium jedoch mit der Forderung nach rein hypothetischen Kompensationszahlungen, die de facto gar nicht durchgeführt werden. Auf der Grundlage solcher potentiellen Pareto-Verbesserungen bzw. -Verschlechterungen läßt sich jedoch keine vollständige und transitive gesellschaftliche Präferenzordnung konzipieren, wie zum Beispiel Scitovsky (1941) und Boadway (1974) gezeigt haben. Außerdem impliziert ein Abwägen zwischen Gewinnern und Verlierern eines Projekts auf der Basis hypothetischer Kompensationszahlungen, die nicht realisiert werden, die Durchführung interpersoneller Nutzenvergleiche und damit eine kardinale Interpretation des Nutzens.

Rationierungs- und Kollektivgütern erweiterten Haushaltskonsummodells sind die folgenden Kapitel gewidmet. Dabei werden auf der Basis der verschiedenen in Teil I vorgestellten Funktionen zur Beschreibung der Präferenzordnung eines Konsumenten Wohlfahrtsmaße für dieses erweiterte Modell vorgestellt und auf ihre praktische Anwendbarkeit hin getestet. Als Kriterien für diesen Test dienen dabei die im folgenden Kapitel erörterten Mindestanforderungen, die von einem zuverlässigen Wohlfahrtsmaß erfüllt werden sollten.

Kapitel 9

Allgemeine Anforderungen an zuverlässige Wohlfahrtsmaße

In unserem erweiterten Haushaltsmodell stellt sich ein öffentliches Projekt durch die Änderung aller oder einiger der staatlich beeinflußbaren Parameter $[p,q,y,z,I]$ dar. Bei der allgemeinen Modellierung eines staatlichen Projekts k (aus einer Auswahl von K verschiedenen Projekten, d.h. $k \in \{1,2,...,K\}$) sei von einer Änderung des Parametervektors $[p,q,y,z,I]$ von $[p^0,q^0,y^0,z^0,I_0]$ zu $[p^k,q^k,y^k,z^k,I_k]$ ausgegangen.[1] Wie in Teil I gezeigt wurde, ist jedem Parametervektor $[p,q,y,z,I]$ eindeutig ein Gütervektor $c=[x(p,q,y,z,I),y,z]$ zugeordnet, so daß sich die Frage, ob der Konsument das betrachtete Projekt k als vorteilhaft empfindet, auf die Frage reduziert, ob er das neue Konsumgüterbündel c^k dem ursprünglichen Güterbündel c^0 vorzieht oder nicht. Von einem Wohlfahrtsmaß erwartet man, daß es genau diese Frage eindeutig und in Übereinstimmung mit der Präferenzordnung des Konsumenten beantworten kann.

Legt man nun als Konvention fest, daß positive Werte eines Wohlfahrtsmaßes anzeigen, daß der Konsument die neue Situation k der alten Situation 0 vorzieht, während ein Wert von Null Indifferenz zwischen beiden Situationen signalisiert, so läßt sich diese Forderung an ein Wohlfahrtsmaß W_{0k} durch die sogenannte ***Indikatorbedingung***

$$
(9-1)\qquad
\begin{aligned}
W_{0k} &> 0 \quad \Longleftrightarrow \quad x^k \succ x^0 \\
W_{0k} &= 0 \quad \Longleftrightarrow \quad x^k \sim x^0 \\
W_{0k} &< 0 \quad \Longleftrightarrow \quad x^0 \succ x^k \qquad (k=1,2,...,K)
\end{aligned}
$$

---

[1] Hierbei werden die Werte der Ausgangssituation (Situation 0) mit dem Superskript 0 und die Größen der Situation nach Durchführung des k-ten Projekts (Situation k) mit dem Superskript k gekennzeichnet.

formalisieren.[2] Die Erfüllung der Indikatorbedingung ist eine theoretische Mindestanforderung an ein zuverlässiges Wohlfahrtsmaß. Daher werden im folgenden nur Wohlfahrtsmaße betrachtet, die diese Bedingung erfüllen.

Eine theoretische Eigenschaft, die zwar nicht unerläßlich ist, die aber den bei einer Wohlfahrtsanalyse zu treibenden rechnerischen Aufwand möglichst gering hält, ist die sogenannte ***Ordnungsbedingung***

$$(9\text{-}2) \qquad W_{0k} \geq W_{0j} \quad \Longleftrightarrow \quad x^k \succsim x^j \qquad (k,j=1,2,\ldots,K) \quad ,$$

die von einem Wohlfahrtsmaß verlangt, daß es in der Lage ist, eine beliebige Anzahl von Projekten, die alle von derselben Ausgangssituation ausgehen, simultan in Übereinstimmung mit der Präferenzordnung des Konsumenten unter dem Wohlfahrtsaspekt zu ordnen. Ist diese Bedingung nicht erfüllt, so muß zur Erstellung einer konsistenten Ordnung zwischen allen denkbaren Paaren der miteinander zu vergleichenden Projekte ein unmittelbarer Binärvergleich W_{kj} durchgeführt werden, was unter Umständen sehr aufwendig ist.

Außer der Indikator- und der Ordnungsbedingung lassen sich natürlich noch weitere und anspruchsvollere theoretische Konsistenzbedingungen formulieren, die den Kreis der in Frage kommenden Wohlfahrtsmaße immer kleiner werden lassen.[3] Da es in der vorliegenden Untersuchung jedoch nicht auf eine möglichst differenzierte Klassifizierung bestehender Wohlfahrtsmaße ankommt, sondern vielmehr gezeigt werden soll, welche grundsätzlichen Möglichkeiten zur Konstruktion von Wohlfahrtsmaßen im Rahmen unseres erweiterten Haushaltsmodells auf dualitätstheoretischer Basis bestehen, sollen die geforderten ***theoreti-***

---

[2] Siehe hierzu auch Ahlheim/Rose (1992, S. 13) oder Ebert (1987, S. 21).

[3] Solche weitergehenden Kriterien werden unter anderem in Ebert (1987, S. 20 ff.) und in Ahlheim/Rose (1992, S. 12 ff.) dargestellt.

schen Konsistenzbedingungen auf (9-1) und (9-2) beschränkt bleiben.

Würde man sich ausschließlich auf die Postulierung dieser theoretischen Zuverlässigkeitskriterien beschränken, so wäre die Suche nach geeigneten Wohlfahrtsmaßen schnell abgeschlossen. Denn schließlich werden Indikator- und Ordnungsbedingung in perfekter Weise von sämtlichen Funktionen zur Beschreibung der Präferenzordnung wie Nutzen-, Ausgaben- und Distanzfunktion erfüllt, da diese Funktionen dieselben Informationen enthalten wie die Präferenzordnung selbst. Der Unterschied zwischen diesen Funktionen einerseits und einem Wohlfahrtsmaß andererseits besteht jedoch darin, daß ein Wohlfahrtsmaß nicht nur theoretisch konsistent, sondern auch aufgrund empirischer Beobachtungen berechenbar sein muß. Daher ist von einem zuverlässigen Wohlfahrtsmaß auch die Erfüllung des sogenannten ***Beobachtbarkeitskriteriums*** zu fordern:

(9-3) Ein zuverlässiges Wohlfahrtsmaß muß auf der Basis empirisch beobachtbarer Daten eindeutig berechenbar sein.

Im folgenden soll nun untersucht werden, inwieweit es möglich ist, auf der Grundlage ausgewählter Funktionen zur Beschreibung der Präferenzordnung, nämlich der rationierten indirekten Nutzenfunktion, der rationierten Ausgabenfunktion und der rationierten Distanzfunktion, Wohlfahrtsmaße zu konstruieren, die zuverlässig im Sinne der oben vorgestellten Kriterien sind.

Kapitel 10

Wohlfahrtsmessung auf Basis der indirekten Nutzenfunktion

Wie im vorigen Kapitel erläutert wurde, stellt sich ein staatliches Projekt in unserem erweiterten Haushaltsmodell durch eine Änderung des Vektors der staatlich beeinflußbaren Parameter $[p,q,y,z,I]$ dar.

Will man nun wissen, ob der Konsument die durch den Parametervektor $[p^k,q^k,y^k,z^k,I_k]$ gekennzeichnete Situation k nach Durchführung des k-ten Projekts der durch den Parametervektor $[p^0,q^0,y^0,z^0,I_0]$ gekennzeichneten Ausgangssituation 0 vorzieht oder nicht, so liegt es nahe, dies anhand der indirekten Nutzenfunktion zu überprüfen, da diese Funktion einerseits die Präferenzordnung des Konsumenten vollständig beschreibt und andererseits gerade die staatlich beeinflußbaren Parameter $[p,q,y,z,I]$ als Argumente hat.

Bei Wohlfahrtsmessungen auf Basis der indirekten Nutzenfunktion ist zu prüfen, ob ihr Wert in der neuen Situation nach Durchführung des staatlichen Projekts größer ist als in der Ausgangssituation oder nicht, d.h., ob

$$(10-1) \qquad \Delta_{0k}V = v(p^k,q^k,y^k,z^k,I_k) - v(p^0,q^0,y^0,z^0,I_0) \qquad (k=1,2,\ldots,K)$$

größer, kleiner oder gleich null ist. Aus der Wertgleichheit von direkter und indirekter Nutzenfunktion gemäß (2-10) und der Definition der direkten Nutzenfunktion gemäß (2-1) folgt, daß dieses Maß sowohl die Indikatorbedingung (9-1) als auch die Ordnungsbedingung (9-2) erfüllt und somit theoretisch konsistent ist. In der Version (10-1) kann $\Delta_{0k}V$ nicht unmittelbar berechnet werden, da die indirekte Nutzenfunktion empirisch nicht beobachtbar ist. Es muß daher nach Wegen gesucht werden, dieses Maß mit Hilfe beobachtbarer Größen auszudrücken.

Der naheliegendste Weg besteht darin, die Differenz der beiden Werte der indirekten Nutzenfunktion gemäß dem Zweiten Hauptsatz der Differential- und Integralrechnung als bestimmtes Integral über den Gradienten der indirekten Nutzenfunktion auszudrücken.[1] Dies führt zu[2]

$$(10\text{-}2)\qquad \Delta_{0k}V = \int_{[p^0,q^0,y^0,z^0,I_0]}^{[p^k,q^k,y^k,z^k,I_k]} \left[\nabla_p{}^T v(\cdot),\nabla_q{}^T v(\cdot),\nabla_y{}^T v(\cdot),\nabla_z{}^T v(\cdot),\frac{\partial v}{\partial I}(\cdot)\right] \begin{bmatrix} dp \\ dq \\ dy \\ dz \\ dI \end{bmatrix}$$

$$\text{mit } v(\cdot) = v(p,q,y,z,I) \quad .$$

Unter Berücksichtigung der in Teil I dargestellten Ableitungseigenschaften der indirekten Nutzenfunktion (2-11) bis (2-20) wird daraus

$$(10\text{-}3)\qquad \Delta_{0k}V = \int_{[p^0,q^0,y^0,z^0,I_0]}^{[p^k,q^k,y^k,z^k,I_k]} \lambda(\cdot)\left[-x(\cdot)^T,-y^T,[\pi(\cdot)-q]^T,\rho(\cdot)^T,1\right] \begin{bmatrix} dp \\ dq \\ dy \\ dz \\ dI \end{bmatrix}$$

---

[1] Zum Zweiten Hauptsatz der Differential- und Integralrechnung siehe z.B. Apostol (1969, S. 333).

[2] Um die Schreibweise zu vereinfachen, wurde bei den Vektoren der Integrationsgrenzen wie $[p^k,q^k,y^k,z^k,I_k]$ auf eine besondere Kennzeichnung der einzelnen Zeilenvektoren gemäß $[p^{kT},q^{kT},...]$ verzichtet, da hier wohl kaum Mißverständnisse auftreten können.

Offensichtlich ergibt sich hier dasselbe Problem, wie es von dem Marshall-Maß[3] im reinen Individualgüterfall bekannt ist: Das Integral (10-3) ist (als Integral über den Gradienten einer zweimal stetig differenzierbaren Funktion[4]) zwar pfadunabhängig und damit eindeutig bestimmt, aber es enthält als integrierenden Faktor den Grenznutzen des Einkommens $\lambda(p,q,y,z,I)$, der einerseits nicht empirisch beobachtbar ist und andererseits auch nicht einfach vor das Integral gezogen und durch Division eliminiert werden kann, da er selbst eine Funktion der Integrationsvariablen $[p,q,y,z,I]$ ist.

Somit stellt sich die Frage, ob es nicht wenigstens einen Spezialfall einer Präferenzordnung gibt, die durch eine indirekte Nutzenfunktion mit einem konstanten Grenznutzen des Einkommens dargestellt werden kann. Wegen der Homogenität der indirekten Nutzenfunktion vom Grade null in $[p,q,I]$ ist λ als partielle Ableitung dieser Funktion homogen vom Grade (-1) in $[p,q,I]$, so daß nach dem Euler-Theorem

$$(10\text{-}4) \qquad p \cdot \nabla_p \lambda(\cdot) + q \cdot \nabla_q \lambda(\cdot) + I \cdot \frac{\partial \lambda}{\partial I}(\cdot) = -\lambda(\cdot) < 0$$

gilt. Wegen (2-4d) ist der Grenznutzen des Einkommens positiv, so daß gemäß (10-4) nicht sämtliche Ableitungen von λ bezüglich $[p,q,I]$ gleich Null sein können. Somit existiert keine Präferenzordnung mit den allgemeinen Eigenschaften (1-1), die mit

---

[3] Die Analogie zwischen $\Delta_{0k}V$ in der Version (10-3) und dem bekannten Marshall-Maß für reine Individualgütermodelle [siehe z.B. Ahlheim/Rose (1992, S. 40 ff.)] ist offensichtlich. Der Unterschied besteht nur darin, daß bei $\Delta_{0k}V$ auch die Existenz von Rationierungs- und Kollektivgütern berücksichtigt ist.

[4] Um dieses Integral überhaupt sinnvoll untersuchen zu können, muß davon ausgegangen werden, daß die indirekte Nutzenfunktion zweimal stetig differenzierbar in $[p,q,y,z,I]$ ist. Bei den üblicherweise verwendeten Nutzenfunktionen ist dies auch stets der Fall.

einem Grenznutzen des Einkommens vereinbar ist, der nicht mindestens von einer der monetären Variablen [p,q,I] abhängt.

Zur Lösung unseres Problems, nämlich die nicht beobachtbare Größe λ vor das Integral (10-3) zu ziehen, genügt es allerdings schon, eine Präferenzordnung zu finden, für die λ nur von einer der monetären Variablen abhängt: Da die indirekte Nutzenfunktion homogen vom Grade null in [p,q,I] ist, kann man eine dieser Variablen konstant setzen (d.h. den Preis-Einkommen-Vektor [p,q,I] mit einer dieser Variablen normieren), ohne daß sich der Wert des Maßes $\Delta_{0k}V$ ändert.

Da der Grenznutzen des Einkommens also von mindestens einer der monetären Variablen [p,q,I] abhängen muß, lassen sich grundsätzlich drei verschiedene Fälle unterscheiden: Entweder hängt λ nur vom Pauscheinkommen I ab oder von einem Individualgutpreis p oder von einem Rationierungspreis q. Die beiden erstgenannten (Sonder-)Fälle führen im reinen Individualgütermodell jeweils zu theoretisch korrekten Wohlfahrtsmaßen[5], und es soll nun kurz untersucht werden, ob sie auch im erweiterten Haushaltsmodell Anwendung finden können.

Nimmt man zur Prüfung des ersten Falles an, daß λ nur vom Pauscheinkommen I abhängt, so daß

$$(10\text{-}5) \qquad \nabla_p\lambda(I) = 0_N \;, \quad \nabla_q\lambda(I) = 0_M \;,$$

$$\nabla_y\lambda(I) = 0_M \;, \quad \nabla_z\lambda(I) = 0_L$$

gilt, so folgt daraus wegen (10-4)

$$(10\text{-}6) \qquad \frac{\partial\lambda}{\partial I} \cdot \frac{I}{\lambda} = -1 \quad .$$

---

[5] Siehe z.B. Ahlheim/Rose (1992, S. 40 ff.).

Um einen Zusammenhang zwischen der Einkommensableitung von λ einerseits und den Einkommensableitungen der Nachfragefunktionen nach Individualgütern andererseits herzustellen, differenziert man die Roy-Identität (2-12) partiell nach dem Pauscheinkommen I und erhält bei Beachtung von (10-5) und der Symmetrie der Hesse-Matrix der indirekten Nutzenfunktion, daß

$$\frac{\partial x_n}{\partial I}\cdot\lambda + x_n\cdot\frac{\partial\lambda}{\partial I} = -\frac{\partial^2 v}{\partial p_n\,\partial I} = -\frac{\partial^2 v}{\partial I\,\partial p_n} = -\frac{\partial\lambda}{\partial p_n} = 0$$

bzw.

$$\frac{\partial x_n}{\partial I}\cdot\frac{I}{x_n} = -\frac{\partial\lambda}{\partial I}\cdot\frac{I}{\lambda} \qquad (n=1,2,\ldots,N)\quad .$$

Wegen (10-6) folgt daraus

$$(10\text{-}7)\qquad \frac{\partial x_n}{\partial I}\cdot\frac{I}{x_n} = 1 \qquad (n=1,2,\ldots,N)\quad ,$$

d.h., die Einkommenselastizitäten sämtlicher Individualgüter sind gleich eins. Da damit auch die Einkommenseffekte für alle Individualgüter gleich sind, folgt aus der Slutsky-Gleichung und der Symmetrie der Slutsky-Matrix, daß in dem hier betrachteten Fall die nutzenkompensierten (Marshallschen) Preiseffekte der Individualgüternachfrage symmetrisch sind, d.h.,

$$(10\text{-}8)\qquad \frac{\partial x_n}{\partial p_j} = \frac{\partial x_j}{\partial p_n} \qquad (n,j=1,2,\ldots,N)\quad .$$

Die Bedingungen (10-7) bzw. (10-8) sind notwendig und hinreichend für die Homothetie der Präferenzordnung des Konsumenten in den Individualgütermengen. Man kann somit als Zwischenergebnis festhalten, daß die Annahme eines Grenznutzens des Einkommens, der zwar von dem Pauscheinkommen I, nicht jedoch von den Individualgüterpreisen p abhängt, genau wie im reinen Individualgütermodell die Homothetie der Präferenzordnung in den Individualgütermengen impliziert.

Wendet man sich nun der in (10-5) ebenfalls postulierten Unabhängigkeit des Grenznutzens des Einkommens von den Rationierungspreisen q zu, so bietet es sich an, analog zu dem oben gewählten Vorgehen die auf Rationierungsgüter bezogene Version der Roy-Identität (2-13) ebenfalls partiell nach dem Pauscheinkommen I abzuleiten. Berücksichtigt man wieder die Symmetrie der Hesse-Matrix der indirekten Nutzenfunktion, so ergibt sich daraus unmittelbar

$$(10\text{-}9) \qquad \frac{\partial \lambda}{\partial q_m} = -\, y_m \cdot \frac{\partial \lambda}{\partial I} \qquad (m=1,2,\ldots,M) \quad .$$

Dies impliziert, daß die Ableitungen des Grenznutzens des Einkommens nach einem Rationierungspreis q_m nur dann gleich null sein können, wenn entweder die Rationierungsmenge y_m oder die Einkommensableitung von λ gleich null ist. Letztere ist in dem hier zu überprüfenden Sonderfall annahmegemäß ungleich null, wie aus (10-6) ersichtlich ist. Aus Beziehung (10-9) folgt somit, daß bei Vorliegen einer in den Individualgütermengen homothetischen Präferenzordnung die Ableitung des Grenznutzens des Einkommens nach einem Rationierungspreis q_m nur dann gleich null sein kann, wenn die entsprechende Rationierungsmenge y_m ebenfalls gleich null ist.

Man kann daher festhalten, daß die Annahme eines Grenznutzens des Einkommens, der nur von dem Pauscheinkommen des Konsumenten abhängt, mit positiven Rationierungsmengen - und damit mit der Existenz rationierter Märkte schlechthin - unvereinbar ist. Somit scheidet diese Variante einer Präferenzordnung, die im reinen Individualgütermodell zu einer sinnvollen Anwendungsmöglichkeit für das Marshall-Maß führt,[6] als Lösung des Beobachtbarkeitsproblems in unserem erweiterten Haushaltsmodell aus.[7]

Die Tatsache, daß Änderungen der Rationierungspreise q gemäß (10-9) auf den Grenznutzen des Einkommens eine analoge Wirkung haben wie Änderungen des Pauscheinkommens (nur mit entgegengesetztem Vorzeichen), zeigt auch die Unmöglichkeit, einen Grenznutzen des Einkommens zu finden, der ausschließlich von einem der Rationierungspreise abhängt: Aus (10-9) folgt, daß λ (bei positiven Rationierungsmengen) entweder vom Pauscheinkommen und sämtlichen Rationierungspreisen oder von keiner dieser Variablen abhängt. Damit scheidet auch dieser Sonderfall aus unseren Überlegungen aus.

Von den drei genannten grundsätzlichen Möglichkeiten, einen Grenznutzen des Einkommens in Abhängigkeit von nur einer monetären Variablen zu bilden, bleibt somit nur noch die Variante, bei der λ von einem der Individualgüterpreise p abhängt.

Nimmt man zur Prüfung dieses Falles beispielsweise an, daß der Grenznutzen des Einkommens nur von dem Preis des ersten Gutes abhängt, so daß

$$(10\text{-}10) \quad \nabla_q \lambda(p_1) = 0_M \;, \quad \nabla_y \lambda(p_1) = 0_M \;, \quad \nabla_z \lambda(p_1) = 0_L \;,$$

$$\frac{\partial \lambda}{\partial I} = 0 \;, \quad \frac{\partial \lambda}{\partial p_n} = 0 \qquad (n=2,3,\ldots,N)$$

gilt, so folgt daraus wegen (10-4)

---

[6] Siehe z.B. Ahlheim/Rose (1992, S. 42 ff.).

[7] Daraus folgt natürlich nicht, daß im erweiterten Haushaltsmodell keine in den Individualgütern homothetische Präferenzordnung auftreten kann. Eine solche Präferenzordnung ist nur unvereinbar mit der zusätzlichen Annahme, daß λ auch von den Preisen der echt (d.h. mit positiven Mengen) rationierten Güter unabhängig ist.

$$(10\text{-}11)\qquad \frac{\partial \lambda}{\partial p_1} \cdot \frac{p_1}{\lambda} = -1 \quad .$$

Differenziert man auch hier wieder die Roy-Identität (2-12) partiell nach dem Pauscheinkommen I, so erhält man bei Beachtung von (10-10) und der Symmetrie der Hesse-Matrix der indirekten Nutzenfunktion, daß

$$\frac{\partial x_n}{\partial I} \cdot \lambda + x_n \cdot \frac{\partial \lambda}{\partial I} = - \frac{\partial^2 v}{\partial p_n \partial I} = - \frac{\partial^2 v}{\partial I \partial p_n} = - \frac{\partial \lambda}{\partial p_n} = 0$$

$$(n=2,3,\ldots,N) \quad .$$

Da gemäß (10-10) auch die Einkommensableitung von λ gleich null ist, folgt daraus

$$(10\text{-}12)\qquad \frac{\partial x_n}{\partial I} = 0 \qquad (n=2,3,\ldots,N) \quad .$$

Die Annahme, daß der Grenznutzen des Einkommens nur von dem Preis des ersten Gutes abhängt, impliziert somit, daß die Einkommensableitungen der Nachfragefunktionen aller übrigen Individualgüter gleich null sind. Damit sind auch die entsprechenden Einkommenseffekte der Slutsky-Gleichung gleich null, so daß wegen der Symmetrie der Slutsky-Matrix folgt, daß auch die nutzenkompensierten Marshallschen Preiseffekte der Nachfrage nach dem zweiten bis N-ten Individualgut symmetrisch sind, d.h.,

$$(10\text{-}13)\qquad \frac{\partial x_n}{\partial p_j} = \frac{\partial x_j}{\partial p_n} \qquad (n,j=2,3,\ldots,N) \quad .$$

Weiterhin folgt aus (10-12) wegen (4-4), daß auch die Ableitungen dieser Nachfragefunktionen nach sämtlichen Rationierungspreisen gleich null sind, d.h.,

$$(10\text{-}14) \quad \frac{\partial x_n}{\partial q_m} = 0 \qquad (n=2,3,\ldots,N;\ m=1,2,\ldots,M) \ .$$

Dieses Ergebnis überrascht nicht, da Änderungen der Rationierungspreise auf die Individualgüternachfrage wie (entgegengesetzte) Änderungen des Pauscheinkommens wirken.

Nachdem nunmehr die ökonomischen Implikationen eines nur von einem einzigen Individualgutpreis abhängigen Grenznutzens des Einkommens im Hinblick auf die monetären Variablen geklärt sind, stellt sich die Frage, wie die Unabhängigkeit des Grenznutzens des Einkommens von den Rationierungs- und Individualgütermengen zu bewerten ist.

Differenziert man die unter Berücksichtigung von (2-16) in die Form

$$(10\text{-}15) \quad (\pi_m(p,q,y,z,I)-q_m) \cdot \lambda(p,q,y,z,I) = \frac{\partial v}{\partial y_m}(p,q,y,z,I) \qquad (m=1,2,\ldots,M)$$

überführte Beziehung (2-17) bezüglich der Individualgüterpreise, so erhält man wegen der Symmetrie der Hesse-Matrix der indirekten Nutzenfunktion

$$\frac{\partial \pi_m}{\partial p_n} \cdot \lambda + (\pi_m - q_m) \cdot \frac{\partial \lambda}{\partial p_n} = \frac{\partial^2 v}{\partial y_m \partial p_n} = \frac{\partial^2 v}{\partial p_n \partial y_m} =$$

$$= - \frac{\partial x_n}{\partial y_m} \cdot \lambda - x_n \cdot \frac{\partial \lambda}{\partial y_m} \qquad (n=2,3,\ldots,N;\ m=1,2,\ldots,M) \ .$$

Wegen (10-10) folgt daraus

$$\text{(10-16)} \quad \frac{\partial \pi_m}{\partial p_n} = - \frac{\partial x_n}{\partial y_m} \qquad (n=2,3,\ldots,N;\ m=1,2,\ldots,M) \quad .$$

Die nichtkompensierte Schattenpreisfunktion eines rationierten Gutes m reagiert somit in dem hier betrachteten Sonderfall auf die (marginale) Erhöhung eines Individualgutpreises p_n genauso wie die Marshall-Nachfrage nach diesem Individualgut auf eine (marginale) Senkung der Rationierungsmenge des m-ten Gutes. Im allgemeinen gilt dieser Zusammenhang nur für die einkommenskompensierten Funktionen, wie in (4-16) gezeigt wurde. In dem hier betrachteten Spezialfall erstreckt sich seine Gültigkeit (für die Güter 2 bis N) auch auf die nutzenkompensierten Marschallschen Nachfrage- bzw. Schattenpreisfunktionen. Die empirische Bedeutung dieser Beziehung für die Ermittlung der virtuellen Preise rationierter Güter besteht darin, daß man für sämtliche Individualgüter, deren Konsum durch eine Änderung der Rationierungsmenge y_m beeinflußt wird, die Ableitungen der entsprechenden Marshall-Nachfragefunktionen nach diesen Rationierungsmengen ermittelt, und auf diese Weise den Gradienten der Schattenpreisfunktion π_m bezüglich der entsprechenden Individualgüterpreise p und durch Integration dieses Gradienten schließlich den Schattenpreis π_m^* im betrachteten Haushaltsgleichgewicht erhält. Dieses Verfahren wurde in Teil I ausführlich erläutert, so daß an dieser Stelle nicht näher darauf eingegangen werden soll.

Leitet man (10-15) nach dem Pauscheinkommen I ab, so erhält man

$$\frac{\partial \pi_m}{\partial I} \cdot \lambda + (\pi_m - q_m) \cdot \frac{\partial \lambda}{\partial I} = \frac{\partial^2 v}{\partial y_m \partial I} = \frac{\partial^2 v}{\partial I \partial y_m} = \frac{\partial \lambda}{\partial I} = 0$$

$$(m=1,2,\ldots,M) \quad ,$$

so daß bei Beachtung von (10-10)

$$(10\text{-}17)\qquad \frac{\partial \pi_m}{\partial I} = 0 \qquad (m=1,2,\ldots,M)$$

gilt. Die Schattenpreise (und damit zugleich die virtuellen Preise) der rationierten Güter sind somit von der Höhe des Pauscheinkommens unabhängig. Dies impliziert wegen (4-10), daß sie auch von den Rationierungpreisen q nicht beeinflußt werden, d.h.,

$$(10\text{-}18)\qquad \frac{\partial \pi_m}{\partial q_j} = 0 \qquad (m,j=1,2,\ldots,M) \quad .$$

Wegen der analogen Wirkung von Pauscheinkommensänderungen und Änderungen der Rationierungspreise ist dieses Ergebnis nicht weiter überraschend.

Differenzieren von (10-15) bezüglich der Rationierungsmengen y und der Kollektivgütermengen z zeigt, daß in dem hier vorliegenden Sonderfall eines nur von einem einzigen Individualgutpreis abhängigen Grenznutzens des Einkommens die folgenden Symmetriebedingungen für die nutzenkompensierten Schattenpreisfunktionen gelten:

$$(10\text{-}19)\qquad \frac{\partial \pi_m}{\partial y_j} = \frac{\partial \pi_j}{\partial y_m} \qquad (m,j=1,2,\ldots,M)$$

$$(10\text{-}20)\qquad \frac{\partial \pi_m}{\partial z_l} = \frac{\partial \rho_l}{\partial y_m} \qquad (m=1,2,\ldots,M;\ l=1,2,\ldots,L)$$

Im allgemeinen treffen solche Symmetriebeziehungen nur für die einkommenskompensierten Schattenpreisfunktionen zu, wie in Teil I gezeigt wurde.

Durch partielles Differenzieren der aus (2-20) gewonnenen Beziehung

$$(10\text{-}21)\qquad \rho_l(p,q,y,z,I)\cdot\lambda(p,q,y,z,I)=\frac{\partial v}{\partial z_l}(p,q,y,z,I)\qquad (l=1,2,\ldots,L)$$

erhält man auf analoge Weise die folgenden Ableitungseigenschaften der nutzenkompensierten Schattenpreisfunktionen für Kollektivgüter für den hier betrachteten Sonderfall:

$$(10\text{-}22)\qquad \frac{\partial \rho_l}{\partial p_n}=-\frac{\partial x_n}{\partial z_l}\qquad (n=2,3,\ldots,N;\ l=1,2,\ldots,L)$$

$$(10\text{-}23)\qquad \frac{\partial \rho_l}{\partial I}=0\qquad (l=1,2,\ldots,L)$$

$$(10\text{-}24)\qquad \frac{\partial \rho_l}{\partial q_m}=0\qquad (l=1,2,\ldots,L;\ m=1,2,\ldots,M)$$

$$(10\text{-}25)\qquad \frac{\partial \rho_l}{\partial z_j}=\frac{\partial \rho_j}{\partial z_l}\qquad (l,j=1,2,\ldots,L)$$

Die ökonomische Bedeutung dieser Beziehungen ist in unmittelbarer Analogie zu den Eigenschaften (10-16) bis (10-19) zu sehen.

Nachdem nun die Bedingungen geklärt sind, unter denen der Grenznutzen des Einkommens nur noch von einem einzigen Individualgutpreis, zum Beispiel dem Preis p_1 abhängt, müssen die monetären Variablen [p,q,I] so normiert werden, daß p_1 durch das betrachtete staatliche Projekt nicht verändert wird. Wegen der Homogenität vom Grade null der indirekten Nutzenfunktion in den monetären Variablen ist dies ohne Einschränkung der Allgemeinheit möglich, und es gilt:

$$(10\text{-}26)\quad \Delta_{0k}V = v(p^k,q^k,y^k,z^k,I_k) - v(p^0,q^0,y^0,z^0,I_0)$$

$$= v(p_1{}^0, \underline{\underline{p}}_\bullet{}^k, \underline{\underline{q}}^k, y^k, z^k, \underline{\underline{I}}_k) - v(p^0,q^0,y^0,z^0,I_0)$$

mit $\quad p_\bullet = [p_2,p_3,\ldots,p_N]$

und $\quad [\underline{\underline{p}}_\bullet{}^k, \underline{\underline{q}}^k, \underline{\underline{I}}_k] = \dfrac{p_1{}^0}{p_1{}^k}\,[p_\bullet{}^k, q^k, I_k]$

Bei dieser Normierungsform ändern sich beim Übergang von der Ausgangssituation 0 zur neuen Situation k nur die Variablen $[p_2,p_3,\ldots,p_N,q,y,z,I]$, während p_1 konstant bleibt.

Wendet man nun wieder den Zweiten Hauptsatz der Differential- und Integralrechnung auf diese Differenz an, so ergibt sich nach geeigneter Umformung und nach Division durch den jetzt ja in Bezug auf die Integrationsvariablen konstanten Grenznutzen des Einkommens $\lambda_0 = \lambda(p_1{}^0)$ analog zu (10-3) das auf den Rationierungs- und Kollektivgüterfall erweiterte ***Marshall-Maß:***

$$(10\text{-}27)\quad MA_{0k} = \frac{\Delta_{0k}V}{\lambda_0}$$

$$= \frac{v(p_1{}^0, \underline{\underline{p}}_\bullet{}^k, \underline{\underline{q}}^k, y^k, z^k, \underline{\underline{I}}_k) - v(p^0, q^0, y^0, z^0, I_0)}{\lambda_0}$$

$$\underline{\underline{\mathrm{MA}}}_{0k} = \int_{[p_\bullet^0, q^0, y^0, z^0, I_0]}^{[p_\bullet^k, q^k, y^k, z^k, I_k]} \left[-x_\bullet(\cdot)^T, -y^T, [\pi(\cdot)-q]^T, \rho(\cdot)^T, 1 \right] \begin{bmatrix} dp_\bullet \\ dq \\ dy \\ dz \\ dI \end{bmatrix}$$

mit $x_\bullet^T = [x_2, x_3, \ldots, x_N]$, $dp_\bullet = [dp_2, dp_3, \ldots, dp_N]^T$

sowie $\lambda(\cdot) = \lambda(p,q,y,z,I)$ usw.

Offensichtlich ist MA_{0k} eine stetige, streng monoton zunehmende Transformation der Nutzendifferenz $\Delta_{0k}V$, da der Grenznutzen des Einkommens λ_0 stets positiv ist. Die Pfadunabhängigkeit[8] des Integrals (10-27) wird durch die in dem hier vorliegenden Spezialfall einer Präferenzordnung gültigen Ableitungseigenschaften (10-12) bis (10-25) sichergestellt, so daß das Marshall-Maß MA_{0k} in diesem Spezialfall nicht nur die theoretischen Konsistenzbedingungen (9-1) und (9-2) erfüllt, sondern auch empirisch berechenbar ist - vorausgesetzt, die Schattenpreisfunktionen $\pi(\cdot)$ und $\rho(\cdot)$ sind bekannt. Ist dies nicht der Fall, so können auf der Basis von (10-27) nur solche staatlichen Projekte beurteilt werden, bei denen sich weder die Rationierungsmengen noch die Kollektivgütermengen ändern (so daß $dy=dz=0$). Obwohl sich die Schattenpreisfunktionen $\pi(\cdot)$ und $\rho(\cdot)$ einer unmittelbaren empirischen Beobachtung entziehen, existieren Hilfsverfahren zu ihrer zumindest approximativen Ermittlung. Eines dieser Verfahren, das in Teil I kurz beschrieben wurde, beruht auf der Symmetrie der partiellen Ableitungen der Schattenpreisfunktionen.

---

[8] Das Integral über eine Vektorfunktion $f(x)$ mit $f: \mathbf{R}^N \to \mathbf{R}^N$ ist genau dann pfadunabhängig, wenn $(\partial f_i/\partial x_j) = (\partial f_j/\partial x_i)$ für alle $i,j=1,2,\ldots N$ [siehe z.B. Apostol (1969, S. 351)].

Während die meisten Literaturbeiträge zur Wohlfahrtsmessung nur die Änderung einzelner staatlich beeinflußbarer Parameter berücksichtigen bzw. zur Vermeidung des Pfadabhängigkeitsproblems überhaupt nur eine einzige Variable ändern[9], wurde in diesem Kapitel der allgemeinste und sicher auch realistischste Fall, in dem sich infolge eines oder mehrerer staatlicher Projekte sämtliche Politikparameter ändern können, betrachtet. Hierzu wurde das traditionelle Marshall-Maß im Hinblick auf diesen allgemeinen Fall modifiziert, und es wurden die Bedingungen hergeleitet, unter denen dieses modifizierte Marshall-Maß anwendbar ist.

Dabei konnte gezeigt werden, daß die Annahme eines von N-1 Individualgüterpreisen, dem Einkommen und den Rationierungspreisen unabhängigen Grenznutzens des Einkommens impliziert, daß die Nachfrage nach diesen N-1 Individualgütern von der Höhe des Pauscheinkommens unbeeinflußt bleibt. Eine solche Präferenzordnung kann durch eine Nutzenfunktion dargestellt werden, die in dem einzigen einkommensabhängig nachgefragten Gut quasilinear ist.[10] Umgekehrt impliziert die Annahme eines

---

[9] So schreibt beispielsweise de Borger (1986, S. 894, FN 1): "We have to concentrate on a single subsidized good, however, because Marshallian suplus is not path independent in the case of multiple price changes." Auch Randall/Stoll (1980) und Cornes/Albon (1981) beschränken sich auf den Sonderfall eines einzigen rationierten Gutes zur Vermeidung des Pfadabhängigkeitsproblems. In diesen Untersuchungen werden Fehlergrenzen gesucht, die eine Verwendung des Marshall-Maßes als Abschätzung für die Hicks-Maße unter "pragmatischen" Gesichtspunkten gestatten. Die praktischen Qualitäten eines Modells, in dem sich nur eine einzige Variable ändern darf, erscheinen jedoch einigermaßen zweifelhaft.

[10] In allgemeiner Form ist beispielsweise eine in Gut 1 quasilineare Nutzenfunktion durch

$$u(x,y,z) = a + b \cdot x_1 + f(\underline{\underline{x}},y,z)$$

gegeben. Aus den Optimalbedingungen (2-4a) für ein Nutzenmaximum folgt, daß der Grenznutzen des Einkommens für eine solche Präferenzordnung mit $\lambda = b/p_1$ die gesuchten Eigenschaften besitzt.

Nachfragesystems, bei dem alle Einkommensableitungen der Nachfragefunktionen bis auf eine einzige gleich Null sind, daß die betreffende Präferenzordnung durch eine indirekte Nutzenfunktion repräsentiert werden kann, deren Grenznutzen des Einkommens nur von einem einzigen Individualgüterpreis abhängt, so daß beide Annahmen als äquivalent betrachtet werden können.[11]

Diese Herleitungen erweitern die Gültigkeit des klassischen Ergebnisses von Samuelson[12] auf das um die Existenz von Kollektivgütern und rationierten Märkten erweiterte Haushaltsmodell.[13] Für den zweiten Samuelsonschen Fall einer in den Individualgütermengen homothetischen Präferenzordnung konnte gezeigt werden, daß er in dem erweiterten Haushaltsmodell nicht zu einem Grenznutzen des Einkommens führt, der nur noch von einer einzigen monetären Variablen abhängt. Somit bleibt in dem erweiterten Haushaltsmodell von beiden Samuelsonschen Fällen eines "konstanten" Grenznutzens des Einkommens nur einer übrig.

---

11 Da die indirekte Nutzenfunktion wie auch die direkte Nutzenfunktion nur bis auf eine stetige, streng monoton zunehmende Transformation bestimmt ist, kann diese Präferenzordnung natürlich auch durch andere Nutzenfunktionen derselben Transformationsklasse dargestellt werden, deren Einkommensableitungen nicht zwangsläufig ebenfalls nur von p_1 abhängen müssen.

12 Samuelson (1942) zeigte, daß in einem reinen Individualgütermodell nur zwei Fälle existieren, in denen die Präferenzordnung des Konsumenten durch eine indirekte Nutzenfunktion mit einem Grenznutzen des Einkommens, der nur von einer einzigen monetären Variablen abhängt, darstellbar ist: Der erste Fall ist der einer homothetischen Präferenzordnung und der zweite der einer Präferenzordnung, bei der (N-1) von N Gütern einkommensunabhängig nachgefragt werden.

13 Johansson (1987, S. 59 ff.) zeigt ebenfalls, daß in einem Individualgütermodell mit rationierten Märkten die Annahme eines nur von einem Individualgutpreis abhängigen Grenznutzens des Einkommens hinreichend für die Eindeutigkeit des Marshall-Maßes ist.

Um zu einer ökonomischen Beurteilung dieser verbliebenen Version des Marshall-Maßes für Haushaltsmodelle mit Rationierungs- und Kollektivgütern zu kommen, muß man sich fragen, wie plausibel der hier zu unterstellende Sonderfall einer Präferenzordnung ist. Wie gezeigt wurde, ist es für die Existenz eines von nur einem einzigen Individualgüterpreis abhängigen Grenznutzens des Einkommens notwendig und hinreichend, daß die Nachfrage nach allen anderen Individualgütern gemäß (10-12) von Änderungen des Haushaltseinkommens unabhängig ist. Die Vorstellung, daß ein Konsument sämtliche Einkommenszuwächse nur zum Kauf eines einzigen Gutes verwendet, ist jedoch ökonomisch so wenig einleuchtend, daß ein sinnvoller Einsatz des Marshall-Maßes im Rahmen der hier betrachteten Haushaltsmodelle kaum denkbar erscheint.

Kapitel 11

Wohlfahrtsmessung auf der Basis der Ausgabenfunktion

Nachdem im vorangegangenen Kapitel gezeigt wurde, daß das auf der indirekten Nutzenfunktion basierende Marshall-Maß in unserem um die Existenz von Rationierungs- und Kollektivgütern erweiterten Haushaltsmodell noch weniger allgemein einsetzbar ist als im reinen Individualgütermodell, soll hier nun geprüft werden, inwieweit die auf der Grundlage der Ausgabenfunktion gebildeten Hicksschen Variationsmaße zur Wohlfahrtsmessung im Rahmen unseres Modells geeignet sind.

Im reinen Individualgütermodell messen die Hicksschen Variationsmaße die durch den Übergang von einer Ausgangssituation 0 zu einer neuen Situation k implizierte Wohlfahrtsänderung durch die Differenz der Ausgaben, die bei Konstanz sämtlicher Preise jeweils zur Realisierung des neuen Nutzenniveaus U_k und des ursprünglichen Nutzenniveaus U_0 mindestens getätigt werden müssen. Je nachdem, ob diese Minimalausgaben bei Gültigkeit der Ausgangspreise oder der neuen Preise berechnet werden, handelt es sich um die Hickssche Äquivalente Variation oder um die Kompensierende Variation.[1]

Analog hierzu sei nun für unser erweitertes Haushaltsmodell die ***Verallgemeinerte Äquivalente Variation*** EV_{0k} für den Übergang von einer Ausgangssituation 0 zu einer neuen Situation k als Differenz der Ausgaben definiert, die der Konsument bei Gültigkeit der Ausgangswerte der staatlich beeinflußbaren Parameter $[p^0,q^0,y^0,z^0]$ jeweils mindestens tätigen muß, um zum einen das neue Nutzenniveau U_k und zum andern das ursprüngliche Nutzenniveau U_0 zu realisieren. Formal gilt somit

---

[1] Siehe Hicks (1943).

$$(11-1) \quad EV_{0k} = e(p^0,q^0,y^0,z^0,U_k) - e(p^0,q^0,y^0,z^0,U_0)$$

$$= \hat{e}(p^0,y^0,z^0,U_k) - \hat{e}(p^0,y^0,z^0,U_0) \quad , (k=1,2,\ldots,K),$$

wobei die Variable Ausgabenfunktion $\hat{e}(p^0,y^0,z^0,U_k)$ gemäß (3-2) die zur Realisierung des neuen Nutzenniveaus U_k bei Gültigkeit der Individualgüterpreise p^0 und der Rationierungsmengen y^0 sowie der Kollektivgütermengen z^0 mindestens zu tätigenden Individualgüterausgaben angibt.[2] Wählt man statt der alten die neuen Werte der staatlichen Politikparameter als Referenzpunkt, so erhält man die ***Verallgemeinerte Kompensierende Variation***

$$(11-2) \quad CV_{0k} = e(p^k,q^k,y^k,z^k,U_k) - e(p^k,q^k,y^k,z^k,U_0)$$

$$= \hat{e}(p^k,y^k,z^k,U_k) - \hat{e}(p^k,y^k,z^k,U_0) \quad , (k=1,2,\ldots,K).$$

Es ist offensichtlich, daß beide Maße aufgrund der strengen Monotonie der Ausgabenfunktion im Nutzenniveau U die für Wohlfahrtsmaße essentielle Indikatorbedingung (9-1) erfüllen. Beide Wohlfahrtsmaße sind somit in der Lage, für ein beliebiges Projekt eindeutig anzugeben, ob es die Wohlfahrt des betrachteten Konsumenten erhöht oder nicht. Ebenso offensichtlich ist, daß nur die Verallgemeinerte Äquivalente Variation darüber hinaus auch die Ordnungsbedingung (9-2) erfüllt und damit eine beliebige Anzahl von Projekten, die alle von derselben Ausgangssituation ausgehen, simultan unter dem Wohlfahrts-

---

[2] Analoge Definitionen der Hicksschen Äquivalenten Variation, die allerdings nur auf die Messung der Wohlfahrtseffekte isolierter Änderungen der Rationierungsmengen angewandt werden, finden sich u.a. bei Johansson (1987, S. 63 ff.) und de Borger (1988, S. 896). Zur Unterscheidung von der Äquivalenten Variation des reinen Individualgüterfalls wird das in (11-1) definierte Wohlfahrtsmaß häufig auch in Anlehnung an Hicks (1943) als "Äquivalenter Surplus" bezeichnet [siehe z.B. Cornwall (1984, S.591 ff.), Lankford (1988) oder auch Ahlheim/Rose (1992, S. 237)].

aspekt miteinander vergleichen kann. Die Kompensierende Variation ist wegen der Projektabhängigkeit des Referenzparametervektors $[p^k,q^k,y^k,z^k]$ dazu nicht in der Lage und statt dessen nur für Binärvergleiche geeignet. Somit ist die Äquivalente Variation in der typischen Entscheidungssituation des staatlichen Planers, in der ausgehend von einem bestimmten Ist-Zustand zwischen der Realisierung verschiedener alternativer Projekte entschieden werden muß, besser einsetzbar als die Kompensierende Variation. Die folgenden Untersuchungen beschränken sich daher auf die Betrachtung der Verallgemeinerten Äquivalenten Variation. Entsprechende Überlegungen lassen sich jedoch ohne besondere Schwierigkeiten analog für die Verallgemeinerte Kompensierende Variation anstellen.

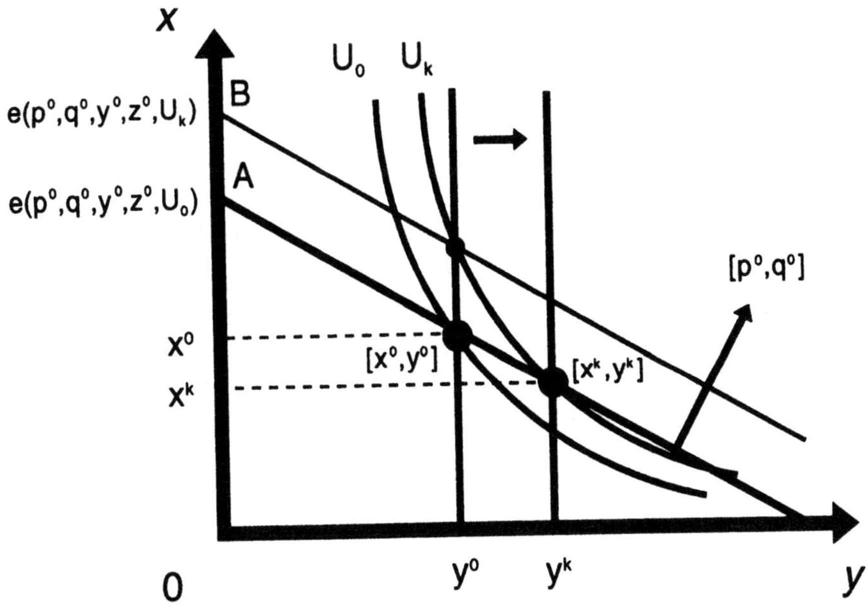

- Abb 11-1 -

In Abbildung 11-1 ist die Verallgemeinerte Äquivalente Variation einer isolierten Erhöhung der Rationierungsmenge y bei Konstanz aller übrigen staatlichen Politikparameter graphisch im x,y-Raum dargestellt. Dabei konnten alle Individualgüter zu einem Hicksschen "composite commodity" x und alle rationierten Güter zu einem "composite commodity" y zusammengefaßt werden, da sich die relativen Preise innerhalb dieser Gütergruppen jeweils nicht ändern. Weiterhin wurde das frei verkäufliche Gut x als numéraire gewählt, so daß die beiden Werte $e(p^0,q^0,y^0,z^0,U_k)$ und $e(p^0,q^0,y^0,z^0,U_0)$ der rationierten Ausgabenfunktion unmittelbar als Schnittpunkte der beiden Isoausgabenlinien mit der x-Achse abgelesen werden können. Die Verallgemeinerte Äquivalente Variation EV_{0k} ergibt sich hier als Differenz $0B-0A=BA>0$. Diese Differenz entspricht dem Einkommensbetrag, den man dem Konsumenten in der Ausgangssituation zusätzlich mindestens geben müßte, um ihm bei Beibehaltung der ursprünglichen Rationierungsmenge y^0 und der übrigen Parameter $[p^0,q^0,z^0]$ die Realisierung des neuen Nutzenniveaus U_k zu ermöglichen.

Weiter oben wurde schon darauf hingewiesen, daß das entscheidende Kriterium für die Beurteilung eines Wohlfahrtsmaßes die Frage nach seiner empirischen Berechenbarkeit ist, da dieser Punkt ja gerade den Unterschied zu einer Nutzenfunktion bzw. einer Funktion zur Beschreibung der Präferenzordnung des Konsumenten ausmacht. Im nächsten Kapitel sollen nun die Möglichkeiten zur empirischen Berechnung der Verallgemeinerten Äquivalenten Variation untersucht werden.

Berechnungsverfahren

Die Berechnung der Verallgemeinerten Äquivalenten Variation wäre völlig unproblematisch, wenn die funktionale Form der rationierten Ausgabenfunktion des betrachteten Konsumenten empirisch beobachtbar und damit bekannt wäre. Dies ist jedoch üblicherweise nicht der Fall, da weder die rationierte Ausgabenfunktion, noch das Nutzenniveau U, das sie als Argument enthält, empirisch unmittelbar beobachtbar sind. Es muß also nach Wegen gesucht werden, diese Größen indirekt auf der Basis empirisch beobachtbarer Daten zu ermitteln.

In der Literatur werden verschiedene Verfahren zur Berechnung der Äquivalenten Variation bei Existenz rationierter Märkte diskutiert, wobei das Problem bei solchen Berechnungen darin besteht, daß auch die rationierten Nachfragefunktionen eines Konsumenten empirisch nicht direkt beobachtbar sind. Daher hängen die meisten Verfahren zur Berechnung von Wohlfahrtsänderungen bei rationierten Märkten, zumindest jedoch die exakteren unter ihnen, davon ab, daß für die rationierten Güter ein "Parallelmarkt" existiert, auf dem diese Güter ohne Mengenrestriktion gehandelt werden. Auf der Basis der dort gesammelten nichtrationierten Daten muß das entsprechende Wohlfahrtsmaß dann berechenbar sein. Das populärste Beispiel für eine solche Konstellation zweier Parallelmärkte bietet der Wohnungsmarkt, wo einem bestimmten Personenkreis in Form von Sozialwohnungen Wohnraum in beschränkter Menge zu subventionierten Preisen angeboten wird, während sich die Mehrheit der Bevölkerung auf dem privaten Wohnungsmarkt ohne Beschränkung, aber zu deutlich höheren Preisen mit Wohnraum versorgt. In einem solchen Fall ist es möglich, auf dem freien Markt die nichtrationierten Nachfragefunktionen eines vergleichbaren Haushalts, der auf den nichtrationierten Märkten kauft, bzw. die entsprechenden Parameter empirisch zu schätzen und unter Beachtung der in Teil I hergeleiteten theoretischen Zusammenhänge für die weitere Berechnung der Äquivalenten Variation zu verwenden. Mit einem besseren theoretischen Gewissen läßt sich dieses Verfahren anwenden, wenn für den betrachteten Haushalt selbst nichtrationierte Daten vorliegen, die aus der Zeit vor Einführung der Mengenrationierung stammen. Insofern eignen sich die im folgenden skizzierten Verfahren insbesondere zur wohlfahrtstheoretischen Beurteilung von geplanten zukünftigen Rationierungsmaßnahmen (bzw. Subventionierungen bei beschränkten Mengenkontingenten), da in diesen Fällen nichtrationierte Gegenwartsdaten ermittelt werden können.

Die verschiedenen in der Literatur behandelten "exakten" Verfahren zur Berechnung der Äquivalenten Variation unterscheiden sich dabei im wesentlichen dadurch, daß sie entweder unmittelbar das nichtrationierte Marshall-Nachfragesystem eines Konsumenten schätzen[3] oder zunächst eine bestimmte funktionale Form für die Nutzenfunktion oder die (nichtrationierte) Ausgabenfunktion des betrachteten Konsumenten postulieren, aus dieser die funktionale Form der nichtrationierten Marshall-Nachfragefunktionen theoretisch herleiten und dann diese Nachfragefunktionen auf dem nichtrationierten Teilmarkt empirisch schätzen.[4] Auf der Grundlage dieser empirisch bestimmten Parameter lassen sich dann alle übrigen für die Berechnung des gewählten Wohlfahrtsmaßes relevanten Funktionen ermitteln. Die grundsätzliche Vorgehensweise, die dem letztgenannten "klassischen" Verfahren, das zugleich auch das mit Abstand am häufigsten verwendete ist, zugrunde liegt, soll im folgenden anhand eines konkreten Beispiels, das ähnlich wie bei Deaton (1981)[5] schrittweise ausgeführt wird, verdeutlicht werden.

Ziel unseres Beispiels ist die Berechnung der Verallgemeinerten Äquivalenten Variation gemäß (11-1) auf der Basis empirisch beobachtbarer Daten. Eine unmittelbare Bestimmung dieses Maßes kommt, wie weiter oben bereits erläutert wurde, nicht in Frage, da weder die funktionale Form der rationierten

---

[3] Diese Vorgehensweise wird z.B. von Schwab (1985) und de Borger (1989) gewählt.

[4] Dieses Verfahren liegt unter anderen den Arbeiten von Clarkson (1976/77), Cronin (1983) und Olsen/Barton (1983) zugrunde.

[5] Deaton (1981, S. 60/61) demonstriert (im Zusammenhang mit seinen "matched pairs of demand systems") anhand einer speziellen, linear aggregierbaren Nutzenfunktion den schrittweisen Übergang vom rationierten zum nichtrationierten Nachfragesystem eines Konsumenten.

Ausgabenfunktion noch das Nutzenniveau U, das sie als Argument enthält, empirisch unmittelbar beobachtbar sind. Der letztgenannte Defekt läßt sich relativ einfach dadurch beheben, daß man für den Nutzen U die rationierte indirekte Nutzenfunktion einsetzt, so daß (11-1) zu

$$(11\text{-}3) \qquad EV_{0k} = e(p^0,q^0,y^0,z^0,v(p^k,q^k,y^k,z^k,I_k)) \quad - I_0 \qquad (k=1,2,\ldots,K)$$

wird. Durch dieses Vorgehen reduziert sich das Problem auf die Bestimmung der funktionalen Form der rationierten Ausgabenfunktion, da diese ja gemäß (3-12) invers zur rationierten indirekten Nutzenfunktion des Konsumenten ist und sich somit gemeinsam mit dieser ergibt.

Ausgangspunkt unseres Beispiels ist die Postulierung der nichtrationierten Ausgabenfunktion eines Konsumenten. Dabei sei zur Vereinfachung angenommen, daß nur ein einziges rationiertes Gut und ebenso nur ein einziges Kollektivgut existiert. Zur Erinnerung sei noch einmal erwähnt, daß die Ausgabenfunktion die Konsumausgaben für die Güter x und y angibt, die der Konsument ohne Rationierung des Gutes y bei Gültigkeit der Marktpreise [p,q] mindestens tätigen müßte, um bei einer Kollektivgutmenge z das Nutzenniveau U zu realisieren. Wir wählen für die nichtrationierte Ausgabenfunktion die mit einem linearen Ausgabensystem korrespondierende funktionale Form[6]

[6] Das lineare Ausgabensystem wurde hier gewählt, da es einerseits theoretisch relativ einfach zu handhaben ist und andererseits noch immer zu den am häufigsten vollständig geschätzten Nachfragesystemen gehört.

$$(11\text{-}4) \qquad E(p,q,z,U) = U \cdot \prod_{n=1}^{N} \left[\frac{p_n}{\alpha_n}\right]^{\alpha_n} \cdot \left[\frac{q}{\beta}\right]^{\beta} \cdot z^{-1} + pa + qb$$

mit α_n, a_n, β, $b > 0$ und $\Sigma\alpha_n+\beta = 1$.

Da annahmegemäß nur ein Rationierungs- und ein Kollektivgut existiert, handelt es sich bei q, b, β und z hier jeweils um Skalare; p und a dagegen sind N-dimensionale Vektoren. Die Parameter a_n und b symbolisieren die für ein lineares Ausgabensystem typischen Mindestkonsummengen für Individual- und Rationierungsgüter, deren Konsum überhaupt erst die Erzeugung eines positiven Nutzens sicherstellt; für das Kollektivgut z wurde keine Mindestkonsummenge postuliert.

Aus der Ausgabenfunktion (11-4) erhält man durch Inversion gemäß der definitorischen Identität

$$(11\text{-}5) \qquad E(p,q,z,V(p,q,z,I)) \equiv I$$

die nichtrationierte indirekte Nutzenfunktion

$$(11\text{-}6) \qquad V(p,q,z,I) = (I-pa-qb) \cdot \prod_{n=1}^{N} \left[\frac{\alpha_n}{p_n}\right]^{\alpha_n} \cdot \left[\frac{\beta}{q}\right]^{\beta} \cdot z$$

des Konsumenten. Bei Berücksichtigung der Roy-Identität ergeben sich daraus die nichtrationierten Marshall-Nachfragefunktionen als[7]

[7] Die Tatsache, daß die Kollektivgutmenge z kein Argument der Marshall-Nachfragefunktionen (11-7) ist, resultiert aus der strengen Separabilität der hier angenommenen Präferenzordnung und gilt nicht etwa generell.

$$(11\text{-}7)\qquad x_n(p,q,I) = a_n + \frac{\alpha_n}{p_n}\cdot(I-pa-qb) \qquad (n=1,2,\ldots,N)$$

$$y(p,q,I) = b + \frac{\beta}{q}\cdot(I-pa-qb) \quad .$$

Diese nichtrationierten Marshall-Nachfragefunktionen beschreiben das Marktverhalten eines Konsumenten, wenn er sämtliche Güter, also auch das Gut y, unter Marktbedingungen erwerben kann. Man schätzt nun diese Nachfragefunktionen auf den bereits erwähnten nichtrationierten "Parallelmärkten" (oder auf der Basis von Daten aus der Zeit vor der Einführung der Mengenrationierung) und überträgt die Ergebnisse auf die rationierten Haushalte. Aus diesen Schätzungen ergeben sich die Werte für sämtliche Parameter, d.h. für alle α_n und a_n sowie für β und b, so daß die nichtrationierte Ausgabenfunktion nun vollständig bestimmt ist.

Der Zusammenhang zwischen der (gesuchten) rationierten und der (nun bekannten) nichtrationierten Ausgabenfunktion ergibt sich aus (5-18) als

$$(11\text{-}8)\qquad e(p,q,y,z,U) \equiv E(p,\hat{\pi}(p,y,z,U),z,U) + y\cdot(q-\hat{\pi}(p,y,z,U))$$

mit $\hat{\pi}$ als dem virtuellen Preis des rationierten Gutes. Bei Gültigkeit der virtuellen Preise $[p,\hat{\pi}(\cdot)]$, bei denen der Konsument auch ohne Mengenrationierung das aktuelle Güterbündel $[x,y]$ kaufen würde, unterscheidet sich der Wert der rationierten Ausgabenfunktion von dem der nichtrationierten Ausgabenfunktion somit gerade um den Betrag $y\cdot[\hat{\pi}(\cdot)-q]$, mit dem die Menge y des rationierten Gutes in der Rationierungssituation subventioniert wird.

Voraussetzung für die Bestimmung der rationierten Ausgabenfunktion gemäß (11-8) ist offensichtlich, daß die einkommenskompensierte Schattenpreisfunktion $\hat{\pi}$ für das Kollektivgut bekannt ist. Diese erhält man aus der Version (5-8) von Shephard's Lemma und aus der Beziehung (5-24), die besagt, daß die nichtrationierte einkommenskompensierte Nachfrage nach dem in der aktuellen Situation rationierten Gut bei Gültigkeit der dieser Situation entsprechenden virtuellen Preise gerade gleich der Rationierungsmenge y ist. Auf unser Beispiel bezogen heißt das

$$(11\text{-}9) \qquad \frac{\partial E}{\partial q}(p,\hat{\pi}(p,y,z,U),z,U) \equiv \sigma(p,\hat{\pi}(p,y,z,U),z,U) \equiv y,$$

wobei y die aktuelle Rationierungsmenge ist. Auflösen dieser Identität ergibt die einkommenskompensierte Schattenpreis- bzw. virtuelle Preisfunktion

$$(11\text{-}10) \qquad \hat{\pi}(p,y,z,U) \equiv \beta \cdot \left[U \cdot \prod_{n=1}^{N} \left[\frac{p_n}{\alpha_n}\right]^{\alpha_n} \cdot \frac{1}{z(y-b)} \right]^{\frac{1}{1-\beta}} .$$

Einsetzen der virtuellen Preisfunktion (11-10) und der nichtrationierten Ausgabenfunktion (11-4) in (11-8) ergibt die rationierte Ausgabenfunktion

$$(11-11) \quad e(p,q,y,z,U) \equiv (1-\beta)\left[\frac{1}{U}\cdot\prod_{n=1}^{N}\left[\frac{\alpha_n}{p_n}\right]^{\alpha_n}\cdot z(y-b)^{\beta}\right]^{\frac{1}{\beta-1}}$$

$$+ pa + qy \quad .$$

Die Parameter α_n, a_n, β und b der rationierten Ausgabenfunktion sind von der Schätzung der nichtrationierten Marshall-Nachfragefunktionen her bekannt, so daß die einzige unbekannte Größe hier das Nutzenniveau U ist. Zur empirischen Bestimmung der Äquivalenten Variation gemäß (11-3) setzen wir für U die rationierte indirekte Nutzenfunktion in die rationierte Ausgabenfunktion ein, da U selbst nicht empirisch beobachtbar ist. Diese erhält man durch Inversion von (11-11), da die rationierte indirekte Nutzenfunktion gemäß (3-12) invers zur rationierten Ausgabenfunktion ist:

$$(11-12) \quad v(p,q,y,z,I) \equiv \prod_{n=1}^{N}\left[\frac{\alpha_n}{p_n}\right]^{\alpha_n}\cdot z(y-b)^{\beta}\cdot\left[\frac{I-pa-qy}{1-\beta}\right]^{(1-\beta)}$$

Die rationierte indirekte Nutzenfunktion (11-12) hängt nur von beobachtbaren Größen wie p, q, y, z und I einerseits und den aus der Schätzung der nichtrationierten Marshall-Nachfragefunktionen bekannten Parametern α_n, a_n, β und b andererseits ab. Setzt man nun die rationierte indirekte Nutzenfunktion mit den neuen Werten p^k, q^k usw. in die rationierte Ausgabenfunktion für die Ausgangssituation 0 ein, so erhält man die Verallgemeinerte Äquivalente Variation gemäß (11-3) als

$$(11\text{-}13) \qquad EV_{0k} \equiv \left[\prod_{n=1}^{N} \left[\frac{p_n^{\,0}}{p_n^{\,k}} \right]^{\alpha_n} \cdot \left[\frac{y^k - b}{y^0 - b} \right]^{\beta} \cdot \frac{z^k}{z^0} \right]^{\frac{1}{1-\beta}} \cdot (I_k - p^k a - q^k y^k)$$

$$- (I_0 - p^0 a - q^0 y^0) \quad .$$

Sämtliche Elemente dieses Ausdrucks sind ökonometrisch bestimmbar, so daß die Verallgemeinerte Äquivalente Variation in dieser Form empirisch berechnet werden kann.

Theoretische Basis dieses "klassischen" Ansatzes ist die a-priori-Spezifikation einer bestimmten funktionalen Form für die nichtrationierte Ausgabenfunktion des Konsumenten. Je nach Flexibilität dieser funktionalen Form impliziert ein solches Vorgehen natürlich eine mehr oder weniger deutliche strukturelle Festlegung der Präferenzordnung des Konsumenten, bevor die empirischen Daten auch nur angeschaut werden. Um diese Einschränkung der empirischen Erkenntnismöglichkeiten zu vermeiden, gehen verschiedene neuere Ansätze unmittelbar von der empirischen Schätzung des nichtrationierten Marshall-Nachfragesystems des Konsumenten aus und versuchen, auf der Grundlage dieser Informationen zu den für die Berechnung der Äquivalenten Variation erforderlichen Größen zu gelangen. Beispiele hierfür sind die Arbeiten von Schwab (1985), Lankford (1988) und de Borger (1989).

Die dabei verwendeten Methoden sind allerdings nicht ganz unproblematisch, da im allgemeinen ja kein direkter Weg vom Marshall-Nachfragesystem eines Konsumenten zu seiner Nutzen- bzw. Ausgabenfunktion führt. Wie im Zusammenhang mit dem Marshall-Maß im vorangegangenen Kapitel gezeigt wurde, bestehen die hier auftretenden Schwierigkeiten im wesentlichen darin, daß ein Marshall-Nachfragesystem - von speziellen Sonderfällen abgesehen - nicht zu einer indirekten Nutzenfunktion integrierbar ist, da das entsprechende Integral nicht pfadunabhängig ist.

Dieses Problem wird nun beispielsweise von Schwab (1985) in Anlehnung an Hausmann (1981) dadurch umgangen, daß er ein Zwei-Güter-Modell mit einem rationierten Gut und einem Individualgut entwirft, wobei das Individualgut als Numéraire gewählt und sein Preis konstant gesetzt wird. Durch diesen Kunstgriff hängt die nichtrationierte indirekte Nutzenfunktion nur noch von dem Preis des rationierten Gutes und vom Einkommen ab. Nun läßt sich die (nichtrationierte) Roy-Identität über einen nutzenkonstanten Integrationspfad zur nichtrationierten indirekten Nutzenfunktion integrieren.[8] Da die Zusammenfassung sämtlicher Individualgüter zu einem einzigen "composite commodity" nach Hicks voraussetzt, daß sich die Preise dieser Güter nur proportional zueinander ändern,[9] bedeutet die von Schwab gewählte Beschränkung auf den Zwei-Güter-Fall eine gravierende Einschränkung der Allgemeinheit seiner Untersuchung. Sie impliziert insbesondere, daß die durch ein staatliches Projekt ausgelösten Markteffekte und die damit verbundenen Änderungen im Preisgefüge der Individualgüter bei dieser Methode grundsätzlich nicht berücksichtigt werden können.

Verallgemeinerungen des Schwabschen Ansatzes auf eine beliebige Anzahl von Rationierungs- und Kollektivgütern finden sich bei Lankford (1988) und de Borger (1989). Beide Ansätze beruhen auf einem Algorithmus von Vartia (1983) bzw. McKenzie/Ulph (1986), der es erlaubt, ein Marshall-Nachfragesystem mit beliebig vielen Gütern entlang eines nutzenkonstanten Integrationspfades zu bestimmten Werten der (nicht-rationierten) Ausgabenfunktion zu "integrieren". Genau genommen wird diese Integration durch ein iteratives Verfahren zur Lö-

---

[8] Dieses Verfahren ist ausführlich bei Hausmann (1981, S. 664 ff.) beschrieben.

[9] Zum Hicksschen "Composite Commodity Theorem" siehe z.B. Silberberg (1990, S. 381 ff.).

sung von Differentialgleichungen bei ständig variierten Parametern (zur Sicherstellung eines konstanten Nutzenniveaus) simuliert.

Diese numerischen Verfahren haben den Vorteil, daß sie auch bei Nachfragesystemen Anwendung finden, die nicht zu einer expliziten mathematischen Form einer der Funktionen zur Beschreibung der Präferenzordnung integrierbar sind. Der Verzicht auf die explizite Darstellbarkeit dieser Funktionen verbreitert das Anwendungsspektrum für die numerischen Verfahren in reinen Marktmodellen gegenüber dem klassischen Ansatz bedeutend.

In Modellen mit Mengenrationierung können diese Verfahren, die auf einer "freien" Schätzung der Nachfragefunktionen auf den nichtrationierten Parallelmärkten beruhen, jedoch nur unter sehr restriktiven Annahmen eingesetzt werden. Dies gilt sowohl für den Schwabschen Ansatz, der auf die Zusammenfassung aller Individualgüter zu einem einzigen Gut angewiesen ist, was seine Analyse bis ins Groteske vereinfacht, als auch für de Borger (1989). Für seine Anwendung des Vartia-Algorithmus benötigt de Borger die Annahme, daß sämtliche Individualgüterpreise konstant bleiben (da er sonst keine Anfangsbedingungen für seine Differentialgleichungen festlegen kann). Eine solche Annahme kann jedoch nicht sinnvoll für praktische Wohlfahrtsanalysen getroffen werden, da die Reaktion der Individualgüterpreise auf die Einführung oder Änderung von Rationierungsmaßnahmen im Rahmen einer gesamten Volkswirtschaft außerhalb des Kontrollbereichs des analysierenden Wohlfahrtstheoretikers liegen. Während beispielsweise ein Verfahren, das nur bei Konstanz der Kollektivgütermengen anwendbar ist, durchaus sinnvoll zur Evaluierung von Projekten, die das staatliche Kollektivgüterangebot unberührt lassen, eingesetzt werden kann (da die Kollektivgüter ja modellexogene Größen sind), ist dies für de Borgers Verfahren nicht möglich, da die Individualgüterpreise als modellendogene Größen der Kontrolle des Wohlfahrtsanalytikers entzogen sind. Ein staatliches Projekt, bei dem die Änderung der Individualgüterpreise im Rahmen eines Gesamtmodells a priori ausgeschlossen werden kann, ist nicht denkbar. Daher fehlt den von Schwab und von de Borger vorgeschlagenen Verfahren jegliche praktische Relevanz.

Der Grund für das Scheitern der auf der Ausgabenfunktion basierenden Wohlfahrtsmaße liegt in der Natur der Ausgabenfunktion selbst. In ihrer nichtrationierten Form kann sie nur Haushaltsgleichgewichte beschreiben, bei denen die Grenzrate der Substitution zwischen je zwei Gütern gleich dem entsprechenden Preisverhältnis ist, und ist damit für den Einsatz in Rationierungssituationen ungeeignet. In ihrer rationierten Version dagegen ist sie über Shephard's Lemma mit den rationierten Hicks-Nachfragefunktionen verbunden, die ihrerseits nicht empirisch beobachtbar sind. Während der Vartia-Algorithmus zwar die Integration von nichtrationierten Hicks-Nachfragefunktionen auf der Basis von (empirisch beobachtbaren) nichtrationierten Marshall-Nachfragefunktionen gestattet, kann er dies nicht bei rationierten Märkten, da ja auch die rationierten Marshall-Nachfragefunktionen empirisch nicht geschätzt werden können.

Während also die auf der Ausgabenfunktion basierenden Wohlfahrtsmaße daran scheitern, daß die Ausgabenfunktion letztlich ein Konzept zur Beschreibung von Gleichgewichtssituationen, d.h. von Tangentialpunkten zwischen Indifferenzkurve und Budgetebene, ist, tritt dieses Problem dann nicht auf, wenn man ein Wohlfahrtsmaß auf der Basis von marktformunabhängigen Funktionen zur Beschreibung der Präferenzordnung definiert. Dabei kommen in erster Linie die direkte Nutzenfunktion und die Distanzfunktion in Frage. Beide Funktionen setzen im Gegensatz zu Ausgaben- und indirekter Nutzenfunktion weder Optimalverhalten des betrachteten Konsumenten noch Tangentialpunkte als Haushaltsgleichgewichte voraus. Es handelt sich vielmehr um reine "Indexfunktionen", die jedem Güterbündel einen bestimmten Skalar zuordnen, wobei es vollkommen gleichgültig ist, unter welchen Marktbedingungen das betreffende Güterbündel von dem betrachteten Konsumenten gewählt wird. Da bei der empirischen Bestimmung von Nutzenfunktionen das bekannte und am Beispiel der indirekten Nutzenfunktion bereits dargestellte Intergrationsproblem auftritt, scheidet die Bildung eines Wohlfahrtsmaßes auf Basis der direkten Nutzenfunktion aus. Es bleibt somit nur noch die Möglichkeit zu prüfen, ob auf der Basis der Distanzfunktion ein sinnvolles Wohlfahrtsmaß definiert werden kann, das auch im Rahmen eines Haushaltsmodells mit Mengenrationierung und Kollektivgütern einsetzbar ist. Dies soll im nächsten Kapitel geschehen.

Kapitel 12

Wohlfahrtsmessung auf der Basis der Distanzfunktion

In diesem Kapitel soll ein Wohlfahrtsmaß auf der Grundlage der in Kapitel 7 ausführlich besprochenen ***rationierten Distanzfunktion***

$$(7\text{-}32)\qquad d(s,z,U) = d(c,U) = \max_{\delta \in Q(s,z,U)} \delta$$

$$\text{mit } Q(s,z,U) = \{\delta \mid \delta \in R^{++},\ u(s/\delta,z) \geq U\},$$

wobei

$$(7\text{-}30)\qquad s = [x,y]$$

ist, definiert werden. Die rationierte Distanzfunktion d(s,z,U) gibt den maximalen Skalar an, durch den das Bündel der potentiell marktfähigen Güter [x,y] dividiert werden kann, so daß der aus dieser Skalierung resultierende Gütervektor

$$(7\text{-}34)\qquad s' \equiv \frac{s}{d(s,z,U)}$$

mindestens das Nutzenniveau U erzeugt. Aus Kapitel 7 ist ferner bekannt, daß die rationierte Distanzfunktion über das rationierte Shephard-Hanoch-Lemma

$$(7\text{-}42)\qquad \nabla_x d(s,z,U) \equiv \bar{p}(s,z,U)$$

$$(7\text{-}43)\qquad \nabla_y d(s,z,U) \equiv \bar{q}(s,z,U)$$

mit den *nichtrationierten* inversen kompensierten Nachfragefunktionen des betrachteten Konsumenten verbunden ist, die ihrerseits gemäß

$$(7\text{-}40) \qquad \bar{p}(s,z,U) \equiv \hat{p}(s/d(s,z,U),z)$$

$$(7\text{-}41) \qquad \bar{q}(s,z,U) \equiv \hat{q}(s/d(s,z,U),z)$$

mit den nichtkompensierten inversen Nachfragefunktionen $\hat{p}(s,z)$ und $\hat{q}(s,z)$ zusammenhängen. Damit besteht zwischen der rationierten Distanzfunktion d(s,z,U) einerseits und den nichtkompensierten, *nichtrationierten* (und daher empirisch beobachtbaren!) inversen Nachfragefunktionen $\hat{p}(s,z)$ und $\hat{q}(s,z)$ des Konsumenten andererseits dieselbe Beziehung wie zwischen der Ausgabenfunktion und den Marshall-Nachfragefunktionen. Aus dieser Konstellation ergibt sich die Chance, ein auf der Grundlage der rationierten Distanzfunktion definiertes Wohlfahrtsmaß mit Hilfe des Vartia-Algorithmus auf der Basis der empirisch beobachtbaren inversen Nachfragefunktionen $\hat{p}(s,z)$ und $\hat{q}(s,z)$ zu berechnen.

Definiert man nun in Analogie zur Hickschen Äquivalenten Variation die ***Distanzvariation***[1] als

$$(12\text{-}1) \qquad DV_{0k} = d(s^0,z^0,U_0) - d(s^0,z^0,U_k)$$

$$= 1 - d(s^0,z^0,U_k) \qquad (k\varepsilon\{1,2,...,K\}) ,$$

so folgt unmittelbar aus der strengen Monotonie der Distanzfunktion im Nutzenniveau U, daß die Distanzvariation sowohl der ***Indikatorbedingung*** (9-1) gemäß

[1] Eine ausführliche Darstellung der Distanzvariation und ihrer Berechnung findet sich auch in Ahlheim (1990).

$$(12\text{-}2)\qquad DV_{0k} > 0 \iff U_k > U_0$$
$$DV_{0k} = 0 \iff U_k = U_0$$
$$DV_{0k} < 0 \iff U_k < U_0 \qquad (k\varepsilon\{1,2,...,K\})$$

als auch der ***Ordnungsbedingung*** (9-2) mit

$$(12\text{-}3)\qquad DV_{0k} \geq DV_{0j} \iff U_k \geq U_j \qquad (k,j\varepsilon\{1,2,...,K\})$$

genügt. Die Erfüllung dieser beiden theoretischen Konsistenzkriterien impliziert, daß man mit Hilfe der Distanzvariation nicht nur ein bestimmtes staatliches Projekt in Übereinstimmung mit der Präferenzordnung des betrachteten Konsumenten wohlfahrtstheoretisch evaluieren kann, sondern darüber hinaus eine beliebige Anzahl von Projekten, die alle von derselben Ausgangssituation ausgehen, unter dem Wohlfahrtsaspekt simultan miteinander vergleichen kann.

In Abbildung 12-1 ist die Distanzvariation wieder im x,y-Raum für ein staatliches Projekt dargestellt, bei dem nur die Rationierungsmenge y erhöht wird und alle übrigen Politikparameter konstant bleiben. Es handelt hier sich um dasselbe Beispiel, das in Abbildung 11-1 zur Verdeutlichung der rationierten Äquivalenten Variation verwendet wurde. Die Distanzvariation vergleicht den Abstand der neuen Indifferenzkurve für das Nutzenniveau U_k vom Ursprung mit dem der alten Indifferenzkurve für das Nutzenniveau U_0 entlang eines Strahls aus dem Ursprung mit der Richtung $s^0=[x^0,y^0]$. Wegen der strengen Monotonie der Präferenzordnung repräsentiert die am weitesten vom Ursprung entfernte Indifferenzkurve das höchste Nutzenniveau. In dem hier gewählten Beispiel ist die neue Indifferenzkurve weiter vom Ursprung entfernt als die alte, und es gilt:

$$DV_{0k} = 1 - \frac{0A}{0B} = \frac{0B - 0A}{0B} > 0$$

Die Wohlfahrt hat somit - erwartungsgemäß - infolge der isolierten Erhöhung der Rationierungsmenge y zugenommen.

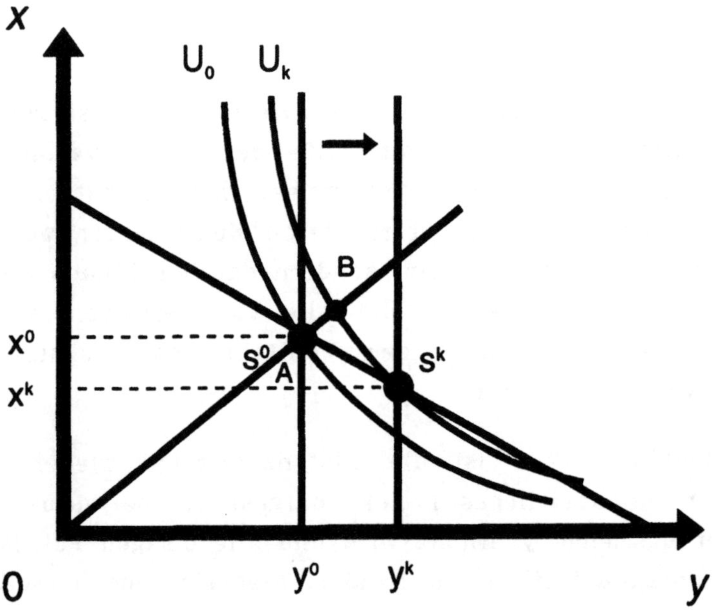

\- Abb 12-1 -

Nachdem die Distanzvariation, wie oben gezeigt wurde, die theoretischen Konsistenzbedingungen für ein zuverlässiges Wohlfahrtsmaß erfüllt, muß nun noch geprüft werden, ob sie auch auf der Basis empirisch beobachtbarer Daten berechenbar ist und so das Beobachtbarkeitskriterium (9-3) erfüllt.

Berechnungsverfahren

Um die Distanzvariation in empirisch beobachtbare Größen zu überführen, soll sie zunächst (bei Beachtung von $d(s^0,z^0,U_0) = d(s^k,z^k,U_k) = 1$) gemäß dem Hauptsatz der Differential- und Intergralrechnung als Integral über den Gradienten der rationierten Distanzfunktion dargestellt werden:

$$(12-4) \qquad DV_{0k} = d(s^0,z^0,U_0) - d(s^0,z^0,U_k)$$

$$= d(s^k,z^k,U_k) - d(s^0,z^0,U_k)$$

$$= \int_{[x^0, y^0, z^0]}^{[x^k, y^k, z^k]} \left[\nabla_x{}^T d(\cdot_k), \nabla_y{}^T d(\cdot_k), \nabla_z{}^T d(\cdot_k)\right] \begin{bmatrix} dx \\ dy \\ dz \end{bmatrix}$$

$$\text{mit} \qquad d(\cdot_k) = d(x,y,z,U_k) \; .$$

Berücksichtigt man nun das rationierte Shephard-Hanoch-Lemma gemäß (7-42) und (7-43) sowie

$$(7-44) \qquad \nabla_z d(s,z,U) \equiv \bar{r}(s,z,U) \quad ,$$

so ergibt sich bei Beachtung der Pfadunabhängigkeit des Integrals (12-4)

$$(12\text{-}5) \qquad DV_{0k} = -\int_{x^k}^{x^0} \bar{p}(x,y^k,z^k,U_k)\cdot dx - \int_{y^k}^{y^0} \bar{q}(x^0,y,z^k,U_k)\cdot dy$$

$$- \int_{z^k}^{z^0} \bar{r}(x^0,y^0,z,U_k)\cdot dz$$

Die Distanzvariation läßt sich somit als Integral über die *nichtrationierten* inversen kompensierten Marktnachfragefunktionen nach den Quasimarktgütern $\bar{p}(x,y,z,U)$ und $\bar{q}(x,y,z,U)$ und über die skalierten Schattenpreisfunktionen für die Kollektivgüter $\bar{r}(x,y,z,U)$ darstellen. Wegen der zweimaligen stetigen Differenzierbarkeit der rationierten Distanzfunktion in s und z gemäß (7-38) ist auch dieses Integral pfadunabhängig und damit eindeutig berechenbar, so daß ein Integrabilitätsproblem wie bei dem Marshall-Maß hier nicht auftreten kann.

In der Darstellungsform (12-5) wird der Gesamtwohlfahrtseffekt eines komplexen staatlichen Projekts in die einzelnen Wohlfahrtseffekte von Änderungen der Individualgütermengen, der Rationierungsmengen und der Kollektivgütermengen zerlegt. Dabei spielt es keine Rolle, unter welchen Marktbedingungen diese Gütermengenänderungen zustande gekommen sind. Aus diesem Grunde erscheinen Preise und Einkommen hier nicht als explizite Aktionsparameter des Staates.

Es ist offensichtlich, daß die Chancen zur empirischen Ermittlung der kompensierten Schattenpreisfunktionen für Kollektivgüter $\bar{r}(x,y,z,U)$ sehr gering einzuschätzen sind. Aus der Darstellungsweise (12-5) wird damit deutlich, daß die Distanzvariation zur wohlfahrtstheoretischen Bewertung von Änderungen des staatlichen Kollektivgüterangebots nicht geeignet ist.

Aus diesem Grunde sollen im weiteren die Kollektivgütermengen mit $z^k = z^0$ konstant gesetzt werden. Damit wird (12-5) zu:

$$\text{(12-6)} \qquad DV_{0k} = - \int_{x^k}^{x^0} \bar{p}(x, y^k, z^k, U_k) \cdot dx - \int_{y^k}^{y^0} \bar{q}(x^0, y, z^k, U_k) \cdot dy$$

Während de-Borger (1989) keine Möglichkeit hat, die Einhaltung der zur Berechnung der Äquivalenten Variation unter Rationierungsbedingungen notwendige Annahme konstanter Individualgüterpreise im Rahmen eines Gesamtmodells sicherzustellen, ist die Gewährleistung konstanter Kollektivgütermengen durch den Wohlfahrtsanalytiker kein Problem, da die Kollektivgütermengen ja Aktionsparameter des Staates und damit exogene Variable auch eines Gesamtmodells sind: Er kann die Distanzvariation eben nur zur Beurteilung solcher Projekte einsetzen, bei denen der Staat die Kollektivgütermengen z nicht ändert.

Die konkrete Berechnung der Distanzvariation auf der Grundlage des Algorithmus von Vartia (1983) soll im folgenden kurz skizziert werden.[2] Die Grundidee dieses Verfahrens besteht darin, das Integral (12-6) durch eine aneinander anschließende Folge von gewöhnlichen Differentialgleichungen erster Ordnung zu ersetzen, wobei die Lösung der ersten Differentialgleichung zur Lösung der zweiten Differentialgleichung benötigt wird, die der zweiten zur Lösung der dritten usw.. Die Anfangsbedingung der ersten Differentialgleichung und damit der gesamten Rechenprozedur ergibt sich aus den speziellen Eigenschaften der Distanzfunktion, wie weiter unten gezeigt wird. Ansonsten macht sich das Verfahren die Zusammenhänge zwischen den

---

[2] Zur Verwendung des Vartia-Algorithmus bei der Berechnung der nichtrationierten Äquivalenten Variation siehe McKenzie/Ulph (1986) oder Ahlheim/Rose (1992). Die hier dargestellte Berechnung der Distanzvariation findet sich in analoger Form in Ahlheim (1990).

kompensierten und den nichtkompensierten inversen (nichtrationierten) Nachfragefunktionen zunutze, die durch die zu Beginn dieses Kapitels noch einmal aufgeführten Identitäten (7-40) und (7-41) ausgedrückt werden.

Wegen der Pfadunabhängigkeit des Integrals (12-6) kann ein beliebiger Integrationspfad gewählt werden. Integriert man zunächst über sämtliche Individualgütermengen x_n in aufsteigender Folge und dann in analoger Weise über sämtliche Rationierungsmengen y_m, so wird (12-6) zu:

(12-7) $$-DV_{0k} = \int_{x_1^k}^{x_1^0} \bar{p}_1(x_1, x_2^k, .., x_N^k, y^k, z^k, U_k)dx_1$$

$$+ \int_{x_2^k}^{x_2^0} \bar{p}_2(x_1^0, x_2, x_3^k, .., x_N^k, y^k, z^k, U_k)dx_2 \qquad + \ldots$$

$$+ \int_{x_N^k}^{x_N^0} \bar{p}_N(x_1^0, .., x_{N-1}^0, x_N, y^k, z^k, U_k)dx_N$$

$$+ \int_{y_1^k}^{y_1^0} \bar{q}_1(x^0, y_1, y_2^k, .., y_M^k, z^k, U_k)dy_1$$

$$+ \int_{y_2^k}^{y_2^0} \bar{q}_2(x^0,y_1^0,y_2,y_3^k,..,y_M^k,z^k,U_k)dy_2 \qquad + \ldots$$

$$+ \int_{y_M^k}^{y_M^0} \bar{q}_M(x^0,y_1^0,..,y_{M-1}^0,y_M,z^k,U_k)dy_M$$

Diese Einzelintegrale drücken gemäß dem Hauptsatz der Differential- und Integralrechnung Differenzen zweier Werte der rationierten Distanzfunktion aus, wobei jeweils nur eine einzige Mengenvariable x_n bzw. y_m geändert wird. Daher kann (12-7) auch als Summe dieser Einzeldifferenzen ausgedrückt werden:

(12-8) $$- DV_{0k} = [d(x_1^0,x_2^k,..,x_N^k,y^k,z^k,U_k)-d(x^k,y^k,z^k,U_k)]$$

$$+ [d(x_1^{\circ},x_2^{\circ},x_3^k,..,x_N^k,y^k,z^k,U_k)-d(x_1^{\circ},x_2^k,..,x_N^k,y^k,z^k,U_k)]$$

$$+ \ldots + [d(x^0,y^k,z^k,U_k)-d(x_1^0,..,x_{N-1}^0,x_N^k,y^k,z^k,U_k)]$$

$$+ [d(x^0,y_1^0,y_2^k,..,y_M^k,z^k,U_k)-d(x^0,y^k,z^k,U_k)]$$

$$+ [d(x^{\circ},y_1^{\circ},y_2^{\circ},y_3^k,..,y_M^k,z^k,U_k)-d(x^{\circ},y_1^{\circ},y_2^k,..,y_M^k,z^k,U_k)]$$

$$+ \ldots + [d(x^0,y^0,z^k,U_k)-d(x^0,y_1^0,..,y_{M-1}^0,y_M^k,z^k,U_k)]$$

Definiert man nun die jeweils nur von einer einzigen Mengenvariablen abhängenden Funktionen

$$f_1(x_1) = d(x_1,x_2^k,..,x_N^k,y^k,z^k,U_k)-d(x^k,y^k,z^k,U_k)$$

$$= d(x_1,x_2^k,..,x_N^k,y^k,z^k,U_k)-1$$

$$f_2(x_2) = d(x_1^0,x_2,x_3^k,..,x_N^k,y^k,z^k,U_k)-d(x_1^0,x_2^k,..,x_N^k,y^k,z^k,U_k)$$

.

.

$$f_N(x_N) \;=\; d(x_1^{\circ},..,x_{N-1}^{\circ},x_N,y^k,z^k,U_k)-d(x_1^{\circ},..,x_{N-1}^{\circ},x_N^k,y^k,z^k,U_k)$$

$$g_1(y_1) \;=\; d(x^0,y_1,y_2^k,..,y_M^k,z^k,U_k)-d(x^0,y^k,z^k,U_k)$$

$$g_2(y_2) \;=\; d(x^{\circ},y_1^{\circ},y_2,y_3^k,..,y_M^k,z^k,U_k)-d(x^{\circ},y_1^{\circ},y_2^k,..,y_M^k,z^k,U_k)$$

.

.

$$g_M(y_M) \;=\; d(x^{\circ},y_1^{\circ},..,y_{M-1}^{\circ},y_M,z^k,U_k)-d(x^{\circ},y_1^{\circ},..,y_{M-1}^{\circ},y_M^k,z^k,U_k)$$

und beachtet die zu Beginn dieses Kapitels noch einmal aufgeführten Identitäten (7-40) und (7-41), so erhält man durch Ableiten der ersten dieser Funktionen nach x_1 wegen des Shephard-Hanoch Lemmas:

$$df_1(x_1)/dx_1 \;=\; \bar{p}_1(x_1,x_2^k,..,x_N^k,y^k,z^k,U_k)$$

$$\equiv\; \hat{p}_1([x_1,x_2^k,..,x_N^k,y^k,z^k]/d(x_1,x_2^k,..,x_N^k,y^k,z^k,U_k))$$

Einsetzen von $f_1(x_1)$ ergibt die gewöhnliche Differentialgleichung erster Ordnung:

$$(12\text{-}9) \qquad df_1(x_1)/dx_1 \;=\; \hat{p}_1([x_1,x_2^k,..,x_N^k,y^k,z^k]/(f_1(x_1)+1))$$

Löst man die Differentialgleichung (12-9) für die Anfangsbedingung

$$(12\text{-}10) \qquad f_1(x_1^k) \;=\; 0 \quad ,$$

die sich aus der Definition der rationierten Distanzfunktion ergibt, so erhält man die Funktion $f_1(x_1)$. Durch Einsetzen von $x_1 = x_1^0$ berechnet man mit $[d(x_1^0,x_2^k,..,x_N^k,y^k,z^k,U_k) - d(x^k,y^k,z^k,U_k)]$ die erste der Differenzen, aus denen sich die Distanzvariation gemäß (12-8) zusammensetzt. Ändert sich infolge des betrachteten staatlichen Projekts nur die Menge des ersten Individualgutes, so ist die Berechnung der Distanzvariation hiermit beendet, da in diesem Fall alle übrigen Einzeldifferenzen in (12-8) gleich null sind.

Im allgemeinen ist jedoch damit zu rechnen, daß sich auch die übrigen Gütermengen ändern. In diesem Fall müssen zur Berechnung der entsprechenden Differenzen in (12-8) die folgenden gewöhnlichen Differentialgleichungen erster Ordnung der Reihe nach gelöst werden:

$$df_2(x_2)/dx_2 = \hat{p}_2([x_1^0,x_2,x_3^k,..,x_N^k,y^k,z^k] / (f_2(x_2)+d(x_1^\circ,x_2^k,..,x_N^k,y^k,z^k,U_k)))$$

$$= \hat{p}_2([x_1^\circ,x_2,x_3^k,..,x_N^k,y^k,z^k]/(1+f_1(x_1^\circ)+f_2(x_2)))$$

.

.

$$df_N(x_N)/dx_N = \hat{p}_N([x_1^\circ,..,x_{N-1}^\circ,x_N,y^k,z^k] / (f_N(x_N)+d(x_1^\circ,..,x_{N-1}^\circ,x_N^k,y^k,z^k,U_k)))$$

$$= \hat{p}_N([x_1^\circ,..,x_{N-1}^\circ,x_N,y^k,z^k]/(1+\sum_{n=1}^{N-1} f_n(x_n^\circ)+f_N(x_N)))$$

$$dg_1(y_1)/dy_1 = \hat{q}_1([x^\circ,y_1,y_2^k,..,y_M^k,z^k]/(g_1(y_1)+d(x^\circ,y^k,z^k,U_k)))$$

$$= \hat{q}_1([x^\circ,y_1,y_2^k,..,y_M^k,z^k]/(1+\sum_{n=1}^{N} f_n(x_n^\circ)+g_1(y_1)))$$

.

.

$$dg_M(y_M)/dy_M = \hat{q}_M([x°,y_1°,..,y_{M-1}°,y_M,z^k] /(g_M(y_M)+d(x°,y_1°,..,y_{M-1}°,y_M^k,z^k,U_k)))$$

$$= \hat{q}_M([x°,y_1°,..,y_{M-1}°,y_M,z^k]/(1+\sum_{n=1}^{N} f_n(x_n°)+\sum_{m=1}^{M-1} g_m(y_m°)+g_M(y_M)))$$

Es ist offensichtlich, daß man zur Lösung jeder dieser Differentialgleichungen die Lösung der jeweils vorangehenden Differentialgleichung benötigt, wobei die Anfangsbedingungen

$$(12\text{-}11) \quad f_n(x_n^k) = 0 \qquad (n=2,3,..,N)$$

$$g_m(y_m^k) = 0 \qquad (m=1,2,..,M)$$

gelten. Durch die sukzessive Lösung aller oben angegebenen Differentialgleichungen erhält man die Distanzvariation gemäß (12-8).

Obwohl die rationierte Distanzfunktion über das rationierte Shephard-Hanoch-Lemma mit den einkommenskompensierten und damit empirisch nicht beobachtbaren inversen Nachfragefunktionen des Konsumenten verbunden ist, wird zur Berechnung der Distanzvariation mit dem hier dargestellten Verfahren nur die funktionale Form der nichtkompensierten und nichtrationierten inversen Nachfragefunktionen benötigt, die bei Vorhandensein von nichtrationierten "Parallelmärkten" (oder von entsprechenden "historischen" Nachfragedaten) relativ einfach empirisch ermittelt werden können. Damit erfüllt die Distanzvariation für Projekte, bei denen der Staat sein Kollektivgüterangebot nicht ändert, nicht nur die theoretischen Konsistenzbedingungen (9-1) und (9-2), sondern auch die Beobachtbarkeitsbedingung.

Es stellt sich nun noch die Frage nach der Rolle der Kollektivgüter in dem hier betrachteten Modell. Wie aus (12-8) hervorgeht, setzt eine Integration der Wohlfahrtseffekte von

Änderungen des staatlichen Kollektivgüterangebots in unser Distanzvariationsmaß die Kenntnis der Schattenpreisfunktionen für Kollektivgüter voraus. Da diese Schattenpreisfunktionen im allgemeinen nicht bekannt sind, können die Wohlfahrtseffekte des staatlichen Kollektivgüterangebots nur außerhalb des Distanzvariationsmaßes mit eigenständigen Methoden gemessen werden. Einige der hierfür in Frage kommenden Verfahren sollen im folgenden kurz skizziert werden. Für eine ausführliche und überaus instruktive Darstellung sämtlicher Verfahren sei auf die Arbeit von Pommerehne (1987) verwiesen.

Möchte man wissen, wie sehr ein Konsument eine bestimmte Menge eines Kollektivgutes schätzt, so besteht die naheliegendste Methode, dies herauszufinden, darin, ihn einfach zu fragen, wieviel er für die Nutzung des betreffenden Kollektivgutes zu zahlen bereit ist. Dies ist die simpelste Version des direkten Befragungsansatzes, der nach Freeman (1979) einfach darin besteht, "to ask individuals to state in one form or another their 'willingness to pay' to obtain some specified level or change in the level of a public good".[3] Diese Vorgehensweise hat allerdings gravierende Schwächen. Wie bereits erläutert wurde, sind Kollektivgüter vor allem durch zwei Eigenschaften gekennzeichnet: die Nichtrivalität im Konsum und die Nichtanwendbarkeit des Ausschlußprinzips. Beide Eigenschaften führen dazu, daß es für den Konsumenten beträchtliche Anreize gibt, seine wahren Präferenzen bezüglich dieser Kollektivgüter zu verheimlichen. Wird er nach seiner Zahlungswilligkeit für ein Kollektivgut gefragt und muß er befürchten, im Fall einer Bereitstellung dieses Gutes tatsächlich in Höhe der von ihm genannten Zahlungsbereitschaft belastet zu werden, so ist es für ihn vorteilhaft, bei der Befragung eine geringere als seine tatsächliche Zahlungsbereitschaft anzugeben und dann auf eine "verbilligte" oder gar kostenlose, aber dennoch ungeschmälerte Teilnahme am Konsum des Kollektivgutes (als "free rider" oder "Schwarzfahrer") zu hoffen. Kann er umgekehrt davon ausgehen,

---

[3] Siehe Freeman (1979, S. 85).

daß die Befragung nur dazu dient, die Dringlichkeit des Bedürfnisses nach einem bestimmten Kollektivgut zu ermitteln, und daß dieses Gut dann (für ihn) "kostenlos" zur Verfügung gestellt wird, so ist es für den Befragten vorteilhaft, eine überhöhte Zahlungswilligkeit für das fragliche Kollektivgut anzugeben und damit seine Bereitstellung zu forcieren, sofern dieses Gut für ihn einen - noch so geringen - positiven Nutzen erzeugt, da er diesen Nutzen ja sozusagen zum "Nulltarif" bekommt. Über das Ausmaß dieser bei einer direkten Befragung zu erwartenden strategischen Verzerrungen gehen die Meinungen auseinander. Während sie häufig als Argument für eine grundsätzliche Ablehnung direkter Befragungsmethoden genannt werden, kommt beispielsweise Peter Bohm[4] nach einer ganzen Serie von Laborexperimenten zu dem Ergebnis, daß das Schwarzfahrerproblem im allgemeinen deutlich überschätzt wird.[5]

Wegen der dennoch unübersehbaren Gefahr strategischen Verhaltens bei direkten Befragungen wuchs das Bedürfnis nach Befragungsmethoden, die den Anreiz für strategisch motivierte Falschantworten minimieren. Diese sogenannten anreizkompatiblen Befragungsmethoden wurden im Rahmen von Laborexperimenten entwickelt, bei denen nach dem Zufallsprinzip ausgewählte Personen jeweils mit einem Szenario konfrontiert werden, das so konstruiert ist, daß die Vorteile strategischen Verhaltens entweder ganz entfallen oder aufgrund der Komplexität des den Versuchspersonen dargestellten Sachverhalts für sie nicht erkennbar sind.[6]

---

[4] Siehe Bohm (1972), (1974) und (1984).

[5] Zu einem ähnlichen Ergebnis kommen z.B. auch Smith (1980), Brubaker (1984) und andere. Siehe hierzu auch Pommerehne (1987, S. 146 ff.) und Freeman (1979, S. 86 ff.).

[6] Bekannte Laborexperimente stammen unter anderem von Kurz (1974), Clarke (1971), Groves (1973), Smith [(1977), (1979), (1980)]. Besonders bekannt ist hier der bereits erwähnte "Clarke-Groves-Mechanismus" [nach Clarke (1971) und Groves (1973)], bei dem der einzelne Experimentteilnehmer seinen Nutzen tatsächlich maximiert, wenn er seine wahre Zahlungsbereitschaft für ein Kollektivgut offenbart [siehe

Die praktische Anwendbarkeit dieser Verfahren ist jedoch sehr eingeschränkt, da der Leiter eines Laborexperiments alle Befragungsbedingungen, insbesondere den Informationsstand der Befragten, kontrollieren kann, während dies "im wirklichen Leben" nur unvollständig oder gar nicht möglich ist. Zudem ist den Versuchspersonen im Rahmen von Laborexperimenten der hypothetische Charakter der Befragung und das Fehlen tatsächlicher Konsequenzen ihrer Antworten für ihr Wohlergehen durchaus bewußt, während bei Befragungen in der konkreten Interessenssphäre der Befragten der Anreiz zu strategischem Verhalten naturgemäß größer ist.[7]

Trotz strategischer und anderer systematischer Verzerrungen[8] sind direkte Befragungen nach wie vor als sinnvolles Instrument zur Ermittlung der Präferenzen für bestimmte Arten von Kollektivgütern anerkannt. Dabei handelt es sich vor allem um solche Kollektivgüter, bei denen die zuverlässigeren indirekten Verfahren der Präferenzermittlung, die weiter unten kurz angesprochen werden, aufgrund ihrer speziellen Gutseigenschaften nicht anwendbar sind.

Neben den direkten Verfahren gibt es die sogenannten indirekten Verfahren zur Erfassung der Präferenzen für Kollektivgüter. Statt den Konsumenten direkt nach seinen Präferenzen zu fragen, beobachtet man bei diesen Verfahren sein Verhalten auf den Individualgütermärkten und versucht, von diesem Verhalten auf seine Präferenzen bezüglich der Kollektivgüter zu schließen. Theoretische Basis der indirekten Verfahren ist die Überlegung, daß der Konsum vieler Kollektivgüter in einem sy-

---

auch Pommerehne (1979, S. 157/158) oder Arnold (1992, S. 102 ff.)].

7 Ausführliche Darstellungen dieser Methoden finden sich z.B. bei Pommerehne (1979, S. 155 ff.) und bei Arnold (1992, S. 102 ff.).

8 Ein Überblick über die verschiedenen Arten von Verzerrungen bei direkten Befragungen findet sich z.B. bei Smith/Desvousges (1986, S. 74 ff.).

stematischen Zusammenhang mit dem Konsum bestimmter Individualgüter steht und daß man daher von dem Nachfrageverhalten eines Konsumenten bezüglich dieser Individualgüter auf seine Präferenzen bezüglich des betrachteten Kollektivgutes schließen kann.

Bei den denkbaren Beziehungen zwischen Kollektiv- und Individualgütern kommt in diesem Zusammenhang der sogenannten Schwachen Komplementarität eine besondere Bedeutung zu. Ein Individualgut und ein Kollektivgut sind nach Mäler (1974) schwach komlementär zueinander, wenn der Grenznutzen des Kollektivgutes nur beim Konsum einer positiven Menge des Individualgutes von null verschieden ist. Oder anders ausgedrückt: Wird das Individualgut nicht nachgefragt, so ist im Fall der Schwachen Komplementarität der Grenznutzen des entsprechenden Kollektivgutes gleich null.[9] Mäler nennt hier das Beispiel eines Badesees, dessen Wasserqualität den Konsumenten nur dann interessiert, wenn er auch tatsächlich an diesem See Erholung sucht. Mäler zeigt nun, daß im Fall einer solchen Schwachen Komplementaritätsbeziehung zwischen einem Individual- und einem Kollektivgut der Schattenpreis für das Kollektivgut auf der Basis von Informationen über die Nachfragefunktion des Konsumenten nach dem Individualgut berechnet werden kann. In diesem Fall ist es also noch nicht einmal notwendig, das gesamte Nachfragesystem des Konsumenten zu schätzen, um den Schattenpreis eines bestimmten Kollektivgutes zu berechnen, sondern es genügt im allgemeinen eine Schätzung der Nachfragefunktionen für diejenigen Individualgüter, mit denen das betrachtete Kollektivgut in einer Schwachen Komplementaritätsbeziehung steht.[10]

---

[9] Siehe Mäler (1974, S. 183).

[10] Mäler (1974, S. 183-191).

Ähnliche Zusammenhänge lassen sich auch konstruieren, wenn zwischen Individual- und Kollektivgut strenge Komplementarität oder Substitutionalität im Hicksschen Sinne herrscht.[11] Letztere ist gegeben, wenn betimmte Bedürfnisse sowohl privat als auch von staatlicher Seite gedeckt werden können. Typische Beispiele hierfür sind die Bewachung eines Hauses durch einen privaten Wachdienst, wenn die Polizei die betreffende Gegend nur unzureichend kontrolliert, oder der Einbau von Wasseraufbereitungsanlagen in private Wohnhäuser, wenn die öffentliche Trinkwasserqualität ungenügend ist, und ähnliches. Solche Maßnahmen werden in der Literatur nach Fisher und Zeckhauser als "averting behavior" (Abwehrmaßnahmen) bezeichnet.[12] Den Wert, den ein Kollektivgut in Form einer Verbesserung der Polizeikontrollen oder der Trinkwasserqualität für den Konsumenten besitzt, mißt man dann durch seine Ausgaben für solche Abwehrmaßnahmen, die ebenfalls nach Zeckhauser und Fisher sogenannten "defensive expenditures". Bei vollständiger Substitutionalität zwischen Individual- und Kollektivgut ist diese Methode unproblematisch: Übernimmt der Staat die Bereitstellung eines bestimmten Gutes (z.B. öffentliche Sicherheit, Verbesserung der Luft- bzw. Trinkwasserqualität oder ähnliches), das der Konsument zuvor privat gekauft hat, so wird die durch die staatliche Maßnahme erzeugte Wohlfahrtserhöhung durch die Ausgaben gemessen, die der Konsument zuvor für entsprechende "Abwehrmaßnahmen" getätigt hat und die ihm nun für den Konsum zusätzlicher Individualgüter zur Verfügung stehen. Ist allerdings nur partielle Substitutionalität zwischen Kollektiv- und Individualgut erkennbar, so geben die "defensive expenditures" die wahre Wertschätzung für das Kollektivgut nur unvollständig wieder, und jeder dann anzuwendende Korrekturfaktor trägt wieder ein erhebliches Maß an Willkür in sich.

---

[11] Siehe hierzu ebenfalls Mäler (1974, S. 178 ff.) oder auch Freeman (1979, S. 75 ff.).

[12] Siehe Zeckhauser/Fisher (1976).

Eine weitere sehr populäre Methode zur indirekten Erfassung von Präferenzen für Kollektivgüter ist die sogenannte Aufwandsmethode. Auch hier geht man wieder von einer zumindest schwachen Komplementarität zwischen einem Kollektivgut und einem oder mehreren Individualgütern aus und berechnet die Wohlfahrtserhöhung, die das Kollektivgut für den Konsumenten erzeugt, nach den Ausgaben, die er für Individualgüter tätigt, um dieses Kollektivgut zu konsumieren. Das wohl bekannteste Beispiel hierfür sind die Untersuchungen von Edward Morey[13], der auf der Basis des Lancasterschen Haushaltsproduktionsansatzes[14] beispielsweise die durch die Erschließung eines neuen Skigebietes erzeugten Wohlfahrtseffekte durch die Ausgaben mißt, welche die betrachteten Konsumenten schon vor der Erschließung dieses Gebietes für die Aktivität Skifahren in vergleichbaren Skigebieten tätigten. Dabei werden Ausgaben für die Skiausrüstung ebenso berücksichtigt wie Aufwendungen für Ski-Kurse und Liftkarten, aber auch die Fahrtzeit samt den enstehenden Transportkosten (Treibstoff, Zugfahrkarten etc.) wird erfaßt und ausgewertet. Neben dieser sehr ausführlichen und komplexen Studie gibt es eine ganze Reihe von Untersuchungen, in die zumindest einzelne Elemente der Aufwandsmethode eingehen. Für eine ausführliche Darstellung dieser Methode und anderer Ansätze zur indirekten Erfassung der Präferenzen für Kollektivgüter sei hier wieder auf die Arbeiten von Pommerehne, Freeman und Smith/Desvousges verwiesen.[15]

Als Ganzes betrachtet haben die indirekten Verfahren den Vorteil, daß bei ihnen das für die direkten Verfahren kennzeichnende Problem der strategisch motivierten Verschleierung der wahren Präferenzen keine Rolle spielt, da der Konsument

---

[13] Siehe Morey (1981) und (1985).

[14] Siehe Lancaster (1966).

[15] Siehe Pommerehne (1987, S. 34 ff.), Freeman (1979), Smith/ Desvousges (1986, S. 181 ff.).

zum einen bei der Verfolgung seiner Interessen auf den Individualgütermärkten ja nicht weiß, daß dieses Verhalten auch Konsequenzen für die staatliche Bereitstellung von Kollektivgütern haben kann, und da er zum andern seinen Nutzen auf den Individualgütermärkten nur durch konsequente Orientierung an seiner Präferenzordnung maximieren kann. Ein Nachteil dieser Verfahren ist, daß sie natürlich nur auf solche Kollektivgüter angewandt werden können, bei denen ein halbwegs plausibler Zusammenhang zwischen dem Verhalten des Konsumenten auf den Individualgütermärkten und seinen Präferenzen für das betreffende Kollektivgut hergestellt werden kann. Bei strenger Separabilität der Präferenzordnung des Konsumenten zwischen dem betrachteten Kollektivgut und den übrigen Gütern ist dies beispielsweise sicher nicht der Fall, so daß man sich in einem solchen Fall auf eines der direkten Verfahren mit allen seinen Gefahren und Nachteilen einlassen muß.

Die Messung der Wohlfahrtseffekte von Änderungen des Kollektivgüterangebots ist somit zum einen mit relativ großen Risiken behaftet und läßt sich zum andern kaum in ein generelles Wohlfahrtsmaß wie die in diesem Kapitel betrachtete Distanzvariation integrieren. Allerdings ging aus den Ausführungen zu Beginn dieses Kapitels hervor, daß die reine *Existenz* von Kollektivgütern (bei Konstanz der bereitgestellten Mengen) die Wohlfahrtsmessung mit Hilfe der Distanzvariation nicht stört.

Zusammenfassend kann man festhalten, daß in diesem Kapitel mit der Distanzvariation ein Wohlfahrtsmaß vorgestellt wurde, das nicht nur die theoretischen Konsistenzbedingungen, d.h. die Indikator- und die Ordnungsbedingung, erfüllt, sondern das darüber hinaus - unter der Annahme konstanter Kollektivgütermengen - auch auf der Basis empirisch beobachtbarer Daten berechenbar ist. Voraussetzung hierfür ist allerdings, daß die nichtrationierten inversen Nachfragefunktionen des betrachteten Konsumenten - entweder von nichtrationierten "Parallelmärkten" oder aus der Zeit vor Einführung der Mengenrationierung - bekannt sind. Die Wohlfahrtseffekte von Änderungen des Kollektivgüterangebots können hingegen, wie gezeigt wurde, nicht in das Distanzvariationsmaß integriert werden, sondern müssen mit eigenen Methoden, die hier nur kurz skizziert werden konnten, bestimmt werden.

Abschließende Bemerkungen

Die vorliegende Untersuchung beschäftigte sich mit der Berücksichtigung von rationierten Märkten und von Kollektivgütern im Rahmen von Haushaltskonsummodellen und mit den Möglichkeiten zur individuellen Wohlfahrtsmessung im Rahmen solcher Modelle.

Der erste Teil war der Erweiterung des traditionellen Haushaltsmodells um die Existenz von Kollektivgütern und von rationierten Märkten gewidmet. Dabei wurden die verschiedenen Möglichkeiten zur Beschreibung der Präferenzordnung eines Konsumenten mit Hilfe mathematischer Funktionen im Rahmen eines solchen Modells untersucht. Es zeigte sich, daß die marktformunabhängigen reinen Nutzenindexfunktionen, d.h. die direkte Nutzenfunktion und die Distanzfunktion, ohne Modifikation auch in einem solchermaßen erweiterten Haushaltsmodell die Präferenzordnung eines Konsumenten vollständig beschreiben. Diese unmittelbare Analogie zum nichtrationierten Fall traf hingegen für die Ausgabenfunktion und für die indirekte Nutzenfunktion nicht zu, da beide Funktionen ex definitione von der jeweils herrschenden Marktform abhängen. Aus diesem Grunde mußten für diese Funktionen jeweils spezielle, im Hinblick auf den Rationierungsfall modifizierte Versionen eingeführt werden: die rationierte Ausgabenfunktion und die rationierte indirekte Nutzenfunktion.

Es wurde sodann gezeigt, welche Beziehungen zwischen diesen Funktionen zur Beschreibung der Präferenzordnung eines Konsumenten einerseits und den Funktionen zur Beschreibung seiner Markthandlungen andererseits bestehen. Dabei handelte es sich im wesentlichen um Modifikationen der von dem nichtrationierten Haushaltsmodell her bekannten Ableitungsbeziehungen, d.h. um die Roy-Identität, Shephard's Lemma, die Hotelling-Wold-Identität und das Shephard-Hanoch-Lemma. Es zeigte sich, daß diese Beziehungen im Rahmen eines rationierten Haushaltsmodells einen breiteren Gültigkeits- und Bedeutungsbereich haben als im traditionellen Modell. Hier konnten die Ergebnisse von Neary und Roberts (1980) zum Teil wesentlich erweitert bzw. verallgemeinert werden. Dasselbe trifft für die Darstellung der Beziehungen zwischen den verschiedenen Arten von Nachfragesystemen zu.

Im Zusammenhang mit der Distanzfunktion zeigte sich, daß sie in ihrer traditionellen Form zwar zur vollständigen Beschreibung der Präferenzordnung geeignet ist, daß sie aber über das Shephard-Hanoch-Lemma mit den Zahlungsbereitschaftsfunktionen des Konsumenten verbunden ist, die in unserem erweiterten Haushaltsmodell nicht mehr mit den inversen Marktnachfragefunktionen zusammenfallen und somit auch empirisch nicht beobachtbar sind. Im Hinblick auf empirische Anwendungen erschien es daher sinnvoll, mit der rationierten Distanzfunktion eine modifizierte Form der Shephardschen Distanzfunktion zu definieren, die über das Shephard-Hanoch-Lemma zu den nichtrationierten kompensierten inversen Marktnachfragefunktionen des Konsumenten führt und somit umgekehrt auch über diese berechnet werden kann.

Während Teil I der Darstellung und Analyse des um die Existenz von Kollektivgütern und rationierten Märkten erweiterten Haushaltskonsummodells gewidmet war, beschäftigte sich Teil II mit der praktischen Anwendung eines solchen Modells im Rahmen der Wohlfahrtsmessung bzw. der Nutzen-Kosten-Analyse. Allerdings beschränkte sich die Untersuchung auf die Möglichkeiten zur Messung individueller Wohlfahrtsänderungen und ließ das Problem der Aggregation individueller Nutzenänderungen zu einer gesamtgesellschaftlichen oder "sozialen" Wohlfahrtsänderung bewußt außer acht, da die Lösung dieses Aggregationsproblems ohne größere normative Kraftakte nicht möglich ist und daher eher dem Bereich der Politik als dem der Wissenschaft anzugehören scheint. Ein Blick in die einschlägige Literatur zeigt allerdings, daß diese Auffassung nicht unumstritten ist.

Bei der Darstellung der Möglichkeiten zur individuellen Wohlfahrtsmessung im Rahmen des erweiterten Haushaltskonsummodells wurde demonstiert, daß die Anwendungsmöglichkeiten des auf der indirekten Nutzenfunktion basierenden Marshall-Maßes hier noch eingeschränkter sind als im nichtrationierten Haushaltsmodell. Auch für die auf den Rationierungsfall erweiterte Version der Hicksschen Äquivalenten Variation zeigte sich, daß ihre empirische Ermittlung nur unter sehr restriktiven Annahmen, deren Einhaltung zudem in der Praxis gar nicht gewährleistet werden kann, möglich ist. Einzig bei der auf der rationierten Distanzfunktion basierenden Distanzvariation ergab sich eine realistische Perspektive zur ihrer empirischen Berechnung.

Insgesamt zeigte sich, daß die Berücksichtigung von Kollektivgütern und rationierten Märkten durchaus einschneidende Konsequenzen für die Anwendbarkeit des so erweiterten Haushaltsmodells im Rahmen empirischer Studien hat und daß die Möglichkeiten, Wohlfahrtsanalysen durchzuführen, im Vergleich zu reinen Individualgütermodellen wesentlich eingeschränkter und unter theoretischen Aspekten sicher auch weniger befriedigend sind. Dennoch macht es die zunehmende politische Relevanz des Rationierungsphänomens notwendig, diese Herausforderung anzunehmen und sich mit den Möglichkeiten zur wohlfahrtstheoretischen Evaluierung rationierungsähnlicher staatlicher Hilfsprogramme auseinanderzusetzen.

Anhang: Erläuterungen zur Notation

- *Vektoren* sind entweder mit Kleinbuchstaben bezeichnet oder durch eckige Klammern besonders kenntlich gemacht. Vektoren ohne explizite Kennzeichnung werden grundsätzlich als Spaltenvektoren aufgefaßt. Zeilenvektoren werden ebenso wie transponierte Matrizen mit einem hochgestellten "T" gekennzeichnet. Ein mit "T" markierter Zeilenvektor ist als Spaltenvektor aufzufassen. Bei einfachen Skalarprodukten, bei denen keine Verwechslung möglich ist, wird auf eine besondere Kennzeichnung der Zeilenvektoren verzichtet, um die Schreibweise nicht unnötig zu komplizieren.

- Der *Gradient* einer Funktion wird mit dem Symbol "∇" bezeichnet. Bezieht sich der betrachtete Gradient nur auf einen Teil der Argumente, so werden die betreffenden Argumente tiefgestellt hinzugefügt. So wird beispielsweise der Gradient einer Funktion f(x,y), $f: \boldsymbol{R}^{N+1} \rightarrow \boldsymbol{R}$, bezüglich der Argumente $x \varepsilon \boldsymbol{R}^N$ mit $\nabla_x f(x,y)$ bezeichnet. D.h.:

$$\nabla_x f(x,y) = \left[\frac{\partial f}{\partial x_1}, \frac{\partial f}{\partial x_2}, \ldots, \frac{\partial f}{\partial x_N} \right]^T ,$$

während

$$\nabla f(x,y) = \left[\frac{\partial f}{\partial x_1}, \frac{\partial f}{\partial x_2}, \ldots, \frac{\partial f}{\partial x_N}, \frac{\partial f}{\partial y} \right]^T .$$

- Wird eine Vektorfunktion nach einem einzigen Argument abgeleitet, dann wird der Vektor der entsprechenden Ableitungen durch eckige Klammern kenntlich gemacht. So gilt etwa für die Ableitung einer Vektorfunktion g(x,y) mit $g: \boldsymbol{R}^{N+1} \to \boldsymbol{R}^N$ und $x \varepsilon \boldsymbol{R}^N$ nach dem Skalar y:

$$\left[\frac{\partial g}{\partial y}\right] = \begin{bmatrix} \frac{\partial g_1}{\partial y} \\ \frac{\partial g_2}{\partial y} \\ \cdot \\ \cdot \\ \cdot \\ \frac{\partial g_N}{\partial y} \end{bmatrix}$$

- ***Matrizen*** werden entweder durch Großbuchstaben (wie z.B. die Slutsky-Matrix S) oder ebenfalls durch eckige Klammern kenntlich gemacht.

- ***Skalare*** werden (falls erforderlich) grundsätzlich mit runden Klammern zusammengefaßt. Aus technischen Gründen stehen jedoch für mehrzeilige Ausdrücke (z.B. Brüche) keine runden Klammern zur Verfügung. In diesen Fällen werden statt dessen geschweifte Klammern verwendet. So bezeichnet beispielsweise der Ausdruck

$$a = \left[\frac{b}{c}\right]$$

einen Skalar.

- Für die Anordnung der Elemente der ***Jacobi-Matrix*** (Matrix der ersten partiellen Ableitungen) einer Vektorfunktion gilt die übliche Regel, daß ihre Zeilen durch die (transponierten) Gradienten der einzelnen Funktionen gebildet werden. So stellt sich die Jacobi-Matrix der oben vorgestellten Vektorfunktion $g: \mathbb{R}^{N+1} \to \mathbb{R}^N$ dar als

$$\nabla g(x,y) = \begin{bmatrix} \frac{\partial g_1}{\partial x_1} & \frac{\partial g_1}{\partial x_2} & \cdots & \frac{\partial g_1}{\partial x_N} & \frac{\partial g_1}{\partial y} \\ \frac{\partial g_2}{\partial x_1} & \frac{\partial g_2}{\partial x_2} & \cdots & \frac{\partial g_2}{\partial x_N} & \frac{\partial g_2}{\partial y} \\ \vdots & \vdots & & \vdots & \vdots \\ \frac{\partial g_N}{\partial x_1} & \frac{\partial g_N}{\partial x_2} & \cdots & \frac{\partial g_N}{\partial x_N} & \frac{\partial g_N}{\partial y} \end{bmatrix} = \begin{bmatrix} \nabla^T g_1(x,y) \\ \nabla^T g_2(x,y) \\ \vdots \\ \nabla^T g_N(x,y) \end{bmatrix}$$

$$= \left[\frac{\partial g}{\partial x}, \frac{\partial g}{\partial y} \right] .$$

- Ihre (Teil-)Jacobi-Matrix bezüglich der Argumente $x \varepsilon \mathbb{R}^N$ ist gegeben durch

$$\left[\frac{\partial g}{\partial x}\right] = \begin{bmatrix} \frac{\partial g_1}{\partial x_1} & \frac{\partial g_1}{\partial x_2} & \cdots & \frac{\partial g_1}{\partial x_N} \\ \frac{\partial g_2}{\partial x_1} & \frac{\partial g_2}{\partial x_2} & \cdots & \frac{\partial g_2}{\partial x_N} \\ \vdots & \vdots & & \vdots \\ \frac{\partial g_N}{\partial x_1} & \frac{\partial g_N}{\partial x_2} & \cdots & \frac{\partial g_N}{\partial x_N} \end{bmatrix} = \begin{bmatrix} \nabla_x{}^T g_1(x,y) \\ \nabla_x{}^T g_2(x,y) \\ \vdots \\ \nabla_x{}^T g_N(x,y) \end{bmatrix} = \nabla_x g(x,y)$$

- Die ***Hesse-Matrix*** (Matrix der zweiten partiellen Ableitungen) einer Funktion f(x,y) mit $f{:}\boldsymbol{R}^{N+1} \to \boldsymbol{R}$ wird mit "$\nabla^2 f(x,y)$" bezeichnet, und es gilt:

$$\nabla^2 f(x,y) = \begin{bmatrix} \frac{\partial^2 f}{(\partial x_1)^2} & \frac{\partial^2 f}{\partial x_1 \partial x_2} & \cdots & \frac{\partial^2 f}{\partial x_1 \partial x_N} & \frac{\partial^2 f}{\partial x_1 \partial y} \\ \frac{\partial^2 f}{\partial x_2 \partial x_1} & \frac{\partial^2 f}{(\partial x_2)^2} & \cdots & \frac{\partial^2 f}{\partial x_2 \partial x_N} & \frac{\partial^2 f}{\partial x_2 \partial y} \\ \vdots & \vdots & & \vdots & \vdots \\ \frac{\partial^2 f}{\partial x_N \partial x_1} & \frac{\partial^2 f}{\partial x_N \partial x_2} & \cdots & \frac{\partial^2 f}{(\partial x_N)^2} & \frac{\partial^2 f}{\partial x_N \partial y} \\ \frac{\partial^2 f}{\partial y \partial x_1} & \frac{\partial^2 f}{\partial y \partial x_2} & \cdots & \frac{\partial^2 f}{\partial y \partial x_N} & \frac{\partial^2 f}{(\partial y)^2} \end{bmatrix}$$

- Die (Teil-)Hesse-Matrix der Funktion f bezüglich der Argumente x ist demgegenüber gegeben durch

$$
\nabla^2_{xx} f(x,y) = \begin{bmatrix} \frac{\partial^2 f}{(\partial x_1)^2} & \frac{\partial^2 f}{\partial x_1 \partial x_2} & \cdots & \frac{\partial^2 f}{\partial x_1 \partial x_N} \\ \frac{\partial^2 f}{\partial x_2 \partial x_1} & \frac{\partial^2 f}{(\partial x_2)^2} & \cdots & \frac{\partial^2 f}{\partial x_2 \partial x_N} \\ \vdots & \vdots & & \vdots \\ \frac{\partial^2 f}{\partial x_N \partial x_1} & \frac{\partial^2 f}{\partial x_N \partial x_2} & \cdots & \frac{\partial^2 f}{(\partial x_N)^2} \end{bmatrix}
$$

- Unter "$\nabla^2_{xy} f(x,y)$" dagegen versteht man den (Spalten-)Vektor

$$
\nabla^2_{xy} f(x,y) = \begin{bmatrix} \frac{\partial^2 f}{\partial x_1 \partial y} \\ \frac{\partial^2 f}{\partial x_2 \partial y} \\ \vdots \\ \frac{\partial^2 f}{\partial x_N \partial y} \end{bmatrix} = \begin{bmatrix} \frac{\partial^2 f}{\partial x \partial y} \end{bmatrix}
$$

- Der N-dimensionale ***Null-Vektor*** wird mit 0_N bezeichnet.

- Eine NxM-Matrix, die nur Nullen als Elemente hat, wird mit 0_{NxM} bezeichnet.

- Der N-dimensionale ***Summenvektor***, der nur Einsen als Elemente hat, wird mit 1_N bezeichnet.

- Die N-dimensionale ***Einheitsmatrix***, deren Hauptdiagonale aus Einsen besteht, während alle übrigen Elemente Nullen sind, wird mit I_N bezeichnet.

Literaturverzeichnis

Ahlheim, M. (1985), Dualitätstheorie als methodischer Ansatz mikroökonomischer Theorien, Frankfurt/M. u.a.O..

Ahlheim, M. (1988), On the economics of the Antonelli equation, European Journal of Political Economy 4, S. 539-552.

Ahlheim, M. (1990), On the use of the distance function for measuring welfare in regimes with quantity constraints and public goods, Diskussionsschrift Nr. 157, Wirtschaftswissenschaftliche Fakultät, Universität Heidelberg.

Ahlheim, M. / Rose, M. (1992), Messung individueller Wohlfahrt, 2. Auflage, Berlin u.a.O..

Ahlheim, M. / Wagenhals, G (1988), Exakte Wohlfahrtsmaße in der Nutzen-Kosten-Analyse, Zeitschrift für Wirtschafts- und Sozialwissenschaften 108, S. 169-193.

Andel, N. (1983), Finanzwissenschaft, Tübingen.

Anderson, R.W. (1980), Some theory of inverse demand for applied demand analysis, European Economic Review 14, S. 281-290.

Apostol, T.M. (1969), Calculus, vol. II, Multi-variable calculus and linear algebra, With applications to differential equations and probability, 2nd ed., New York u.a.O..

Arnold, V. (1992), Theorie der Kollektivgüter, München.

Aronson, J.R. (1985), Public finance, New York u.a.O..

Arrow, K.J. (1963), Social choice and individual values, 2nd ed., New York.

Arrow, K.J. / Intriligator, M.D. (Hrsg.) (1982), Handbook of mathematical economics, vol.II, Amsterdam.

Auerbach, A.J. / Feldstein, M. (Hrsg.) (1985), Handbook of Public Economics, vol.I, Amsterdam.

Blackorby, Ch. / Primont, D. / Russell, R.R. (1978), Duality, separability, and functional structure: Theory and economic applications, New York.

Blümel, W. (1985), Alternative allocation procedures for public goods: Towards a comparative analysis, in: Pethig (1985), S. 201-238.

Blundell, R. (1988), Consumer Behaviour: Theory and empirical evidence - A Survey, Economic Journal 98, S.16-65.

Boadway, R.W. (1974), The welfare foundations of cost-benefit analysis, Economic Journal 84, S. 541-556.

Bohm, P. (1972), Estimating demand for public goods, European Economic Review 3, S. 111-130.

Bohm, P. (1979), Estimating willingness to pay: Why and how?, Scandinavian Journal of Economics 81, S.142-153.

Bohm, P. (1984), Revealing demand for an actual public good, Journal of Public Economics 24, S. 131-151.

Bohnet, A. (1989), Finanzwissenschaft: Staatliche Verteilungspolitik, München u.a.O..

Bowen, H.R. (1948), Toward social economy, New York.

Böo, D. / Rose, M. / Seidl, Ch. (Hrsg.) (1984), Beiträge zur neueren Steuertheorie, Berlin.

Bös, D. / Rose, M. / Seidl, C. (Hrsg.) (1988), Welfare and efficiency in public economics, Berlin u.a.O..

Brubaker, E.R. (1984), Demand disclosures and conditions on exclusion: An experiment, Economic Journal 94, S. 536–553.

Brümmerhoff, D. (1986), Finanzwissenschaft, München u.a.O..

Clarke, E.H. (1971), Multipart pricing of public goods, Public Choice 11, S. 17–33.

Clarkson, K.W. (1976/77), Welfare benefits of the food stamp program, Southern Economic Journal 43, S. 864–878.

Cornes, R. / Albon, R. (1981), Evaluation of welfare change in quantity-constrained regimes, The European Record 57, S. 186–190.

Cornwall, R.R. (1984), Introduction to the use of general equilibrium analysis, Amsterdam.

Cronin, F.J. (1983), The efficiency of demand-oriented housing programs, Journal of Human Resources 18, S. 100–125.

Deaton, A. (1979), The distance function in consumer behaviour with applications to index numbers and optimal taxation, Review of Economic Studies 46, S. 391–405.

Deaton, A. (1980), The measurement of welfare: Theory and practical guidelines, LSMS Working Paper No.7 (World Bank Development Research Center), Washington.

Deaton, A. (1981a), Theoretical and empirical approaches to consumer demand under rationing, in: Deaton (1981b), S. 55–72.

Deaton, A. (Hrsg.) (1981b), Essays in the theory and measurement of consumer behaviour, Cambridge.

Deaton, A. (1986), Demand analysis, in: Griliches / Intriligator (1986), S. 1767-1839.

Deaton, A. / Muellbauer, J. (1980), Economics and consumer behavior, Cambridge.

De Borger, B. (1986), The relation between alternative benefit measures for quantity constrained price subsidies, European Economic Review 30, S.893-907.

De Borger, B. (1989), Estimating the welfare implications of in-kind government programs, A general numerical approach, Journal of Public Economics 38, S. 215-226.

De Borger, B. / Pauwels, W. (1985), Some implications of a new distance function for applied welfare economics, Rapport 85/179, Studiencentrum voor Economisch en Social Onderzoek, Universitaire Faculteiten St.-Ignatius te Antwerpen.

Debreu, G. (1972), Smooth preferences, Econometrica 40, S.610.

Diewert, W.E. (1982), Duality approaches to microeconomic theory, in: Arrow/In-triligator (1982), S. 535-599.

Dixon, J.A. / Hufschmidt, M.M. (Hrsg.) (1986), Economic valuation techniques for the environment, A case study workbook, Baltimore u.a.O..

Ebert, U. (1987), Beiträge zur Wohlfahrtsökonomie, Effizienz und Verteilung, Berlin u.a.O..

Faber, M. (1986), Mikroökonomische Methoden der Präferenzerfassung bei Freizeiteinrichtungen, München.

Field, C.A. (1976), A note on Shephard's Duality Theorem, Journal of Economic Theory 12, S. 494-495.

Fleming, W. (1982), Functions of several variables, 2nd ed., 2nd printing, New York u.a.O..

Freeman III, A.M. (1979), The benefits of environmental improvement, Theory and Practice, Baltimore u.a.O..

Fuss, M. / McFadden, D. (Hrsg.) (1978), Production economics: A dual approach to theory and applications, vol. 1, Amsterdam u.a.O..

Groves, T. (1973), Incentives in teams, Econometrica 41, S. 617-631.

Haller, H. (1971), Die Steuern, Grundlinien eines rationalen Systems öffentlicher Abgaben, Tübingen.

Hammond, P.J. (1990), Theoretical progress in public economics: A provocative assessment, Oxford Economic Papers 42, S. 6-33.

Hanemann, W.M. (1981), Some further results on exact consumer's surplus, Working Paper No. 190, Division of Agricultural Sciences, University of California, Berkeley.

Hanoch, G. (1978), Symmetric duality and polar production functions, in: Fuss/McFadden (1978), S. 111-131.

Hanusch, H. (1981), Äquivalenzprinzip und kollektive Güter - Allokationstheoretische Aspekte -, in: Pohmer (1981), S. 37-91.

Hanusch, H. (1987), Nutzen-Kosten-Analyse, München.

Hausmann, J.A. (1981), Exact consumer's surplus and dead-weight loss, American Economic Review 71, S. 662-676.

Hausman, J.A. (1985), Taxes and labour supply, in: Auerbach/Feldstein (1985), S. 213-263.

Hautau, H. / Lorenzen, U. / Sander, D. / Bertram, M. (1987), Monetäre Bewertungsansätze von Umweltbelastungen, Wirtschaftspolitische Studien 73, Göttingen.

Hicks, J.R. (1939), Value and capital, London.

Hicks, J.R. (1943), The four consumer's surpluses, Review of Economic Studies 11, S. 31-41.

Hicks, J.R. (1946), The generalized theory of consumer's surpluses, Review of Economic Studies 15, S. 27-33.

Hicks, J.R. (1956), A revision of demand theory, Oxford.

Hotelling, H.(1935), Demand functions with limited budgets, Econometrica 3, S. 66-78.

Hotelling, H. (1938), The general welfare in relation to problems of taxation and of railway and utility rates, Econometrica 6, S. 269-272.

Howard, D.H. (1977), Rationing, quantity constraints, and consumption theory, Econometrica 45, S.399-412.

Jackson, W.A. (1991), Generalized rationing theory, Scottish Journal of Political Economy 38, S. 335- 342.

Jacobsen, S.E. (1972), On Shephard's Duality Theorem, Journal of Economic Theory 4, S. 458-464.

Johansson, P.-O. (1987), The economic theory and measurement of environmental benefits, Cambridge.

Kaldor, N. (1939), Welfare propositions and interpersonal comparisons of utility, Economic Journal XLIX, S. 549-552.

Kurz, M. (1974), An experimental approach to the determination of the demand for public goods, Journal of Public Economics 3, S. 329–348.

Lancaster, K. (1966), A new approach to consumer theory, Journal of Political Economy 74, S. 132–157.

Lange, O. / McIntire, F. / Yntema, T.O. (Hrsg.) (1942), Studies in mathematical economics and econometrics, Chicago.

Lankford, R.H. (1988), Measuring welfare changes in settings with imposed quantities, Journal of Environmental Economics and Management 15, S. 45–63.

Latham, R. (1980), Quantity constrained demand functions, Econometrica 48, S. 307–313

Lindahl, E. (1958a), Just taxation – A positive solution, in: Musgrave/Peacock (1958), S. 168–176.

Lindahl, E. (1958b), Some controversial questions in the theory of taxation, in : Musgrave/Peacock (1958), S. 214–232.

Mackay, R.J. / Whitney, G.A. (1980), The comparative statics of quantity constraints and conditional demands: Theory and applications, Econometrica 48, S. 1727–1744.

Madden, P. (1986), Concavity and optimization in Microeconomics, Oxford.

Madden, P. (1991), A generalization of Hicksian q substitutes and complements with application to demand rationing, Econometrica 59, S. 1497–1508.

Mangasarian, O.L. (1969), Nonlinear Programming, New York.

Mayo, S.K. (1981), Theory and estimation in the economics of housing demand, Journal of Urban Economics 10, S. 95-116.

Mäler, K.-G. (1974), Environmental economics: A theoretical inquiry, Baltimore u.a.O..

Marshall, A. (1920 (1890)), Principles of economics, 8. Aufl., London 1920 (1. Aufl. 1890).

McKenzie, G.W. (1983), Measuring economic welfare: New methods, Cambridge u.a.O..

McKenzie, G.W. / Ulph, D. (1986), Exact welfare measures, in: Economic Perspectives 4.

Morey, E.R. (1981), The demand for site-specific recreational activities: A characteristics approach, Journal of Environmental Economics and Management 8, S. 345-371.

Morey, E.R. (1985), Characteristics, consumer surplus, and new activities, A proposed ski area, Journal of Public Economics 26, S. 221-236.

Mosak, J.L. (1944), General equilibrium theory in international trade, Bloomington/Ind..

Musgrave, R.A. / Musgrave, P.B. (1973), Public finance in theory and practice, Tokyo u.a.O..

Musgrave, R.A. / Peacock, A.T. (Hrsg.) (1958), Classics in the theory of public finance, London u.a.O..

Neary, J.P. / Roberts, K.W.S. (1980), The theory of household behaviour under rationing, European Economic Review 13, S. 25-42.

Olsen, E.O. / Barton, D.M. (1983), The benefits and costs of public housing in New York City, Journal of Public Economics 20, S. 299-332.

Pauwels, W. (1988), Measuring welfare changes in quantity constrained regimes, in: Bös/Rose/Seidl (1988), S. 49-70.

Pethig R. (Hrsg.) (1985), Public goods and public allocation policy, Frankfurt/M..

Phlips, L. (1974), Applied Consumption Analysis, Amsterdam.

Pohmer, D. (Hrsg.) (1981), Beiträge zum Äquivalenzprinzip und zur Zweckbindung öffentlicher Einnahmen, Schriften des Vereins für Socialpolitik, N.F. Band 121, Berlin.

Pommerehne, W.W. (1987), Präferenzen für öffentliche Güter, Ansätze zu ihrer Erfassung, Tübingen.

Randall, A. / Stoll, J.R. (1980), Consumer's surplus in commodity space, American Economic Review 70, S. 449-455.

Rose, M. (1977), Finanzwissenschaftliche Verteilungslehre, Zur Verteilungswirkung finanzwirtschaftlicher Staatsaktivitäten, München.

Rosen, H.S. (1985), Public finance, Homewood/Ill..

Rosen, H.S. / Windisch, R. (1992), Finanzwissenschaft I, München.

Rothbarth, E. (1940-41), The measurement of changes in real income under conditions of rationing, Review of Economic Studies 8, S. 100-107.

Samuelson P.A. (1942), Constancy of the marginal utility of income, in: Lange / McIntire / Yntema (1942), S. 75-91.

Samuelson, P.A. (1954), The pure theory of public expenditure, Review of Economics and Statistics 36, S. 387-389.

Schulz, W. (1985), Der monetäre Wert besserer Luft, Eine empirische Analyse individueller Zahlungsbereitschaften und ihrer Determinanten auf der Basis von Repräsentativumfragen, Frankfurt/M. u.a.O..

Schwab, R.M. (1985), The benefits of in-kind government programs, Journal of Public Economics 27, S. 195-210.

Scitovsky, T. (1941), A note on welfare propositions in economics, Review of Economic Studies 9, S. 77-88.

Shephard, R.W. (1953), Cost and production functions, Princeton, wiederabgedruckt in: Lecture Notes in Economics and Mathematical Systems, Nr. 194, Berlin 1981.

Silberberg, E. (1990), The structure of economics: A mathematical analysis, 2nd ed., New York u.a.O..

Smith, V.K. / Desvousges, W.H. (1986), Measuring water quality benefits, Boston u.a.O..

Smith, V.L. (1977), The principle of unanimity and voluntary consent in social choice, Journal of Political Economy 85, S. 1125-1139.

Smith, V.L. (1979), An experimental comparison of three public good decision mechanisms, Scandinavian Journal of Economics 81, S. 198-215.

Smith, V.L. (1980), Experiments with a decentralized mechanism for public decisions, American Economic Review 70, S. 584-599.

Sydsæter, K. (1981), Topics in mathematical analysis for economists, London.

Takayama, A. (1974), Mathematical economics, Hinsdale/Illinois.

Timm, H. (1981), Finanzwirtschaftliche Allokationspolitik, Handbuch der Finanzwissenschaft, Band III, 3. Auflage, Tübingen, S. 135-254.

Tobin, J. (1952), A survey of the theory of rationing, Econometrica 20, S. 521-553.

Tobin, J. / Houthakker, H.S. (1950-51), The effects of rationing on demand elasticities, Review of Economic Studies 18, S. 140-153.

Tresch, R.W. (1981), Public finance: A normative theory, Plano/Texas u.a.O..

Vartia, Y.O. (1983), Efficient methods of measuring welfare change and compensated income in terms of ordinary demand functions, Econometrica 51, S. 79-98.

Wold, H. (1944), A synthesis of pure demand analysis, Skandinavisk Aktuarietidskrift 27, S. 69-120.

Zeckhauser, R.A. / Fisher, A.C. (1976), Averting behavior and external diseconomies, Discussion Paper, Harvard University, Cambridge/Mass..

Sachverzeichnis

Studies in Contemporary Economics

I. Böbel, Wettbewerb und Industriestruktur. XIV, 336 Seiten. 1984.

Beiträge zur neueren Steuertheorie. Herausgegeben von D. Bös, M. Rose und Ch. Seidl. V, 267 Seiten. 1984.

Economic Consequences of Population Change in Industrialized Countries. Proceedings. 1983. Edited by G. Steinmann. X, 415 pages. 1984.

R. Holzmann, Lebenseinkommen und Verteilungsanalyse. IX, 175 Seiten. 1984.

Problems of Advanced Economies. Proceedings, 1982. Edited by N. Miyawaki. VI, 319 pages. 1984.

Studies in Labor Market Dynamics. Proceedings, 1982. Edited by G. R. Neumann and N. C. Westergard-Nielsen. X, 285 pages. 1985.

Schumpeter oder Keynes? Herausgegeben von D. Bös und H.-D. Stolper. IX, 176 Seiten. 1984.

G. Illing, Geld und asymmetrische Information. VI, 148 Seiten. 1984.

B. Genser, Steuerlastindizes. X, 225 Seiten. 1985.

K. Pohmer, Mikroökonomische Theorie der personellen Einkommens- und Vermögensverteilung. IX, 214 Seiten. 1985.

K. Conrad, Produktivitätslücken nach Wirtschaftszweigen im internationalen Vergleich. VII, 165 Seiten. 1985.

K. F. Zimmermann, Familienökonomie. XII, 423 Seiten. 1985.

H. J. Schalk, Differenzierte Globalsteuerung. XI, 319 Seiten. 1985.

A. Pfingsten, The Measurement of Tax Progression. VI, 131 pages. 1986.

Causes of Contemporary Stagnation. Proceedings, 1984. Edited by H. Frisch and B. Gahlen. IX, 216 pages. 1986.

Ch. M. Jäggi, Die Makroökonomik von J. M. Keynes. XIII, 278 Seiten. 1986.

L. N. de Matos Pimentao, Anwendungen der Variationsrechnung auf makroökonomische Modelle. X, 220 Seiten. 1986.

E. W. Heri, Die Geldnachfrage. XI, 226 Seiten. 1986.

H. J. Ramser, Beschäftigung und Konjunktur, VIII, 329 Seiten. 1987.

M. Bösch, Umverteilung, Effizienz und demographische Abhängigkeit von Rentenversicherungssystemen. VII, 209 Seiten. 1987.

E. Baltensperger, H. Milde, Theorie des Bankverhaltens. X, 286 Seiten. 1987.

U. Ebert, Beiträge zur Wohlfahrtsökonomie. V, 198 Seiten. 1987.

I. Böbel, Eigentum, Eigentumsrechte und institutioneller Wandel. XI, 360 Seiten. 1988.

S. Homburg, Theorie der Alterssicherung. VI, 153 Seiten. 1988.

H. G. Zimmermann, Privates Sparen versus Sozialversicherung. IV, 114 Seiten. 1988.

O. Flaaten, The Economics of Multispecies Harvesting. VII, 162 pages. 1988.

H. Siebert (Hrsg.), Umweltschutz für Luft und Wasser. VIII, 254 Seiten. 1988.

H. Schäfer, Währungsqualität, asymmetrische Information und Transaktionskosten. XIV, 330 Seiten. 1988.

O. Šik R. Höltschi, Ch. Rockstroh. Wachstum und Krisen. XII, 331 Seiten. 1988.

D. Laussel, W. Marois, A. Soubeyran, (Eds.), Monetary Theory and Policy. XVIII, 383 pages. 1988.

G. Rübel, Factors Determining External Debt. VI, 264 pages. 1988.

G. Steinmann, K. F. Zimmermann, G. Heilig (Hrsg.), Probleme und Chancen demographischer Entwicklung in der dritten Welt. XII, 315 Seiten. 1988.

W. Kürsten, Secondhand-Märkte, Marktmacht und geplante Obsoleszenz. X, 220 Seiten. 1988.

Ch. Seidl (Hrsg.), Steuern, Steuerreform und Einkommensverteilung. III, 97 Seiten. 1988.

M. Stadler, Marktstruktur und technologischer Wandel. XII, 203 Seiten. 1989.

J. Franke, Neue Makroökonomik und Außenhandel. XI, 436 Seiten. 1989.

B. C. J. van Velthoven, The Endogenization of Government Behaviour in Macroeconomic Models. XI, 367 pages. 1989.

P. Rosner, Verteilungskonflikte in Marktwirtschaften. Über Funktionen von Marktverbänden. VII, 151 Seiten. 1989.

G. Nakhaeizadeh, Neuklassische und Keynesianische Modelle. VIII, 251 Seiten. 1989.

W. Peters, Theorie der Renten- und Invaliditätsversicherung. X, 219 Seiten. 1989.

D. Lüdeke, W. Hummel, Th. Rüdel, Das Freiburger Modell. VI, 151 Seiten; 1989.

A. Wenig, K. F. Zimmermann (Eds.), Demographic Change and Economic Development. XII, 325 pages. 1989.

J. K. Brunner, Theory of Equitable Taxation. VIII, 217 pages. 1989.

P. S. A. Renaud, Applied Political Economic Modelling. XII, 246 pages. 1989.

E. van Imhoff, Optimal Economic Growth and Non-Stable Population. IX, 218 pages. 1989.

W. Pohlmeier, Simultane Probit- und Tobitmodelle. XII, 219 Seiten. 1989.

G. Wagner, N. Ott, H.-J. Hoffmann-Nowotny (Hrsg.), Familienbildung und Erwerbstätigkeit im demographischen Wandel. II, 337 Seiten. 1989.

M. Gärtner, Arbeitskonflikte in der Bundesrepublik Deutschland. XII, 169 Seiten. 1989.

R. Schmachtenberg, Intertemporale Tauschökonomien mit unvollständigen Marktsystemen. VI, 191 Seiten. 1990.

H. König (Ed.), Economics of Wage Determination. XI, 373 pages. 1990.

B. Gahlen (Hrsg.), Marktstruktur und gesamtwirtschaftliche Entwicklung. VII, 316 Seiten. 1990.

P. J. J. Welfens, Internationalisierung von Wirtschaft und Wirtschaftspolitik. XV, 443 Seiten. 1990.

R. Buchegger, K. W. Rothschild, G. Tichy (Hrsg.), Arbeitslosigkeit. X, 278 Seiten. 1990.

C. Dagum, M. Zenga (Eds.), Income and Wealth Distribution, Inequality and Poverty. Proceedings, 1989. XIII, 415 pages. 1990.

P. Michaelis, Theorie und Politik der Abfallwirtschaft. IX, 179 Seiten. 1991.

A. J. H. C. Schram, Noter Behavior in Economic Perspective. X, 274 pages. 1991.

H. Otruba, P. Pelizon, G. Manner, P. Bleier, M. Hochreiner, Kosten-Nutzen-Rechnung von Universitäten. IX, 209 Seiten. 1991.

J. B. Woittiez, Modelling and Empirical Evaluation of Labour Supply Behaviour. VI, 232 pages. 1991.

R. Arnason, T. Bjørndal (Eds.), Essays on the Economics of Migratory Fish Stocks. VIII, 197 pages. 1991.

Ch. Czerkawski, Theoretical and Policy-Oriented Aspects of the External Debt Economics. VII, 150 pages. 1991.

K.-H. Hartwig, H. J. Thieme (Hrsg.), Transformationsprozesse in sozialistischen Wirtschaftssystemen. VI, 474 Seiten. 1991.

D. Stern, J. M. M. Ritzen (Eds.), Market Failure in Training? VII, 233 pages. 1991.

K. A. Konrad, Risikoproduktivität. VII, 149 Seiten. 1992.

M. Savioz, New Issues in the Theory of Investment. XVI, 216 pages. 1992.

W. Franz (Ed.), Structural Unemployment. X, 132 pages. 1992.

N. Blattner, H. Genberg, A. Swoboda (Eds.), Competitiveness in Banking. VIII, 315 pages. 1992.

M. Carlberg, Monetary and Fiscal Dynamics. VIII, 194 pages. 1992.

H.-J. Wagener, On the Theory and Policy of Systemic Change. VIII, 234 pages. 1993.

U. Krüsselberg, Theorie der Unternehmung und Institutionenökonomik. XVI, 292 Seiten. 1993.

M. Ahlheim, Zur Theorie rationierter Haushalte. X, 234 Seiten. 1993.

GPSR Compliance

The European Union's (EU) General Product Safety Regulation (GPSR) is a set of rules that requires consumer products to be safe and our obligations to ensure this.

If you have any concerns about our products, you can contact us on ProductSafety@springernature.com

In case Publisher is established outside the EU, the EU authorized representative is:

Springer Nature Customer Service Center GmbH
Europaplatz 3
69115 Heidelberg, Germany

Batch number: 10815974

Printed by Printforce, the Netherlands